语篇意义整合的过程机制与手段研究

殷祯岑　著

学林出版社

图书在版编目(CIP)数据

语篇意义整合的过程、机制与手段研究 / 殷祯岑著.
上海 : 学林出版社，2024. -- ISBN 978-7-5486-2018-1

Ⅰ. H1

中国国家版本馆 CIP 数据核字第 202423JS30 号

责任编辑 刘 媛 李晓梅
封面设计 严克勤

语篇意义整合的过程、机制与手段研究

殷祯岑 著

出 版 学林出版社
　　　　　（201101　上海市闵行区号景路 159 弄 C 座）
发 行 上海人民出版社发行中心
　　　　　（201101　上海市闵行区号景路 159 弄 C 座）
印 刷 上海商务联西印刷有限公司
开 本 720×1000　1/16
印 张 13.75
字 数 25 万
版 次 2024 年 7 月第 1 版
印 次 2024 年 7 月第 1 次印刷
ISBN 978 - 7 - 5486 - 2018 - 1/H・164
定 价 88.00 元

　　本书是国家社科基金青年项目"汉语语篇意义整合的机制和手段研究"（18CYY045）的成果，并纳入"学思语言学丛书"，受上海市高水平地方高校建设项目，上海师范大学"比较语言学与汉语国际传播"创新团队资助。

"学思语言学丛书"总序

　　"中国语言文学"学科顾名思义应由语言与文学两大部分组成,其中汉语言文字学、语言学及应用语言学、少数民族语言文学都属于其中的"语言学"学科领域。近年来,虽然学科在不断调整优化,如"语言学及应用语言学"分化出"理论语言学""应用语言学"两个二级学科,原属于中文学科的"对外汉语"逐步由"汉语国际教育"变身为"国际中文教育",其硕士和博士专业学位现在隶属于"教育博士"专业学位,而且随着新文科意识和跨学科意识的增强以及技术的发展,不断产生与语言学相关的新的分支学科,但万变不离其宗,语言学依然是这些学科的学科基础。上海师范大学"语言学"学科拥有悠久的历史和深厚的学术积淀。20 世纪 50 年代起,张斌先生、许威汉先生等的汉语语法研究、古汉语研究就在全国语言学界崭露头角,张斌先生倡导"广义形态"理论、三个平面及其研究实践使上海师范大学成为全国语言研究重镇。80 年代中期,张斌先生领衔申报现代汉语博士学位点,成为当时全国首批现代汉语四个博士学位点之一。1999 年,张斌先生开始招收现代汉语博士后研究人员。2005 年学校申报成功"语言学及应用语言学""少数民族语言文学"博士学位点,从而形成汉语本体研究、汉语应用研究、方言及民族语言研究三位一体、相互促动的语言研究格局。这一研究格局使得上海师范大学语言学研究一直处在国内外领先水平,在张斌、许威汉等老一辈学者的领导下,潘悟云、何伟渔、范开泰、齐沪扬、吴为善、张谊生、徐时仪、刘民钢等第二代学者在近 40 年来迅速成为国内语言学研究的中坚力量,近 20 年来陈昌来、方绪军、宗守云、王双成、刘泽民、高航、曹秀玲、李劲荣、刘红妮、李文浩、朱庆祥等中青年学者快速成长,继续保持学科的良性发展,尤其近年来一批更为青年的学者已经活跃在国内外语言研究的前沿,进一步优化了学科成员的学缘结构和年龄结构。

　　随着上海师范大学的学科发展,中国语言文学学科近年来成为上海市重点学科、高峰学科和上海地方高水平大学建设学科,语言学学科在中文学科快速发展中发挥了积极的作用。在上海市高水平地方高校建设中,由人文学院、对外汉语学院、外国语学院等学院的语言学力量组建起来的"比较语言学与汉语国际传播"创新团队,成为上海高水平地方高校重点创新团队。创新团队组建以来,充分发挥团队力量,在高层次人才培养、高层级项目申报、高等级科研奖励、高质量论著发表、高效率社会服务等方面都取得了丰硕的成果。为充分发挥团队效力,有效凝练团队成果,形成团队特色和团队效应,在中文学科的统一指导下,我们拟将由上海市高水平地方高校建设项目支持的语言学科出版的高质量学术论著统一放进"学思语言学丛书"中去。

"学思"二字取自《论语 为政》"学而不思则罔,思而不学则殆",为学要做到"学""思"统一。上海师范大学校园内有"学思湖""学思桥""学思路",亦取"学思"之意。语言研究必须做到学思结合统一,故而我们的丛书取名"学思语言学丛书",希望成果暗合"学思"大意。"学思语言学丛书"不限作者专业技术职务等级,只要经中文学科审核,学术水平达到要求即可;不限著作选题,举凡语言研究的理论与应用成果均可纳入;不限某家具体出版社,只需在著作中相对显著位置标注"学思语言学丛书"字样即可,标注位置不作统一规定;丛书款式、装帧风格等也不作统一要求。

我们尝试这样一种相对宽松的丛书形式,并希望在相对宽松的学术氛围中逐步凝聚出上海师范大学的语言研究特色,也希望得到学科内的老师和学界朋友的支持与批评。

序　一

　　加拿大语言学家伊戈尔·马尔丘克（Igor Mel'čuk）在其《语言：从意义到文本》中文版序中讨论了言语交际的本质特征："说话便是借助文本传达意义。"他提出，"自然语言是一个意义和文本相对应的系统"，并用公式"语言＝{意义}≒{文本}"概括了"语言""意义"与"文本"三者之间形式与功能、组合与分析的辩证统一关系。马尔丘克还进一步强调："如何形式化描述意义表达是一项中心任务。"他认为，"研究、描述语言必须从意义到文本，而不是从文本到意义，即从言语产生的角度"展开研究。

　　领悟上述观点的内涵意义，并将之关联至法国学者朱莉娅·克里斯蒂娃（Julia Kristeva）创立的互文性理论，审视正展读的殷祯岑的书稿《语篇意义整合的过程、机制和手段》，我产生的感受为：作者从选题立意、理论方法、论证逻辑、分析表述诸方面所做的工作，正是在努力探索马尔丘克所言的语言是"从意义到文本"的生成路径。作者依托克里斯蒂娃构拟的"符号态"与"象征态"互动的方式，尝试解释语篇整体性的动态实现——即由来自其他语篇的意义片段在当下语篇空间中交织互动、整合生成的意指过程。

　　此书首先值得肯定的是立论的前沿性、论述的思辨性、借鉴理论的解释力和意义分析方法的可操作性。这表现在：聚焦于语篇意义研究这个世界范围内的重要论题，通过言语交际中语篇意义生成与理解的过程研究，以文本形式化的有效手段，努力论证语篇意义整合生成的互文路径和理论阐释力。

　　此书还有鲜明的问题意识，开篇便总结道："现代语篇语言学发展至今，生发出篇章语法研究、微观语义连贯研究、宏观语义结构研究、语篇生成理解研究、话语分析（Discource Analysis）等多个研究向度。"随即以此为基础提出了国内外学术界亟待解决的问题，这也是本书拟攻关的核心："贯穿这诸多研究方向和理论方法的，有一个核心问题：语篇和零散堆砌的句子如何区别？ 语篇的整体性如何实现？"细思发现，这个问题实质上包含着"语篇单位为何？"和"语篇意义如何整合生成？"这样两个关涉著作根基的关键问题。

第一个问题既需回答何为"语篇"，又要基于此回答何为"语篇单位"的问题，因为这是理解语篇由下向上组合和由上向下切分的根本问题。理论上，"句子"与"语篇"概念分属"语言"和"言语"两个不同的系统。语法结构单位"句子"是来自语言的抽象范畴，而"语篇"是自然语言根据特定交际意图动态生成的言语单位。如果从功能角度看，句子语法所提供的规则不能全部说明自然语言的实际形态。实际上，言语交际传递信息的任务是由语篇而不是由抽象的句子来承担的。然而，二者的性质身份问题一直是语篇研究首当其冲且干扰着语篇研究迅速推进的问题。

"语篇"是客观存在的一级语言单位，世界各地的学者围绕语篇单位和性质特征展开的界定已超过三百种，但至今仍未有内涵外延意义达成共识的科学界定。若概括其基础认知，大致可表述为：语篇是"一种符号系列/言语成品"，是"两个小句以上、彼此有意义关联的语言结构体"。"交际性""整体性""连贯性"是其最为重要的特征。

该书对"语篇"概念的认知，从整体性角度来看，已经接近其核心要义："语篇不是大于句子的组合单位，而是语境中承载完整意义的符号载体，是符号交际的动态过程本身。"作者采用"不是……而是……"的表述从两个方面来界定"语篇"概念，成功避开"语篇是大于/高于句子的单位"这个数十年来干扰学者的认知误区，将"语篇是……"的判断导入语篇是在语境中动态生成、是有完整意义的符号载体这个本质特征的论证过程。随后，书中设定了"语篇""语篇单元"作为语篇系统上下位的核心概念，阐释两者的结构功能和互文表征："语篇"为承载完整意义的符号集合，无论在形式上和意义上都具有完整性和封闭性；而"语篇单元"是语篇的组成成分，在语篇空间中存在源于其他语篇的意义要素，尽管它承载完整的意义，却不一定由完整的符号形式表征。

关于"句子"与"语篇"是不同性质符号单位的认识，前辈时贤早已从静态与动态的关系和分属不同符号系统的角度给出了明确的区分。如罗兰·巴特（Roland Barthes,1973）就从研究对象及学科属性的角度指出："语言学止于句子""语法研究以句子为最大的单位"。文本是"大于或小于句子、结构上永远不同于句子的言语单位"，"文本概念与语句概念不处于同一层面"。韩礼德（1975）从言语交际角度加以区分："语篇是一组使用中的语言，它既非小句或者句子之类的语法单位，也不受长短的限制。""它和小句或者句子之间并不是大小关系，而是体现关系，即一种符号系统在另一种符号系统中的体现。"吕叔湘（1983）从汉语客观生态视角也表达了相同的见解："语法的研究以'句子'为极限，是一种传统。"而廖秋忠（1992）从交际活动出发,认为"语篇"是"一次交际过程中使用的完整的语言体"。语篇研究对象包括"(1) 大于句子的语言体;(2) 实际运用的语言"。只是因为语篇研究是 20世纪后期,特别是进入 21 世纪才逐渐发展成为学界密切关注的领域,故这个还需进一步明确内涵外延的问题才遗留至今。

上述学者的精辟见解,作为语篇研究的指导思想,无疑启迪了作者的理论认知。我们发现,专著较好地解决了如何区分"语篇"与"句子"这一棘手的问题。该书先通过设置"语篇"和"语篇单元"两级语篇单位,界定其概念意义,区分其整体与部分的上下位层级关系,从而厘清了分属语篇系统中结构单位"语篇单元"与语法系统中结构单位"句子"的区别性特征。继而,该书提出:"语篇是一个复杂整体,具有典型的系统性特征"。鉴于语篇的系统性特征能够揭示语言单位层级关系对语篇语义整合进行系统分析的可行性,专著以探索语篇的系统性特征为目标,从系统性、层级性、关联性三个维度展开了语篇语义整合的过程分析。

关于"语篇的整体性如何实现"的问题,作者的理论阐释既涵盖了哲学、符号学宏观层面的思考,又兼容了西方语篇研究的多元视角。书中介绍了罗素(Russell)、维特根斯坦(Wittgenstein 前期)、弗雷格(Frege)等哲学家对语言意义的界定,引入索绪尔(Saussure)、皮尔斯(Peirce)的符号意义论,并分述了形式主义、功能主义的意义观,特别探讨了布拉格学派及俄罗斯语篇语义学的意义研究演进等。基于"现有研究给出的解释",该书采用了"另一条研究思路"——"借鉴互文性理论提倡的异质整合观,尝试推进语篇意义整体性的研究",这是因为"互文性理论和解析符号学思想为我们研究语篇整体性的实现提供了新的思路,使我们可以超越集句联章线性组构的模式,从意义片段异质整合的角度看待语篇整体性的实现"。

语篇语义的整合研究是我国语篇研究较少涉及的范畴。周小成在其专著《篇章语义整合的系统分析》(2012)中,主要赓续俄罗斯 20 世纪 40 年代发展起来的篇章语义学传统,并结合作者对语言系统层级关系的理解。周小成认为,每一个语言单位(音位、词素、词、句位、句子、篇位、语篇、篇际)层次都按归并关系自成系统,所有语言单位层次按从属关系构成一个整体系统,据此提出了"篇章语义整合系统分析模式"。不难看出,这个视角的研究是在语言系统而非言语交际系统展开的,而且主要是在篇章句法语义层级展开的。因此,本书从言语交际系统出发,在语篇层级与篇际间展开以互文语篇理论和耗散结构理论(Dissipative Structure Theory)双重视域的语篇意义整合研究,是特定理论视角下的有创新意义的研究。书中不仅解读了克里斯蒂娃在《诗性语言的革命》(1974)中提出的"互文性、异质性、文本间性、符号态、象征态、意义生成、言说主体"等概念,还拓展了源自耗散结构理论的概念术语"意义核心、意义潜势、对象意义、评价意义、巨涨落、能量差"等意义,并展示了语篇意义整合可被设置为可具体描述的前符号阶段和符号表征阶段,以及语篇意义单元从异质到统一、从无序到有序整合生成的互文过程。于是,我们逐渐接受了该书通过大量的实证研究推导出的结论:语篇整体意义的形成过程实质上是一个中西多学科理论在语篇整体性这个点上的融通汇集,是不同来源的意义单元互动交织、整合生成语篇意义的互文过程。

从该书接受中西语篇理论传统的比重来看,西方语篇理论的影响因素显然占据了主导地位。究其原因是由于我国在语篇研究传统理论上可以说源远流长,但审视其发展,20世纪前的语篇研究难以梳理出一条体系完整、有理论建构意识的逻辑轨迹。从学科理念看,零星的语篇研究往往注重文献考证、文学创作、公文写作的功能效应,谋篇布局和语义连贯维度的分析所形成的理论范式又大多包容在语篇修辞写作的大范畴里。如考论早期甲骨文的写作体例发现,完整的卜辞语篇已经包含语篇结构的四个部分:前辞(占卜日期、占卜者名)、问辞(要问的事)、占辞(占问吉凶)、验辞(应验结果),其内容安排已经具有谋篇意识和为描写说明目的而设的布局。南朝刘勰的《文心雕龙》显示,文学批评与修辞策略已较早在系统层级上关注"谋篇布局"的语篇结构与"起承转合"语篇语义流动形成的整体性、关联性。宋代陈骙的《文则》——被誉为系统建构古代修辞学理论的专著,以《六经》文本和先秦战国时期的诸子散文为研究素材,总结"为文之法",除研讨内容除文体起源、语体类型、词句修辞、辞格修辞外,也兼容了篇章结构理论。当代张涤华等编著的《语法修辞辞典》(1988)也特别指出谋篇布局是语篇修辞最重要的方法论。从实用目的看,20世纪前,中国传统的语篇研究没有形成独立的学科体系,从谋篇布局和语篇语义连贯角度展开的研究也没有形成独立的、有规模效应的理论范式,以适应释经问学与文学目的的零星研究也往往与古代文论、文体学、文章学、风格学的研究交织为一体,因此未能对后学形成与西方语篇研究等同效应的影响力。

20世纪中叶,俄罗斯的功能修辞学/语篇语义学、欧洲的话语语言学/文本理论、美国的语篇分析兴起,尽管其时的研究生态,如同结构主义语言学家所宣称的,意义研究并非是语言研究的重要领域,但"意义只有通过结构才能认识"的理论意识,客观上还是为语篇意义研究的发展做好了理论准备。20世纪七八十年代,语言研究从微观、静态、单一逐步向宏观、动态、多元转型,随着俄罗斯语义学从词汇语义到句法语义进而语篇语义的推进,以及澳大利亚语篇语义研究关于语言意义、语言交际过程和语言运用等方面成果的大量涌现,语篇语义研究作为建构语言系统、揭示语言运用规律不可忽略的重要论域逐渐成形。20世纪90年代以来,特别是进入21世纪后,西方语篇理论资源通过译介等方式进入中国语言学领域。各种渊源的语篇思想与中国传统语篇思想发生碰撞、磨合、交融,根据不同学科发展需求和各类研究意图的影响力迅即衍化,并催生出多元的语篇理论范式。语篇研究自此跨学科、跨领域发展,焕发出勃勃生机,形成了新兴学科全面发展、锐意进取的格局。乘着西方语篇理论中国化的东风,作者受到了多元语篇思想的启迪,发掘出语篇研究的紧迫任务:"语篇整体意义的实现是语篇语言学,尤其是语篇语义学的核心问题之一。"国内外学界"现有研究从微观衔接、宏观管控、认知发生过程、社会情境规约等角度展开思考,构拟出数以百计的语篇理论和分析方案,但仍然会在语篇分析的实践中遭遇困境"。于是,基于语篇语义整合研究属于语言学科建设的亟需,将此确定为长期攻关的课题。

作者于 2010 年考入复旦大学中文系,跟我一起研讨修辞学的学科知识,攻读硕士博士学位,并于 2017 年入职上海师范大学。十余年来,作者一心向学,孜孜不倦,持之以恒地将"语篇意义整合"这个课题既作为阶段性的结果目标,也作为长期的过程目标来培育。她借鉴具有哲学方法论意义的互文性理论和对自组织过程可实现数学描写的耗散结构理论,考察异质离散的意义单元在语篇空间中从异质到统一、从无序到有序整合的意义生成过程,建构起语篇意义自组织整合与他组织整合的生成机制与描写程序,不仅有效地区分了由符号表征方式的区别带来的诗性语篇与日常语篇的文体差异,系统描写了两类文体语篇意义的不同样态,还通过主题论证和观点推衍融入了多种维度的文本理论精髓,完成了从意义整合角度描写语篇意义生成路径的目的。

专著虽以作者的博士论文为蓝本,但因经过博士后阶段对元话语(Metadiscourse)专题的深入思考,加之在国家社科基金青年项目"汉语语篇意义整合的机制与手段研究"推进过程中获取了多元理论睿思的浸润和逻辑论证力量的促进,该书努力建构的语篇意义整合范畴无论从理论深度还是广度都大大超越了博士论文设置的研究范式和实践分析的基础,在语篇意义研究方面做出了有价值的探索。作为导师,我此刻想表达的除了祝贺,还有充分的肯定。

2024 年 4 月 20 日

序　二

关于字(词)、句、篇、章之间的内在关系,刘勰《文心雕龙》曾云:"夫人之立言,因字而生句,积句而成章,积章而成篇。篇之彪炳,章无瑕也;章之明靡,句无玷也;句之清英,字不妄也。振本而末从,知一而万毕矣。"然何以"因",何以"积"呢? 马建忠在《马氏文通》的序言中批评说:"顾振本知一之故,刘氏亦未有发明。"《文心雕龙》敏锐地感知到语篇内部的内在关联,即存在"本"和"一",所谓"振本而末从,知一而万毕",但"振本知一"之"故",即如何积字成句、句成章、章成篇的具体方法,刘氏并没有揭示。刘氏之后历代学者也多有论述到字句篇章关系的,但也往往不得要领,如明代王世贞在《艺苑厄言》(一)中说:"字法有虚、有实,有沉、有响。虚响易工,沉实难至。五十六字(指七言律)如魏明帝凌云台材木,铢两悉配,乃可耳。篇法之妙,有不见句法者;句法之妙,有不见字法者。此是法极无迹,人能之至,境与天会,未易求也。……首尾开阖,繁简奇正,各极其度,篇法也。抑扬顿挫,长短节奏,各极其度,句法也。点缀关键,金石绮采,各造其极,字法也。"其言"法极无迹,人能之至,境与天会",真的是"未易求也"。

我们不必苛求古人,我们看到自《马氏文通》之后,无论语法学、语义学、语用学领域,还是篇章语言学/话语语言学等,都力求寻求"积句成篇"的规律,"衔接""连贯""回指""照应""整合""生成""互文"等概念被运用于语篇的研究中去。尤其现代语篇语言学对语篇的研究,生发出篇章语法研究、微观语义连贯研究、宏观语义结构研究、语篇生成理解研究、话语分析等多个研究向度。贯穿其中的有一个核心问题:语篇的整体性如何实现? 虽然各领域的研究者在 20 世纪 80 年代就已达成共识:语篇不是大于句子的组合单位,而是语境中承载完整意义的符号载体,是符号交际的动态过程本身。但语篇意义的整体性又是如何实现呢? 现有研究尚未给出妥善的解释。正如韩礼德(Halliday)所说:"意义系统的动态模式至今还没有很好地制定。"

语篇的意义是语篇的灵魂,受到哲学、符号学、文学、语言学等学科的共同关注。多学科视域中的意义研究在 20 世纪下半叶形成合流,共同强调语篇意义的主体建构性、在线生成性、异质整合性、语境规约性特征,形成后结构主义—解构主义学术思潮。作为这一思潮的重要理论成果,互文性理论和解析符号学思想强调,语篇的意义不是天然的"铁板"一块,而是来自其他语篇的意义片段在当下语篇空间中交织互动、整合生成的结果。这一观点为人们研究语篇整体性的实现提供新的思路,可以超越语言单位线性组构的模式,从意义片段异质整合的角度看待语篇整体性的实现。殷祯岑博士的《语篇意义整合的过程、机制与手段研究》一书正是借鉴了互文性理论提倡的异质整合观,尝试推进语篇意义整体性的研究。全书共分为九章,主要讨论了以下问题:

一是关于语篇意义的异质整合性特征。作者认为,多学科视野中的意义研究在 20 世纪下半叶形成合流,共同强调语言意义的主体建构性、在线生成性、异质整合性、发展流变性、语境规约性等特征。语篇意义是异质要素从离散到统一、从混乱到有序整合生成的,表明语篇的意义不是天然的"铁板"一块,也不是叠句连章的线性构筑,而是异质离散的意义要素在语篇空间中交织互动、整合形成的。语篇的意义具有整合性特征。

二是关于语篇意义整合的过程与机制。作者在解析符号学和耗散结构理论的双重视域下,构拟语篇意义整合的具体过程,认为语篇的意义整合可分为前符号阶段和符号表征阶段。前符号阶段的意义整合在言者的认知世界中进行,异质离散的意义单元交织互动,整合出由意义核心统摄众意义单元形成的前符号意义结构。这一过程可描写为意义核心的生成、意义结构的生成、意义结构的竞争、边界条件的制约四个步骤。前符号阶段的整合大多是自动完成的,言者的有意识介入较少,以自组织整合为机制。

符号表征阶段的意义整合,在言者的有意识操控下展开。言者运用符号资源,对初步形成的意义结构进行加工和转写,这一过程可从符号转写、精制加工、线控表达、交互主观化处理四个方面进行描写。符号表征阶段的意义整合,本质上依靠言者的调控推动,遵循他组织整合机制,但不同语篇会使用不同方式转写前符号意义结构。在采用自组织方式转写的语篇中,言者如实呈现前符号阶段参与意义整合的离散单元,邀请听读者重历意义整合的自组织过程。这样形成的语篇意义灵动多元,容易在不同听读者之间形成多元解读。而在采用他组织方式转写的语篇中,言者则运用明确连贯的语言符号,转写已经整合形成的意义结构,使听读者能迅速且准确地理解语篇意义。这样形成的语篇意义简单明确,不容易造成多种解读。基于此,作者构建了语篇意义分析的分析程序和框架,并以诗性语篇和日常语篇为例,例析语篇意义整合自组织机制与他组织机制的具体实现,描写其各自采用的符号手段。

三是运用语篇意义整合的分析方法,分析具体的语篇现象。首先,作者对语篇意义的整体样态进行了系统研究,以意义样态最为复杂的诗歌语篇为例,将语篇的意义样态分为意义简单、意义复杂(交义、合义、歧义)诸类,并通过描写各类语篇在意义整合过程中的模式化差异,对语篇意义样态的不同实现路径及其与意义稳定性之间的关系进行系统梳理。

其次,作者在语篇意义整合的视域内观照元话语的分类与分布问题。作者认为元话语可视为符号表征阶段系统运作的他组织整合资源,以此将语篇中的元话语功能分为精制整合功能、线控整合功能和交互整合功能,构建基于意义整合的元话语分类体系,并结合三类语篇进行量化分析,验证书中构拟的分类体系,对现实语篇中元话语分布情况的解释效力。

总体而言,我认为该书对语篇语义整合的思考是深入的,分析是细致合理的,结论是有创新价值的。它不仅在互文语篇理论和耗散结构理论的双重视域下讨论了语篇意义整合问题,认为语篇的整体意义是异质离散的意义单元在语篇空间中从异质到统一,从无序到有序整合生成的结果,为问题的进一步研究提供了新的视角;而且,针对意义浮现的过程、机制、条件、模式化特征等尚缺乏系统研究的现状,该书引入能对自组织现象实现数学描写的耗散结构理论,结合诗歌语篇的意义浮现现象,研究语篇意义自组织浮现的过程、机制、手段,为推进意义浮现的分析提供参考。此外,该书在语篇意义整合研究的框架内,将诗性语篇和日常语篇纳入同一框架进行分析,而事实上是学界对诗性语篇的分析较为薄弱,这有助于推进诗性语篇的研究。

书中还对语篇意义的整体形态、元话语分类体系的构建等语篇研究的核心问题,给予了充分思考,提出自己的观点。

不仅如此,我们认为该书对语篇意义整合的研究,不仅适用于口语交际训练和写作教学的研究与实践,提升学生的口语交际和语篇写作能力,其构建的语篇意义分析框架也为人工智能领域的相关研究提供参考,展现出潜在的应用价值。然而,语篇意义整合的理论探索如何运用到言语交际、语文教学、语篇写作、人工智能等领域中,也正是本书的不足,或者说是作者今后要进一步努力的方向。

殷祯岑于 2017 年来上海师范大学跟随我从事博士后研究(师资博士后),此前在复旦大学跟随著名修辞学家祝克懿攻读硕士、博士学位,受到良好的学术训练和学术熏陶,发表了多篇有价值的学术论文,尤其对互文性理论有较多的思考。博士后期间主要从事语篇整合研究,并力图把语法手段运用到语篇研究中去。博士后出站报告受到专家好评，其间还申请到国家社科基金青年项目，《语篇意义整合的过程、机制与手段研究》就是国家社科结项成果。

作为师资博士后，殷祯岑博士后出站后即在上海师大从事教学和科研工作。研究无止境，希望殷祯岑博士能把修辞学与语法学有机结合起来，以国家社科结项和专著《语篇意义整合的过程、机制与手段研究》的出版为契机，勇于思考，勤奋耕耘，为语言研究做出更多更大贡献。

2024 年 4 月 8 日

目　　录

第一章 绪 论

1.1 语篇的整体性如何实现

现代语篇语言学发展至今,已历八十年光阴。80 年来,语篇研究发展出篇章语法研究、微观语义连贯研究、宏观语义结构研究、语篇生成理解研究、话语分析等多个向度。而贯穿这诸多研究方向和理论方法的,有一个核心问题:语篇和零散堆砌的句子如何区别,语篇的整体性如何实现?

20 世纪 80 年代开始,从事语篇研究的学者就已达成共识:语篇不是大于句子的语言单位,不是由句子和句子连缀叠加而成。语篇是承载语境中完整意义的符号载体,也是符号交际活动的过程本身。因此,语篇的整体性不是语言单位线性组构就能实现的,它首先表现为语篇意义的整体性。尽管这一共识早已达成,但语篇意义的整体性又如何实现呢? 现有研究从微观衔接、宏观管控、认知发生过程、社会情境规约等多个角度展开思考,构拟出数以百计的语篇理论和分析方案,但仍然会在语篇分析的实践中遭遇困境。

比如语言单位之间,语言单位与语境之间的彼此互动会浮现出不可推理的整体意义,这一观念已越来越深入人心。但语言单位、语境要素之间的互动是如何浮现出整体意义的,其过程、机制、条件如何,存在哪些模式化特征等,这些问题在现有的理论框架中尚难实现系统解释。这方面最典型的当属诗歌语篇,现有理论很难系统解释诗歌语篇"不着一字尽得风流"的整体意义从何而来,要构拟可操作的分析框架就更难了。因而在主流研究中,我们常常将这类"奇怪"的语篇排除在外。但诗歌语篇也是语篇实践,运用相同的符号系统进行意义表达,并可在说写者与解读者之间实现跨越千年的意义交流。它的整体意义如何实现,不仅值得关注,而且很有可能成为我们更新研究理念和分析方法的契机。更何况存在意义浮现的何止诗歌语篇? 社会生活中还有相当分量的语篇实践,其整体意义的来源与变化未能得到系统、理论的解释和分析。如何分析这类语篇,是值得我们继续思考的问题。韩礼德说:"意义系统的动态模式至今还没有很好地制定,这是语言理论家现在必须解决的问题之一。"(转引自朱永生、严世清 2001:15)

有鉴于此,本书拟从语篇语义视角入手,继续思考语篇整体性的实现问题。

1.2　现有研究给出的解释

语篇整体意义的实现是语篇语言学,尤其是语篇语义学的核心问题之一。国内外学界一般将语篇语义学的研究分成以下四种路径。

首先是从修辞学视角切入的语篇语义研究,如早期韩礼德的衔接连贯研究、范迪克(van Dijk)的宏观结构研究、曼恩(Mann)和汤普森(Thompson)提出的修辞结构理论等。这类研究认为,语篇的整体意义是主体基于特定的修辞意图,通过运用特定的修辞手段将语句意义相互结合起来而实现的。因此分析小句之间的语义关系、衔接手段,及整体结构对语句意义的制约,可以实现对语篇意义整体性的分析。

第二种是从认知心理视角切入的语篇语义研究。如博格兰德(Beaugrande)和德雷斯勒(Dressler)提出的规程说,福康奈尔(Fauconnier)和特纳(Turner)的概念整合理论(Fauconnier & Turner 2002),心理语言学对语篇写作、口语发生和阅读理解过程的实验分析等。这类研究认为,语篇整体意义的形成仅从语言形式上得不到充分分析,它是主体利用语言线索,参照认知经验,进行一系列认知心理操作之后主动建构出来的,因此需要在语篇生成和理解的认知心理过程中寻找依据。

第三种是形式语言学视角的语篇语义研究。这类研究试图通过设计高度形式化的逻辑公式,推导小句之间的意义关系,着重从逻辑性角度处理语篇的意义问题。

第四种是功能视角的语篇语义研究。他们认为语篇是社会交际过程的符号留存,只有结合社会交际功能,才能实现对语篇整体意义的观照。这一视角的研究可分为两类,一是以韩礼德为首的悉尼学派。悉尼学派致力于发掘针对语言意义的普遍分析框架,形成系统功能语言学。早期的系统功能语言学主要聚焦于小句层面的意义分析;近年来,以马丁(Martin)为核心的系统功能语言学者开始设计针对完整语篇的意义分析框架,正面探索语篇整体意义的形成问题。二是美国功能主义学派的研究,如吉汶(Givón)、汤普森、布朗(Brown)和尤尔(Yule)等人,他们着重分析语篇中的话题结构、信息结构、回指关系、焦点操作等问题,以此实现对语篇整体意义的描写。

但正如上节所说,上述研究尚未对现实语篇实践中整体意义的形成问题实现全面解释和分析。要建构对各类语篇都具有解释能力和分析能力的理论框架,依然任重道远。

1.3　另一条研究思路

语篇整体意义的实现不仅是语言学家关心的问题,也得到了哲学、符号学、文学等人文社会学科的共同关注。多学科视域下的意义研究在 20 世纪下半叶形成合流,共同强调语言意义的主体建构性、在线生成性、异质整合性、语境规约性特征,形成声势浩大的后结构主义-解构主义学术思潮。作为这一思潮的重要理论成果,由法国符号学家克里斯蒂娃创立的互文性理论和解析符号学思想[1],强调文本(笔者注:即语篇)的意义不是天然的"铁板"一块,而是由来自其他文本的意义片段在当下文本空间中交织互动、整合而成(参见克里斯蒂娃 2012)。互文性理论和解析符号学思想为我们研究语篇整体性的实现提供了新的思路,使我们可以超越集句联章的线性组构模式,从意义片段异质整合的角度看待语篇整体性的实现。

互文性理论以其独特的视角更新了语篇研究的传统观念,得到国内外学者的共同瞩目,且它将意义片段而非有形小句作为分析的起点,对语篇实践的包容性更强。尽管如此,互文性理论至今仍未能发展成为体系周延的语篇分析方法。我们认为,这主要是因为互文性理论虽打破传统,提出语篇意义的异质整合观,但在语篇分析中,意义片段如何切分、如何交织、如何协同,以及如何从异质到统一地整合成完整有序的意义整体,这些关键问题互文性理论尚未明晰。同时,意义分析所需要的一些基本概念,如"意义""整合""语篇意义的分析单位"等,也未得到明确可操作的界定。要借鉴互文性理论研究语篇整体意义的实现,需要解决上述问题。

有鉴于此,本书拟借鉴互文性的研究理念,继续思考语篇整体意义的实现,亦即语篇整体意义如何在来自不同文本的意义片段之间整合统一的问题。我们的思考可具体分为以下几个方面:

(1)语篇整体意义由异质离散的意义片段整合而成,如何论证这一观念的合理性?

(2)语篇意义整合分析中涉及的核心概念,如语篇、意义、整合、语篇意义的分析单位等,如何进行界定和切分?

(3)语篇意义整合的具体过程和机制如何?

(4)如何拟定语篇意义整合分析的分析程序?

(5)诗性语篇与日常语篇如何模式化地使用符号手段推进意义整合?

(6)语篇意义整合分析还可以帮我们解决哪些具体的语篇现象和问题?

---

[1]　概念界定可参阅本书附录。

1.4 本书的研究内容

1.4.1 语篇意义整合观的合理性

互文性理论假设,语篇的整体意义由异质离散的意义片段交织整合而成。这一观点突破了语篇由语言单位线性组构形成的传统观念,可以帮助我们更新思路,推进对语篇整体性问题的探索。但是在此之前,我们需要论证这一假设的合理性。

本书综述哲学、符号学、语言学的意义研究成果,发现多学科视野中的意义研究在 20 世纪下半叶形成合流,共同强调语言意义的主体建构性、在线生成性、异质整合性、发展流变性、语境规约性等特征(参见第三章)。同时,语言学的众多分支理论,如认知语义学、认知语法学、汉语语法研究、系统功能语言学等都从各自的研究路径出发,涉及了意义整合问题,挖掘了不少支持意义整合观的语言现象。(参见第四章)可见意义整合观已在众多学术领域中形成了一定的共识。

此外,这一假设可以得到个人写作经验、口语交际经验和基于实验的认知心理研究的支持,符合主体的语用经验和语用直觉(参见 4.1.3 节)。

最后,以短语、小句等语言单位为依据切分语篇分析单位,常常在具体分析中遭遇困境。现实语篇实践中,同样的意义既可以用词、短语、小句、复句、句群来表征,也可以用非语言模态的符号来承载(参见 3.4.2 节)。若能从意义要素异质整合的角度理解和分析语篇,有望提升分析框架对现实语篇的兼容性。

综上,多学科研究成果和个人语用经验共同表明:语篇的意义不是天然的"铁板"一块,也不是叠句连章的线性构筑,而是由异质离散的意义要素在语篇空间中交织互动、整合形成的,语篇的意义具有异质整合性特征。这一观念的确立有益于推进语篇意义分析框架的建构。

1.4.2 核心概念界定

要从意义整合的角度展开语篇分析,需要对"语篇、意义、整合、语篇意义的分析单位"等关键概念进行尽量可操作的界定和切分。本书在借鉴前人研究的基础上,对上述概念进行工作界定。

本书中,"语篇、话语、篇章"三者被视为同义,既指语境中一次符号交际的实际过程,又指这一交际过程的符号留存——承载完整意义的符号序列(详见 2.1 节)。"文本"有两层含义:一层与"语篇"同义,即指承载完整意义的符号序列;另一层指来自其他语篇,却参与当前语篇意义建构的意义片段,如互文性理论中的"文本"概念(详见 2.1.4 节)。

"意义"概念十分复杂,无法实现本质直观。本书尝试综述哲学、符号学、语言学的意义观,寻找不同学科的研究者对"语言意义"的概念共识。在多学科研究者的概念共识中,语言的意义主要由表述对象(实体、事件、意念、命题等)和附着于表述对象的评价信息(明示的或潜势的)构成(详见 3.4.1 节)。

我们将语篇意义的分析单位确定为"语篇单元"。语篇单元由意义单元和符号单元构成。意义单元是语篇中具有独立价值的意义片段,由完整的表述对象附着相应的评价信息(或潜势)构成,可通过删除等方法验证。符号单元是用来表征意义单元的符号形式,在不同的语篇中可以是词、短语、小句、句组,也可以是图形、音乐等。只要符号形式承载了一个意义单元,就是符号单元(参见 3.4.2 节)。

学术语境中,整合是由异质要素交互影响,形成统一协同的结构整体的过程。整合形成的整体具有连续性、系统性、一致性、协同性和完整性等特征。整合结果可能是浮现的和不可预测的,但也可能是可推导、可预测的(参见 4.1 节)。

1.4.3　语篇意义整合的具体过程和机制

在解析符号学和耗散结构理论的双重视域下[①],我们将语篇意义整合的基本过程分为前符号阶段和符号表征阶段。前符号阶段的意义整合在主体的认知世界中进行,异质离散的众多意义单元(尚未得到符号表征)在其中交织互动,不断进行横向或纵向的逐层意义整合,最终浮现出由意义核心统摄众多意义单元形成的前符号意义结构。前符号阶段的意义整合大部分在主体的认知世界中自动完成,主体的有意识介入极少,遵循自组织整合机制(详见 5.1 节、5.2.1 节)。

符号表征阶段的意义整合在主体的有意识介入下展开。在这一阶段,主体运用符号资源对前符号阶段初步形成的意义结构进行加工和表征,使其最终实现为在主体间进行意义交流的语篇。这一过程可从符号转写、精制加工、线控表达和交互主观化处理 4 个方面进行分析。

符号表征阶段,主体可选择用自组织转写或他组织转写的方式,将前符号意义结构转写为符号语篇:自组织转写的语篇中,主体如实呈现在前符号阶段参与整合的离散意义单元,引导解读者重历前符号阶段意义自组织整合的过程,自动浮现整体意义。这样整合出来的语篇意义层次丰富、灵动多元,也容易产生意义复杂、含混、不确定的情况。他组织转写的语篇将前符号阶段初步形成的意义结构(由意义核心与响应核心的意义单元构成)以明示或可推导的方式清晰表述,听读者能

---

① 概念界定可参阅本书附录。

明确而迅速地接收语篇意义。这样整合形成的语篇意义明确稳定,便于理解(参见 5.2 节)。

1.4.4　语篇意义整合的分析程序

在界定核心概念和构拟整合过程之后,我们可拟定语篇意义整合的分析框架与程序(详见 5.3 节)。

1.4.5　诗性语篇与日常语篇的整合手段分析

哲学界和文学界的语言研究区分诗性语言和日常语言。诗性语言强调语言表达的体验性、审美性特征,日常语言强调语言表达的概念性、信息性特征。本维尼斯特(Benveniste)认为,两者的根本区别不在于语言系统方面,而在于符号指意方式和语篇解读方式的不同。我们在此基础上,认为它们的区别肇源于不同语篇在符号表征阶段采用了不同的符号转写方式。诗性语篇主要采用自组织方式转写,日常语篇主要采用他组织方式转写。由此,我们可以借诗性语篇,管窥前符号阶段意义整合的大致情形,而借日常语篇研究语篇意义他组织整合的具体运作。如此,在语篇意义整合的视野中,诗性语言和日常语言,诗歌语篇和以信息传达为主的各类语篇,得以纳入统一框架,得到较为系统的分析。

本书选取《唐诗三百首》中的中国古典诗歌语篇,作为诗性语篇的代表,研究语篇意义自组织整合的基本过程和模式化运作的符号手段;同时,以学术论文语篇、散文语篇等为日常语篇的代表,研究语篇意义他组织整合的基本过程和模式化运作的符号手段(参见第六章、第七章)。

1.4.6　整合现象分析

在构拟整合过程、挖掘整合机制、设立分析框架和描写整合手段之后,我们尝试在语篇意义整合研究的视野中,对相关的语篇现象进行分析和解释。这一方面可以为具体语篇问题的研究提供新的分析思路,另一方面也能借以验证我们构拟的意义整合分析方法是否对现实语篇具有一定的分析、解释能力。

直观上,我们常常能发现有些语篇意义简单、层次单一、表意明晰,而有的语篇意义复杂、层次丰富、表意灵动,还有些语篇意义含混,可作多种识解。这种语义效果的简单与复杂,明确与含混是由什么造成,如何进行分析? 语篇整体意义样态的问题理应得到语篇语言学,尤其是语篇语义学的研究,但目前的研究关注较少。本书第八章以意义样态最为丰富的诗歌语篇为例对其进行研究,将《唐诗三百首》中诗歌语篇的意义样态分为意义简单、意义复杂(交义、合义、歧义)诸类,运用意义整合分析的研究框架,尝试对语篇实现各种意义样态的具体路径和模式化特征进行系统分析,进而论述语篇意义结构的稳定性问题。

语篇语言学有一个非常重要而又分歧极大的论题——元话语的功能与分类。本书将元话语视为符号表征阶段系统运作的他组织整合资源,并将语篇中的元话语功能分为精制整合功能、线控整合功能和交互整合功能,以此构建基于语篇意义整合的元话语功能分类体系。我们还结合三类日常语篇(散文语篇、学术论文语篇、电视辩论语篇)共计约 9 万字的语料,对各类语篇中元话语功能的分布情况进行量化统计。结果表明,基于语篇意义整合的元话语功能分类体系,对各类语篇的元话语分布情况具有一定的解释力,可初步验证分类体系的合理性。

1.5 语 料 来 源

本书所用语料主要有:

(1) 语料库语料:北京大学现代汉语语料库(CCL)、北京语言大学现代汉语语料库(BCC)、教育部语言文字应用研究所"语料库在线"现代汉语语料库、百度网。

(2) 诗性语篇语料:(清) 蘅塘退士《唐诗三百首》中的全部诗歌语篇。

(3) 日常语篇语料:

a. 学术论文语篇语料,《语文建设》中发表的语言学论文共 10 篇;

b. 其他论述类语篇语料:历年高考语文试卷中论述文阅读的阅读材料,共 20 篇;

c. 电视辩论语篇语料:电视辩论节目"一虎一席谈""对话"各两期的实录语料;

d. 散文语篇语料:随机选择现当代名家经典散文 20 篇;

此外,文中还包括少量其他来源的语料,引用语例均已标明出处。

1.6 体 例 说 明

本书二至五章为理论建构部分,构建语篇意义整合的基本过程,拟定语篇意义整合分析的分析程序;六、七两章以具体类型的语篇为例,探索语篇意义整合自组织机制与他组织机制的具体实现路径,及其语言手段;八、九两章运用语篇意义整合的分析方法,分析具体的语篇现象和问题。本书在叙述中引入了较多其他学科的理论和术语,可能会带来一定的阅读困难。为缓解阅读压力,本书后附"核心术语介绍和索引",方便读者参阅。

第二章 语篇：概念界定与研究现状

2.1 概 念 界 定

20世纪中叶，随着哲学的语用学转向，语言研究不再局限于对抽象语言结构的分析，而是越来越关注语境中承载完整意义、自然发生的符号序列——语篇。与此同时，结构主义语言学发展到转换生成语言学阶段，在不断增强理论解释力的探索中，学者们开始思考：语法分析止于句子，那么句子以上的语言单位是如何组织起来的？语篇与零散堆砌的句子有何区别？作为大于句子的语言单位，语篇如何实现整体性？为了构建下至语素，上至语篇的完整语法体系，语篇整体性的实现成为语言研究的新论题。

围绕整体性的实现，语篇语言学发展出数以百计的理论路径和分析方法，形成蔚为壮观的研究潮流，不仅在语言学内部确立了自己的学术地位，还将研究方法拓展到文学、教育学、社会学、心理学、传播学等人文社会科学领域，体现了语言学对人文社会科学的新馈赠。然而，与许多基础学科一样，语篇语言学中一些最基本的概念，如"语篇、话语、文本"等，尚未界定清晰，整体性实现等核心问题，也未形成共识。本章我们主要关注语篇研究中若干基本概念的界定。

2.1.1 Discourse

"Discourse"译为"话语"。作为学术术语，它最早可能出现在哈里斯（Harris 1952）的作品中。Discourse研究并不把语言看作抽象的结构系统，或静态孤立的符号组织，而是强调在话语交际的实际过程中观照语言。这种理念变化使discourse分析发展出不同于传统语言研究的两个方向：第一个方向是研究语境中实际发生的鲜活话语，研究话语交际运作和组织的规律。"将话语作为一个动态过程来考虑，除了分析语句的组成成分和相互关系，更重要的是联系发话人和受话人的语言认知策略，剖析同语言行为有密切关系的认知诸因素。"（陈平1987a）这是语言学视域内的研究。系统功能语言学、篇章语法研究、话语结构研究、认知话语研究等研究路径都是在这一方向上努力的。第二个方向是通过分析特定社会语境中的话语，揭示隐藏在话语交际背后的社会秩序、权力关系、社团文化、意识形态特征或其他学科所关注的论题，是语言学视域外的研究。如批评话语分析、教育话语分析、精神话语分析、社会话语分析等都隶属于此。

不过，作为术语的 discourse 虽然在 20 世纪 50 年代才开始使用，但现代意义上的 discourse 研究实际上起步更早。从 20 世纪 20 年代布拉格学派的言语功能研究，到 30 年代弗斯(Firth)对语境中言语意义的研究，再到 20 世纪 40 年代俄罗斯语言学开启的"超句统一体"研究等，都是 discourse 研究的前身。

2.1.2 Text

"Text"源于拉丁语"textus"，意为编织、连接。这一单词用于指称符号，始于文学批评领域。19 世纪末 20 世纪初，文学批评试图摆脱作者意图对文学创作的权威影响，提倡以文学创作本身为对象进行更为客观的批评。这样，明示作者权威的"作品"概念就不再适用，而强调文章本身的 text 术语流行起来。新批评最早引入 text，将其视为文字符号的序列，强调其相对于作者的独立性；结构主义批评将 text 看作社会惯例的一种形式，是从具体的文学作品中抽象出来的客观叙事模式或文学规律；接受美学则用 text 指称作家创作完成而尚未得到读者解释的作品，强调文学的意义应在解读中形成。总之，文学领域的 text 强调了文学作品的客观实在性及其意义的未完成性特征。

符号学对 text 的重视始于 20 世纪 60 年代。学者们发现符号的意义并不在于符号形式与外界现实的一一对应。意义是生成的，而生成只能在自然发生的符号序列——text 中进行。由此，text 成为符号学的研究对象，其所指由文学作品扩大到一切类型的意义载体，包括语言符号载体和非语言符号载体。比如洛特曼(Лотман)曾说："text 是任何可以被解释的东西。"(转引自赵毅衡 2016：40)同时，符号学中的 text 也不再凸显文章相对于作者的独立性和未完结性特征，只强调它的意义载体功能：text 意指由任何形式的"符号组成的整一性表意单元"。(赵毅衡 2016：40)

今天，text 广泛用于社会科学领域的研究，可分为广义和狭义两种。狭义的 text 指由语言文字组成的符号序列。如托多罗夫(Todorov)着力区分了 text 与句子之间的差异，利科(Ricoeur)将 text 视为"言语的复合体"(转引自赵毅衡 2016：40)。广义的 text 指称一切语言和非语言的符号序列。如音乐、图画、建筑、雕塑，乃至衣食住行，都是人类留下的印迹。这些印迹只要承载了意义，或者说被认为是有意义的，就都可视为 text。如巴赫金(Bakhtin)说："text 的本质是生活事件。"艾柯(Eco)则将 text 定义为任何指意的系统(转引自赵毅衡 2016：40)。无论广义还是狭义，text 都具有如下特征：a. 它一定是承载完整意义的符号序列；b. 它是统一、封闭、有边界的整体而区别于杂乱堆砌的符号集合。

此外，在诸多理论中，将 text 的本义——编织物——阐述得最为充分的是互文性理论。克里斯蒂娃(2012)提出："每个文本中都包含许多其他文本，文本即文本的集合，词语是最小的文本单位。"她认为："任何文本的建构都是引言的镶嵌组合；任何文本都是对其他文本的吸收和转化。"克里斯蒂娃淡化了 text 的封闭性、整体性、统一性特征，强调 text 是诸多 texts 的集合，是 texts 交融、互动的场域。在克里斯蒂娃，及其同时期的巴特(Barthes)、索莱尔斯(Sollers)、德里达(Derrida)等人看来，尽管 text 虽然还保留着意义载体的属性，但它已不限于展现在我们面前的文章实体——它可同时指称存在于实体 text 中的任何意义片段。

综上，多学科领域都在使用 text，并赋予了它不同的语义潜势。文学研究强调 text 相对于作者的独立性和封闭性，符号学将其外延扩展到一切类型的符号序列，互文性理论强调 text 的多源互动特征。而论其概念内核，无论在哪个学科中，text 都指完整意义的符号载体，强调其意义功能，而非形式结构。正如韩礼德、哈桑(2007：1)所说："text 是一组使用中的语言……text 应该被视为一个语义单位。它表达的是意义，而非形式。"

2.1.3 Discourse 与 Text 的交织

始于美国的话语分析传播到德国，由于德语中没有与 discourse 对应的单词，故使用 text 指称这一研究对象，由此产生了术语 text 与 discourse 的交织。text 和 discourse 的分歧主要来自欧陆和英美语言学界对待 discourse/text 的研究方法的差异。语言研究中的 text 和 discourse 同指承载完整意义的符号序列，但英美学界更注重通过 discourse 挖掘其背后的社会性特征，如不同社会阶层、社会集团的话语方式与结构，会话背后的社会意识形态与权力关系，语境中特定话语的会话规则等；而欧陆学派则更加注重将语篇视为超句统一的语言单位，探索其语篇组构、意义表达的规律、模式问题。研究旨趣的差异使 text 和 discourse 各自承载了不同的意义潜势：text 多用于指称承载完整意义的符号序列，强调意义的整体性与结构的完整性，更关注其语言结构和组织规律方面的特征；而 discourse 更强调过程性特征和社会性特征，除了指称具体的语篇实体，还可指称特定社团的语用习惯，如医疗话语、法律话语等，倾向于揭示话语背后的社会价值。

综上，text 与 discourse 由于语义背景和不同学派研究旨趣的差异，表现出细微的区别。相较而言，discourse 更强调动态过程属性和社会学特征，而 text 更强调静态成品属性和语言学特征。但两者都将语言研究的对象确定为语境中实际发生的，承载完整意义的符号序列。事实上很多现有研究将两者融合起来，使术语使用的差异越来越趋向中和。

2.1.4　语篇·篇章·话语·文本

英语的"text"可译为"文本、语篇、篇章"，"discourse"译为"语篇、篇章、话语"。与 text 与 discourse 的交织同步，这几个概念在国内学界也彼此纠缠。概括而言，在文学、艺术、符号学领域中多用"文本"，强调分析对象的客观性；而在社会科学领域，如社会学、心理学、政治学、教育学等更多使用"话语"，强调社会语境中的语言和语言对社会语境的构建与参与；语言学研究则兼用"语篇、篇章、话语"。

"语篇、篇章"多用在本体语言学的研究中。这类研究着重分析符号载体的语言结构、类型特征、组构方式、成义规律等；"话语"多用在应用性和社会性研究中，这类研究多强调话语意义的社会属性，致力于挖掘话语背后的社会规律与社会问题。此外，早期研究也从语体角度区分两者，认为语篇/篇章指书面语篇，而话语指口语语篇。不过同样，"语篇/篇章"与"话语"的意义分化也是相对的。越来越多的研究尝试将本体语言学与跨学科研究视野统一起来，将静态结构描写与动态过程构拟统一起来，将口语语料分析与书面语篇分析结合起来。"语篇/篇章"和"话语"也逐渐通用，走向中和。

"语篇"和"篇章"在意义上更为接近，几乎可以对等，在语篇语言学、语篇研究、语篇语义学、语篇语用学、语篇分析等等用法中，"语篇"和"篇章"几乎可以无条件互换。但"篇章语法"的搭配相对固定，学界较少说成"语篇语法"，这是术语使用习惯的差异。

"文本"概念在语言学研究中使用相对较少，但在文学、艺术、社会学、符号学中高频出现。在文学、艺术、符号学、社会学等学科语境中，"文本"有两层含义。一层与"语篇"同义，指承载完整意义的符号序列，并以此为基础拓展出"广义文本"的概念，即洛特曼所说"任何可以被解释的东西"。（转引自赵毅衡 2016：40）另一层指来自其他语篇，而参与当前语篇意义建构的意义片段。如本文的重要理论来源之一——互文性理论提到："文本$_1$即文本$_2$的集合""任何文本$_1$都是对其他文本$_2$的吸收和转化"（克里斯蒂娃 2012，引文中的下标记号为笔者所加）。其中的两个"文本$_1$"指的都是当前被观察的语篇，两个"文本$_2$"则指的是来自其他语篇而参与当前语篇意义建构的意义片段。因此这两句可以理解为：语篇是来自其他语篇的意义片段的集合，任何语篇都是对其他语篇中某些意义片段的吸收和转化。我们分化这两个概念，前者（文本$_1$）用"语篇"指称，后者（文本$_2$）用"意义单元、意义片段"指称。

本书在论述中不再细分"语篇、篇章、话语"，三者同指现实语境中承载完整意义的符号序列及其交际事件。本书在陈述中主要使用"语篇"术语；在论及篇章语法、话语分析的研究时,遵循学界习惯使用"篇章、话语"术语;引用文献、引介他人观点时则尽量遵循原作者的术语使用。

2.1.5　小结

本节梳理语篇研究中几个意义交叉的概念。本书主要使用"语篇"术语,指涉语境中的主体运用符号进行意义交流的过程及在此过程中用来承载交际信息的符号序列,无论符号序列是口语的,书面语的,还是非语言模态的符号形式。在引用、综述学界研究成果时,我们也可能用到"话语、篇章、文本"等术语,在未作说明的情况下,这几个术语与"语篇"同义。

2.2　研　究　现　状

语篇研究兴起于 20 世纪 40 年代,在 20 世纪 70～80 年代形成研究热潮。从诞生之初,语篇语言学就致力于思考大于句子的语言片段如何实现整体性的问题。对这一问题的不断思辨,构成了语篇研究的不同路径。

2.2.1　篇章连接成分研究

现代意义上的语篇研究从布拉格学派对句子功能前景的关注就已见端倪,20世纪 40 年代,苏联语言学界开始关注对"复杂句法整体"和"超句统一体"的研究,正式打开了语篇语言学研究的大门。20 世纪 70 年代以前的语篇研究普遍认为,运用各种形式的接应成分(如代词、连词、具有指示和衔接功能的冠词、名词等)将句子联系起来,就能形成整体,构成语篇。因此使语篇区别于零散句子而成为统一整体的,是各种接应成分的连接作用。这一阶段的代表人物主要有:苏联的波斯彼洛夫(Поспелов)、布拉霍夫斯基(Булаховский)、美国的哈里斯和德国的魏因里希(Weinrich)、哈维格(Hawreg)等。

1948 年,苏联语言学家波斯比洛夫发表了《复杂句法整体及其主要结构特征》和《现代俄语中的复杂句法整体问题》,开辟了"复杂句法整体"研究的新天地。他提出,语言研究除了研究句子,还要研究句子与句子之间的相互联系,因为现实中发生的语言都是以复杂句法整体,而不是孤句的形态出现的。"连贯话语中实际的句法单位不是单句或复句,而是在脱离了连贯言语的具体语境后,仍具有结构的独立性和完整性的复杂句法整体。"(转引自华劭 2003:266)此后,布拉霍夫斯基于1952 年提出"超句统一体"概念:"俄语中存在着一种比句子大的以文字表示的、具有具体语法特征的统一体。这就是超句统一体。"(转引自姜望琪 2007)

哈里斯在 1952 年发表的《话语分析》中，"试图将描写语言学的方法扩展到对'连续的言语（或文字）的分析'"。（转引自华劭 2003：266）他用描写语言学的分布分析法研究句际关系，以语素和语素的组合体——等值类在语篇中的分布和接应解释语篇的整体性，甚至将这种语言成分的分布与语篇产生的情境关联起来。哈里斯的尝试虽未成功，但他将大于句子的连续言语纳入语言研究的视野，无疑给欧美语言学研究带来了新的发展契机。

德国的语篇研究也比较突出。1967 年，魏因里希正式提出"篇章语言学"（text linguistics）的概念，他认为"语言学只可能是篇章语言学……篇章，确切地说，语境中的篇章是篇章语言学的主要依据，是语言分析的起点和归宿。"（转引自刘齐生 2005）哈维格的《人称代词和篇章构建》，作为篇章语言学的奠基作，它将篇章定义为"通过不间断的指代链构建的语言符号连接体"（同上），将句法中的替代关系解释为"相关性原则"（同上），认为只有符合相关性原则的句子系列才可以成篇。词与词之间、短语和短语之间的互指和连续关系成为语篇研究的重点。

早期的篇章语法研究致力于从句子/小句之间形式连接的角度，观察语篇整体性的实现。但发展到后期，篇章语法研究也意识到，语篇的整体性不是将独立句子粘连到一起就能实现的，除了合法，还有合义和合用的问题。篇章语法研究发展到后期，已出现与篇章语义、篇章语用研究合流的趋势。不过相比篇章语义、篇章语用的研究，它更多地立足于具体的语言单位，关注语言单位在不同的语篇中，如何获得相应的语篇功能，或如何发挥语篇功能，帮助语篇实现整体性。

2.2.2 微观语义连贯研究

随着语篇研究的深入，学者们逐渐认识到，仅关注形式接应无法解释语篇的整体性。语篇整体性的实现不仅是形式问题，更是个意义问题。语篇的整体性来源于它在话语交际中表征的完整意义和实现的交际功能。这样，功能语义关系替代句法接应手段，成为语篇研究的核心。这类语篇研究主要关注对主位结构、信息结构、句际逻辑语义关系、衔接手段的分析，代表学者有达内（Danes）、斯伦贝格（Slenberg）、温特（Winter）、韩礼德和哈桑（Halliday & Hasan）、托多罗夫等。

达内（Danes 1974）引入功能语言学的方法，以布拉格学派对主题、述题的划分分析语篇，指出语篇中句子之间的联系主要表现在语义联系上，而语义联系可以通过分析主题递进来研究。他区分主题递进的不同类型，并指出它们在语篇的整体构建中发挥的不同功能；韩礼德、哈桑（2007：1）明确提出语篇的意义属性，并发展适合语篇分析的系统功能语法，他们从意义分析的角度研究小句，对小句的意义功能、主位结构，句际的衔接手段、语义连贯等问题作出系统阐发，构拟分析框架；托多罗夫(2000)提出语篇研究中的话题、焦点、联系三个范畴,也是从功能语言学的方法出发进行语篇意义的微观分析。

此外,还有学者通过区分句际语义关系,尝试构建语篇语义关联的分析模式,解释语篇的整体性。德国的斯伦贝格提出句际关系的 12 种类型,如因果、动机、判断性假说、细致化、时间连接、前提连接、对比、修正等;英国的温特将小句关系分为配比关系和逻辑序列关系,配比关系指并置的事件、观点在内容上的同等性程度,如相同、相似、相异、相斥等,逻辑序列关系指相继的事件、观点之间的逻辑关联,如事件序列关系、工具‑目的关系、空间序列关系等;曼恩和汤普森(Mann & Thompson 1988)的修辞结构(RST)理论,在研究范式上也遵循句际语义关系的方法,它将句际语义关系分为 24 小类,分析语篇中小句之间的语义关联,并绘制语篇的语义树结构,系统研究语篇中句际语义关联(参见郑贵友 2002,刘齐生 2005,姜望琪 2011)。

微观语义连贯研究自下而上考察语篇各部分的语义属性及其间的语义关系,已充分意识到语篇研究是一个意义分析的问题,仅通过形式手段很难实现充分理解。如今,微观语义路径的语篇研究继续深入,并与篇章语法研究及宏观语义研究,社会/认知视角的语篇研究相互融合,成为语篇分析的重要路径之一。

2.2.3　宏观语义结构研究

从微观语义关联开始,语篇研究已经走向了强调意义分析的道路。但彼时的意义分析局限于对句际语义关系的探讨,尚未关注语篇的整体意义。20 世纪 70 年代后期开始,学者们逐渐意识到,仅从微观视角出发,还是无法解决语篇整体意义的实现问题。各种假连贯案例的出现说明,在微观关联之外,语篇语义的宏观结构对整体性的实现至关重要。于是,研究者开始从宏观视角对语篇进行整体观照,通过抽取语篇的宏观语义结构,将语篇与特定语境下的语言使用模式、社会文化环境、意识形态关联。这类研究的主要论题包括语篇主题、语篇意图、语篇类型、会话原则、言语行为、语境分析、宏观结构的提取和描述等,代表学者有施密特(Schmidt)、海姆斯(Hymes)、韩礼德、拉波夫(Labov)、范迪克等。

早在 20 世纪 60 年代末,德国学者施密特已将行为理论应用于语篇研究,认为语篇不是相邻句子的衔接粘连,而是交际事件的语言记录,语篇研究应当在交际事件的宏观框架内进行。在他的影响下,德国学者率先在语篇研究中引入交际视角,强调语篇的行为关联,并遵从社会交际的标准研究语篇。从语用学视角展开语篇研究的思路也在格赖斯(Grice)、塞尔(Searl)等学者的影响下展开。

宏观视角的语篇分析以荷兰学者范迪克最具代表性。1976 年,范迪克在《叙事宏观结构——认知和逻辑基础》中提出"宏观结构"概念。他通过对叙事结构、论证结构、科学论文结构进行详细分析，从语义和语用两方面抽取语篇的宏观结构，将其视为高于句子的语篇层级，是语篇之所以具有整体性的结构保障。范迪克（van Dijk 1980：14）指出，语篇的宏观结构具有两个方面的功能：a. 组织微观信息，实现整体语义连贯；b. 删减、加工微观信息，提高语篇的整体效能。有了宏观结构，语篇的主题发展、整体连贯、假连贯现象、语篇类型等问题都能得到有力解释，且由于不同类型的语篇宏观结构与社会交际的不同领域可以形成关联，语篇研究得以面向更为广阔的社会文化语境开放，而不再局限于语言学内部的探讨。如此，在句际关系之上开辟宏观语义结构的新层级，并由此打开语篇与社会语境关联的新思路，语篇整体性的实现问题得到了更为有效的解释。

从交际语境视角切入语篇研究的研究路径于此得到长足发展，如：海姆斯对语境的系统性描写及以此为基础对不同社会集团话语方式和话语特征的对比研究；拉波夫对不同社会阶层的会话结构及其语言特点的研究；韩礼德和哈桑等对语域问题、语类系统的构建与探索等。这些研究同样体现出语篇研究已脱离"句子集合"论，将语篇视为社会交际中的意义整体，在语篇同外部世界的关系中研究其整体意义（参见郑贵友 2002：1—10，姜望琪 2011）。

篇章语法研究和微观语义研究与这一潮流相融。如后来得到高度关注的元话语问题、标记语研究等就是立足宏观语义和交际功能视角对具体语篇范畴的提取，衔接手段研究也与宏观结构分析结合起来，形成自下而上和自上而下双向并进的分析程序，对语篇整体性的实现问题进行全面观照。

2.2.4　语篇研究论域的拓展

宏观研究将语篇整体性的实现解释为语篇中存在宏观语义结构和统一的社会功能。这一解释看似无懈可击，但在一些特殊类型的语篇中，仍会出现不少问题。如宏观结构研究强调语篇是在特定交际意图的统摄下有计划、有步骤实施的语言交际行为，但对于交际性和意图性不强的日常会话语篇、文学类语篇等，解释力就会受限。同时，宏观结构分析对语篇呈现的显性语义结构尚能精确描写，但对语篇意义背后的社会语境、认知过程等要素，缺乏解释和分析的方法。于是语篇研究沿着关注宏观结构和社会语境的道路继续前进，发展到论域拓展的新阶段。

所谓论域拓展，指语篇研究不再固守语言本体，而是将语篇与隐藏在语篇之后的主体认知过程、社会心理特质、历史文化、意识形态、社会权力特征等关联起来，形成整体研究。这类研究可分两种：一种以外于语言的社会知识和其他学科研究成果，来帮助我们解释语篇整体意义的实现；一种则将语篇分析的方法外借，帮助其他生活领域和学术论域，分析他们的现象，解决他们的问题。这两种研究既相互独立，又相互促进，共同表明：语篇的整体性不仅在于语篇之内，也在于语篇所处的整体性交际事件、社会文化语境和主体认知过程之中。只有综合考量语篇交际事件、社会文化语境和主体认知特点等外部因素，语篇意义才能实现整体性。

首先是语篇研究的认知转向。20 世纪 80 年代开始，人文社科领域普遍迎来认知转向的热潮，语言学的各个分支或多或少地表现出对认知研究视角的关注，语篇语言学也就此发展出认知语篇研究的新方向。认知语篇研究主要关注主体生成和理解语篇的认知过程和认知模式，并以此解释语篇现象，建构语篇理论。在认知语篇研究看来，语篇的整体性要分成语篇发生和语篇解读两个过程来讨论。这两个过程既有相似，又有不同。如结合心理实验展开的语篇发生与理解过程的研究，依据实验数据，构建语篇发生和解读的心理加工模型（参见桂诗春 2000、2001）；又如博格兰德和德雷斯勒（Beaugrand & Dressler 1981）提出的"规程说"，从认知加工角度提出判断语篇整体性的 7 个标准；概念整合理论（Fauconnier & Turner 2002）构拟独立认知事件在认知空间中协同整合，生成语篇整体意义和创新概念的过程；隐喻、转喻、关联理论、可及性理论、语篇世界理论等都从各自的理论视野出发，对语篇整体性的实现做出解释。总体而言，心理认知视角从语篇生成与理解的宏观过程出发，为语篇的生成、理解、整体性问题做出学理解释，但不太关注去构拟适用于具体语篇实践的可操作分析框架。因此这一视角的研究解释力较强，但分析力略有不足。

社会视角的语篇分析主要有两种。一种以"他山之石"来"攻己之玉"，如系统功能语言学。进入 21 世纪后，系统功能语言学更加注重对现实语境中鲜活语篇的研究，而不再将研究的重点放在小句层级。它致力于构建语篇系统与语境系统之间的关联，建构语篇意义的分析框架，并对各类具体语篇（如法律语篇、外交语篇、教育语篇、生态语篇等）进行适用性分析。再如多模态语篇研究，这类研究拓展语篇研究的对象，借助图像学、心理学、传播学等其他领域的研究成果，探索多种模态的符号资源如何整合表义，实现模态互动和语篇的整体性。另一种社会视角的语篇分析以应用为目的，如批评话语分析（CDA）、特定人群话语分析、教育教学话语分析等。这类研究更多不是为了解决语言问题，而是借用语言学知识和语篇研究的分析方法，对其他社会生活领域和学术领域的语篇进行意义分析，实现对语篇背后的意识形态、社会结构和他学科问题的观照与解释。这类研究将语篇研究的论域和方法拓展到语言学之外，形成贯穿整个人文社科领域的话语分析方法。如果说 20 世纪语言学对人文社科研究的主要贡献在于结构主义范式，那么在新世纪，话语分析的论域拓展和研究方法的外借，或许也能代表语言学对人文社科领域的新馈赠。

2.2.5 国内语篇研究概述

中国传统学术研究中，与语篇相关的研究成果非常丰硕，这类成果多以"文章学""辞章学"面世，并与修辞、写作、文论等关联密切。如《汉书·艺文志》《典论·论文》《文选》等都曾专题探讨语篇的体式结构问题，《文心雕龙》更是专门论述文章的立意写作、谋篇布局、体式要求。在这些重要论述的基础上，中国古代文章学十分发达，历代均有专门论著，科举制度普及之后更是如此，如宋代的《文则》，元代的《文说》，明代的《文章指南》，清代的《文史通义》等。这些专著多论及文章写法、修辞策略、谋篇技巧、文章体例和类型，与语篇研究直接相关。

近代以来，现代学术体系逐步引入，传统以札记、点评为主的文章学研究，吸收现代科学系统建构的研究观念，得到新的发展。20世纪上半叶，出版了一系列系统讨论文章学、写作学的著作，如陈望道《作文法讲义》，汪馥泉《文章学概论》，夏丏尊与叶圣陶合著的《文心》等。新中国成立以来，现代文章学体系建立，张志公、陈望道、吕叔湘等学者围绕汉语辞章学、修辞学等的学科关系和学科体系展开讨论，并发表了一系列致力于学科体系建构的重要论文。到了20世纪80年代，张志公、郑颐寿等学者继续发表论著并开设辞章学课程，逐步构建起汉语辞章学的理论体系。这一时期还出版了大量文章学、辞章学的专著，如张寿康的《文章学概论》《文章学导论》，郑颐寿的《辞章学概论》《辞章学论稿》、王凯符等人合著的《古代文章学概论》、张志公的《汉语辞章学论集》以及陈满铭专门研究文章章法的系列论文和专著等。由此，文章学/辞章学的现代学科体系逐渐形成。此时的文章学/辞章学不仅发扬古代文章学的研究传统，对中国传统文体、诗体、文章策略等进行系统深入的阐发，还兼容了现代西方科学研究的系统观、过程观，并融入认知心理视角、社会功能视角和西方哲学视角，综合考量文章的题材样式、结构特征、写作过程、阅读理解等问题，成为中外学术融会贯通的良好范例(参见聂仁发2009：1—12，姜望琪2011：186—234，郑娟榕、林大础2017)。

不过，文章学/辞章学与语篇语言学的研究虽密切相关，但也有不同。文章学/辞章学虽然也关心语篇的体式、结构，但更侧重语篇的创作技巧、谋篇布局、遣词造句与阅读理解方面的方法技巧，是以应用性为导向的研究。而语篇语言学倾向于将语篇作为客观对象，致力于发掘无意识的语篇创作与解读背后，语篇运作的机制、规律，语篇的整体结构与意义生成逻辑，语篇对社会语境的反映与建构等，其本质属于本体研究的范畴。因此，语篇语言学虽然从传统文章学、辞章学、修辞学中吸收了大量营养，却有属于自己的学科体系。

我国国内的语篇语言学研究从20世纪80年代后期开始。其中，汉语学界在篇章语法研究、篇章修辞研究方面成果较多，而外语学界前期注重对系统功能语言学、认知语言学、批评话语分析等国外理论和研究方法的译介,近年来结合外来理论研究汉语语篇现象的论著逐渐深入而丰富。

粗略地看,汉语学界的研究主要有篇章语法研究、语篇修辞研究和借鉴跨学科成果展开的语篇研究三条路径。篇章语法研究语篇中的语法现象和组织规律,关注的焦点有(元)话语标记研究、语法范畴的篇章功能研究、篇章主题结构和信息结构研究、篇章中的指代问题研究等。陈平(1987a,1987b,2017a,2017b,2017c)和廖秋忠(1986,1988a,1988b,1991,1992)的系列论文较早涉及这些问题,为汉语篇章语法研究开辟道路。此后几十年,篇章语法类著作和论文逐年增多,成为语言学研究的一大重心。近一二十年来,篇章语法研究和句法研究渐有合流趋势,学界对代词、副词、连词、助词、各类标记、话题与焦点等问题的深入讨论,大多都要从句法、语篇等多个角度统合观照。中国国内与篇章语法有关的著作如:黄国文《语篇分析概要》、王福祥《汉语话语语言学初探》、沈开木《现代汉语话语语言学》、郑贵友《汉语篇章语言学》、徐赳赳《现代汉语篇章回指研究》《现代汉语篇章语言学》、屈承熹《汉语篇章语法》《汉语功能篇章语法》、聂仁发《现代汉语篇章研究》、方梅《汉语篇章语法研究》、曹秀玲《汉语语篇连贯的句法机制研究》、姚双云《互动视角下的汉语口语语法研究》等。相关著作和论文逐年增加,不胜枚举。

篇章修辞研究主要从修辞视角切入语篇问题,关心语篇的写作、接受、语体、风格等问题,如刘大为(2013,2017 等)、祝克懿(2016,2020 等)、丁金国(2018,2019等)等学者,从文体、语体、风格、语篇类型角度切入对语篇结构和意义形成的研究。谭学纯(2008,2017 等)、高群(2017,2021 等)则在广义修辞学视角下研究语篇结构和修辞问题。其实,所有语用修辞视角的研究都脱离不了与语篇的关系,因此,这一方面的研究成果非常丰富。我们在此仅能列举极少一部分明确以语篇结构和意义实现为研究目的的论著。

汉语学界还有一类语篇研究,与篇章语法和篇章修辞研究都密切相关,但又有其特殊性。这类研究擅长借鉴其他学科的理论范式,来探讨汉语语篇的结构、意义、生成理解问题,更注重从宏观上构建语篇分析的理论体系,并综合观照语篇中的结构、意义、语法规则问题。如祝克懿(2010,2012,2013,2018 等)借鉴互文性理论研究汉语语篇的结构与意义;刘大为(2004,2008,2017 等)借鉴认知心理学和哲学理论发掘语篇范畴,研究篇章组织规律、语篇现象及相应的语言手段;马清华等(2012,2014,2016 等)借鉴复杂性科学的自组织理论、协同论、系统动力学等,研究汉语语篇中的语法、语义问题等等。此外,一大批中青年学者也具有跨学科视野,融合多学科理论,持续探讨语篇问题,取得了较为丰硕的研究成果。

外语学界的研究以译介与研究相结合的形式进行,早期研究者不断向国内译介悉尼学派、欧陆学派、俄罗斯语篇研究、认知语篇研究、批评话语分析、多模态语篇分析、生态话语分析等国外理论的重要成果，同时也运用这些理论，结合汉语语篇展开分析，出版和发表了一系列重要的专著和论文。在成体系的译介之后，我国学者既能熟练掌握外来理论，又能充分接触汉语语篇实例，语篇研究逐渐深入，诞生了大量致力于改进、深化、修正、运用这些理论进行汉语语篇研究的著作和论文，研究成果十分丰富。仅在中国知网(CNKI)上，以"语篇""篇章""话语"为关键词搜索出的语言学论文就有十万余篇，学者达数万人。

目前，汉语学界与外语学界之间，汉语学界与外语学界内部各研究路径之间，相互借鉴、合作交流的气氛日浓。外语学界学者借鉴国外理论，对汉语中独具特色的语言现象，如流水句问题、汉语诗歌问题、骈语对言问题等进行深入剖析。与此同时，汉语界学者也广泛吸收国外研究的理念方法，发展出关注语篇社会建构功能的研究路径。前者如沈家煊(2003,2012,2019 等)、王文斌等(2017,2018 等)，后者如胡范铸(2023a,2023b 等)、王建华(2019)等。在借鉴外来理论、吸取传统营养、探讨汉语语篇的实际问题的学术目标下，语篇研究出现多声共鸣、多源合流的气象。不过，我国的语篇研究虽然欣欣向荣，但在基本概念界定、学术体系构建、分析范式与研究方法等方面，远未达成共识，仍在逐渐成长壮大的过程中。

2.2.6　小结

综上，若从苏联语言学关注"超句统一体"的研究开始算，现代意义上的语篇研究发展至今已历八十年光阴。80 年来，语篇研究的理念、思路、方法经历多次更新，构拟出数以百计的理论和分析框架，但有一个核心问题却贯穿始终：即语篇如何区别于零散堆砌的句子，语篇的整体性如何实现。对这一问题的不同解释形成了语篇语言学研究的不同路径。汉语在组构方式和表意方式上的独特性，及自古以来就比较发达的文章学研究传统，使得语篇研究在汉语研究中的地位举足轻重。自 20 世纪 80 年代以来，西方语篇研究的理念和方法传入，国内学界一面吸收引进，一面结合本国研究传统和汉语语篇实际，发掘研究课题，应用和完善理论，并将语篇研究与传统的汉语研究分支——如句法研究、文章学研究、古汉语研究等——结合起来，发掘出不少新的课题。不过，无论国内还是国外，语篇语言学远未发展成熟，语篇整体性实现的问题值得我们继续探索。

2.3　本　章　小　结

语篇是承载完整意义的符号序列，它不是积句联章的句子堆砌，而是主体间交际事件的语言留存,也是符号交际过程本身。现代意义的语篇研究诞生80年来,致力于探索一个核心问题,即是什么赋予了语篇成其为语篇的整体性。围绕这一问题,语篇语言学发展出篇章语法、微观语义关联、宏观语义结构、研究论域的拓展等研究路径,这些研究路径出现的大致顺序,可基本暗合语篇研究的四个发展阶段①,至今形成多种研究范式齐头并进的学术生态。从第二阶段开始,学者们就将语篇整体性的实现视作语篇整体意义的实现问题。经过几十年的理念更新,语篇语言学各个流派的发展既各有特色,又相互中和。如篇章语法不再只研究接应词,开始注重不同语篇类型中语言单位的不同篇章语义功能,注重从宏观语篇视角提炼语言范畴,并将话题-述题,前景-背景等宏观语篇现象纳入考量;系统功能语言学最初以分析微观小句的意义类型及其语义关系为主,后期也逐渐纳入宏观视角的语类分析、语势分析、语域分析,近年更是深入具体的语篇类型,探讨领域语境与语篇意义的相互实现问题;认知视角和社会视角的研究本来从外部着眼,发展至今,也出现相互融合和向细节落实的研究倾向。同时,我国的语篇研究一方面吸收传统文章学、辞章学的营养,一方面多元吸收国外语篇语言学的研究范式,在语篇语言学发展的各个向度上都有跟进。近年来,更是出现了大量融汇中外的语篇研究,呈现出多声共鸣、多源合流的良好氛围。

　　语篇语言学的持续发展,始终贯穿着对语篇何以实现整体性问题的思考。这不仅表明了这一问题的重要性,也说明这一问题至今未能得到妥善解决。从学界的研究共识来看,大部分学者都认可,语篇不仅仅是大于句子的组构单位,它是语境中承载完整意义的符号序列。因此我们要继续研究语篇,就需要从意义角度切入,探索语篇整体意义如何实现的问题。而要实现对语篇意义的分析,我们首先要对语篇意义分析涉及的若干基本概念及其基本分析单位进行界定;其次要对语篇整体意义的形成过程、运行机制展开思考,尝试设计对具体语篇的意义问题具有可操作性的分析框架;再次对言者致力于实现语篇整体性所使用的符号策略进行系统描写,并尝试解释现实语篇中存在的种种相关现象和问题。

---

① 语篇语言学的四个发展阶段之间并非取代关系,后一个阶段的兴起并不意味着前一个阶段的消亡,在共时层面,四个阶段表现为语篇研究的四种研究路径,既共存发展又相互中和。

第三章　意义：意义的意义与语篇意义的分析单位

既然语篇研究从 20 世纪 60 年代起，就逐步明确了其意义研究的基本取向，并以语篇意义整体性的获得为核心论题。"意义"就是语篇研究中最核心的概念之一。

"意义"这一概念几乎涉及人类生活的全部领域。格雷马斯（Greimas）曾指出："人类世界本质上可定义为意义的世界……只有在探寻意义的活动中，诸人文科学才能找到它们的共同点……以多少有点清晰的方式给自己提出人和世界意味着什么的问题"（格雷马斯 2001：1）。但是，由于我们生活在意义中，对意义的探寻反而成为一件十分艰难的事情。正如利奇（Leech）所说，人类对意义的思考纵贯了整个人类思想史，但"没有任何作者能够企图综观语义学领域，如果他勉为其难也将只能达到表面上概述他人关于意义的思考而已"（利奇 1987：10）。

正因如此，虽然意义是语言的核心，主流学界却长期回避意义问题。意义研究形成困境，在很大程度上是因为我们尚未弄清什么是意义。本章尝试从哲学、符号学、语言学三个学科梳理学术语境中的意义观，以此为基础，设置本书对"意义"的工作定义，并尝试对语篇意义的分析单位进行界定和切分。

3.1　哲学视野中的意义

人类对"意义"的关注始于哲学。19 世纪末 20 世纪初，哲学的语言学转向使意义研究成为"20 世纪盎格鲁—撒克逊和奥地利哲学家们的一种职业病"（Ryle 1963：128）。但是，经过了整个世纪的努力，"意义这个词和它对应的意指仍是英语中争议最多的术语之一。"（利奇 1987：10）概括而言，哲学的意义观主要有以下几种：

3.1.1　指称论

指称论认为语言的意义是它指称的外部世界。这一思想源于古希腊，在柏拉图（Plato）、亚里士多德（Aristotle）等的著述中多有论及。在分析哲学阶段，罗素、弗雷格、维特根斯坦前期持此观点。分析哲学家希望通过对语言进行逻辑分析和构建人工语言，发现隐藏在语言中的稳定逻辑形式，取代形而上学的思维模式。他们将语言的意义视为语言形式对外部世界的指称。如弗雷格所言："如果一个符号系统不能确定地表达'指称',或者说,它们所传达的指称容易引起歧义,需要人们去猜测的话,那么这个符号系统肯定不是一个好的表达系统。"(转自张妮妮 2008：20)前期维特根斯坦也持指称论,认为语言是关于世界的图像,语言的命题描述世界的事实。针对现实中是否存在不可言说的东西,维特根斯坦表示,"的确存在不可言说的东西",而"对不可说的东西我们必须保持沉默"(陈嘉映 2003：148)。

指称论肇源于古希腊,是最朴素的意义观。但分析哲学时期的指称论是在分析语言逻辑、建构人工语言的目的下展开的。这里的指称,比起自然语言,更强调符合逻辑要求的人工语言与外部世界的一一对应。

3.1.2　观念论

观念论主张语词的意义是它所代表的观念和意向。这一理论的鼻祖洛克(Locke)曾说:"语词无非是代表其使用者头脑里的观念……他用自己的观念来向自己表现别人的观念时,即使他愿意给这些观念以别人通常所用的名字,他其实仍然在为自己的观念命名。"(洛克 2009：386—387)休谟(Hume)也是观念论的代表人物。他把心智的对象分为印象和观念。印象是通过感性思维达及的心智对象,观念是通过理性思维(如推理)达及的心智对象。语词的意义与观念对应,因此它指涉经验主体的心理对象,而不再直接对应于外界事实。

观念论是对指称论的发展和修正,它打破了语言与外界直接对应的镜像关系,凸显了作为主体的人在意义形成中的重要价值。但人的心理观念如何影响意义,观念论并没有说明。

3.1.3　行为论

鉴于"意义"概念的复杂性,行为论者希望找到一个明确可观察的标准,他们将"意义"界定为交际中由语言引起的"公共地可观察的人的行为"。蒯因(Quine)、布龙菲尔德(Bloomfield)等人持这一观点。

行为论认为人类思维遵循"刺激-反应"模式,因此考察公共可观察的行为是研究人类思维的可靠途径。布龙菲尔德表示:"意义"就是"说话人发出语言形式时所处的情景和这个形式在听话人那里引起的反应。"(布龙菲尔德 2014：166)

行为论的初衷是简单、直观地把握意义,但这样的处理无疑过分简化了意义。蒯因曾试图用"行为倾向"替代"行为",以缓解行为论的机械性。但"行为倾向"一方面并未真正跳出"刺激-反应"模式,另一方面又由于不再具有"公共可观察性",反而失去了直观优势。

3.1.4　实证论 & 真值条件论

早期语言哲学家为了从语言中探索新的逻辑体系,提出句子的意义在于它如何被证实,这就是意义的实证论。前期维特根斯坦、石里克(Schlick)、卡尔纳普(Carnap)等人坚持这一观点。

虽然前期维特根斯坦总体上坚持指称论,但他同时开启了实证论的先河。他曾说:"有意义的命题陈述某件事,它的证明表明确是如此。"(转自刘龙根 2004:51)在他的影响下,石里克说:"陈述句子的意义,就等于陈述使用这个句子的规则……一个命题的意义,就是证实它的方法。"(转引自崔伟艳 2010)卡尔纳普则更进一步:"当且仅当一个语句是可以证实的时候,它才是有意义的,而它的意义即它的证实方法。"(转引自洪谦 1982:40)

至此,意义的证实已不仅是判断真假,还发展出寻找句子在什么条件下为真的新向度,这就是真值条件论。塔尔斯基(Tarski)和戴维森(Davidson)代表了这一观点。

塔尔斯基提出 T 等式:"(T)X 是真的,当且仅当 p":一个语句是真的,当且仅当它被所有对象满足;反之,该语句为假。如"雪是白的"的意义(它为真的条件)是:世界上所有的雪都是白的。(如果有一片雪不是,这句话就没有意义)T 等式的提出标志着哲学家通过语言寻找逻辑体系的夙愿达成,而戴维森则将这一体系导向对自然语言的分析,建立自然语言的逻辑语义学。戴维森以此成为分析哲学和逻辑语义学的集大成者。

3.1.5　使用论

戴维森之后,语言哲学家不再试图创造人工语言,构建逻辑体系,而是重点研究交际中自然语言的意义问题。这一转向使意义问题从哲学思辨拓展到语言学、文学、符号学等人文社科全域,最终将意义研究锁定为 20 世纪人文学科最为凸显的课题之一。

语用学转向以维特根斯坦的转变为标志。他提出语言游戏说:"我将由语言和行动(指与语言交织在一起的那些行动)所组成的整体叫作语言游戏。"(转自刘龙根 2004:76)语言游戏说表明,不是语言本身,而是语言与其发生环境一起,交织成意义。维特根斯坦由此提出两个重要观点:一是"意义即用法",语言的意义不是预先给定的,而是由它的具体用法决定;二是"家族相似性","我们不是因为现象有一个共同点而用同一个词来称谓,它们通过很多不同的方式具有亲缘关系,由于这些亲缘关系,我们才把它们都称为语言"(陈嘉映 2003:192)。"家族相似性"理论表明,语言范畴的意义不是固定不变的,它可依据各种关联不断延展。维特根斯坦之后,奥斯汀(Austin)、格赖斯、塞尔等学者提出言语行为理论,将言说视为行事,在语言形式和交际语境的结合中考察意义,并据此提出一系列交际规则。言语行为理论是对意义使用论的具体实践,并由此发展出语言学的新分支——语用学。

3.1.6 解释论

解释论认为:语言的意义不在外界,也不在语言自身,而是来自主体对外在现实的解释。胡塞尔(Husserl)和伽达默尔(Gadamer)的观点最有代表性。

胡塞尔认为人的意识活动以意向性为本质特征。意向性即意识指涉(构建、加工、调整、包含、观照,或仅仅是指向)对象的属性,这种指涉产生的结果就是意义。意义源于主体意识指涉意向对象的赋义过程(胡塞尔 1998:40)。为防止不同主体对意向对象的不同赋义而导致的交际障碍,胡塞尔区分了一般意义和特殊意义。特殊意义在意向赋义中实现,而一般意义则源于"非时间性的、统一的、一致的、观念性或先验的'内容',即意义本身"(阳小华 2008:113)。

伽达默尔也赞同解释论:"能理解的存在就是语言",而一切理解都是解释,"解释潜在地包含于理解过程中"(伽达默尔 1999:13)。关于理解和解释的发生机制,伽达默尔归结为视域融合:"人在理解时必然带着前理解或前见,这种前见是历史赋予理解者或解释者的生产性积极因素,它为理解者或解释者提供特殊的'视域'。当然,理解者或解释者的各自视域不是固定或封闭的,而是开放的,是理解在时间中进行交往的所在。理解者或解释者就是在视域的这种不断交融中获得一致的理解,扩大自己的视域。"(阳小华 2008:129)

无论是意向赋义还是视域融合,意义的解释论着力于探讨主体意识对意义形成的参与,它是目前在人文学科研究中应用最广的一种意义理论之一。

3.1.7 小结

哲学视域中的意义观含混多歧,同一学者在不同时期甚至同一时期都可能持有不同的观点。不过粗略来说,这些观点大致可归为两条线索:一是强调客观性和逻辑性特征的指称论、实证论和真值条件论;二是强调主观性和建构性特征的观念论、使用论和解释论。行为论聚焦主体与环境的互动,同时强调两者。

3.2 符号学视野中的意义

哲学的语言学转向让意义研究成为焦点,使专职研究意义的学科——符号学应运而生。符号是意义的物质载体。"从本质上讲,不可能有无意义的符号,也不可能有无所指的能指。"(德里达 1999：20)符号学从意义显现的物质条件——符号出发研究意义,它关注符号和意义的构成、符号的指意方式和过程等课题。

3.2.1　索绪尔和皮尔斯的意义观

符号学作为一门独立的学问,在 19 世纪末 20 世纪初由索绪尔和皮尔斯分别创立。此后整个世纪的符号学,都沿着他们开创的道路展开。

3.2.1.1　索绪尔的符号意义观

索绪尔符号学以语言为原型构建。"我们可以设想有一门研究社会中符号生命的科学;它将是社会心理学的一部分,因而也是整个心理学的一部分,我把它叫作符号学。符号学将表明符号由什么构成,受什么规律支配……符号学所发现的规律可以应用于语言学,后者将在浩如烟海的人类学领域中圈出一个界限分明的领域。"(索绪尔 2009：38)索绪尔将符号分为能指(符号形式)和所指(心理概念),符号是两者构成的双面体,而事物本身被排除在外。"语言是相互依赖的成分构成的系统,在这个系统中,每个成分的价值由同时存在的其他成分决定……内容是在它以外与它同时存在的东西。"(转引自郭鸿 2008：48)在索绪尔看来,使符号发挥作用的不是符号表达的内容,而是系统成员间的关系价值。如此意义被价值取代,沦为结构的功能和结果,成为一个可以被绕过的概念。

3.2.1.2　皮尔斯的符号意义观

皮尔斯以数理逻辑的理念建构符号学系统,他认为符号必须具备四个条件：a. 再现对象；b. 呈现对象的部分特征；c. 可被解释成另一个符号；d. 符号的顺利运作取决于对象、符号、解释项三者的互动合作,任何一方都不能缺席(黄华新、陈宗明 2016：258—259)。符号是由形式、解释项、对象构成的三元结构。因而符号的意义只有在符号形式与外界对象的结合可以得到解释时才存在。意义即符号形式与指称对象的结合所得到的解释。

20 世纪上半叶,索绪尔范式一统天下,形成了席卷人文研究全域的学术大潮。皮尔斯范式则一度沉寂,直到 60 年代才被重新发现,并迅速与后结构主义-解构主义思潮发生共鸣,成为新时期符号学的理论根基。

3.2.2　文本符号学的意义观

20 世纪 60 年代以后,符号学迎来了新飞跃。意义不再被视为单位符号对外界的静态指称(如索绪尔、皮尔斯的讨论),而是在主体创造的文本(即语篇)中,甚至文本与文本的相互交织中生成浮现。这样的符号学研究被称为文本符号学。法国符号学派和莫斯科-塔尔图符号学派是文本符号学研究的主力。

3.2.2.1　法国符号学派的意义观

法国符号学派聚集了一大批著名学者,如格雷马斯、列维-斯特劳斯(Levi-Strauss)、拉康(Lacan)、巴特、德里达等。他们将索绪尔的结构主义范式从语言学扩展到文学、宗教、神话、社会学、心理学等人文学科全域,又在扩展中走向了对结构主义的反思,将其导向更为壮观的后结构主义-解构主义思潮。在思想的剧变中,文本符号学始终占据着最核心的地位。

巴特是法国符号学派的中流砥柱,其思想经历了从结构主义向解构主义转变的全过程。结构主义阶段的巴特致力于寻找符号背后稳定的意义秩序(详见殷祯岑、祝克懿 2015)。后结构主义的巴特则加大了对不稳定意义的探寻。他分析小说《萨拉辛》,区分了可读性文本和可写性文本:可读性文本只允许读者接受或拒绝既定意义,可写性文本没有既定意义,要求读者参与,帮助建构意义。两种文本没有截然区别,读者不同的阅读态度和方法可使它们相互转换。稳定意义因而不复存在,文本可同时蕴含多种意义可能。

解构主义时期的巴特将意义的不稳定性阐释得更为彻底。他认为哪怕在同一读者那里,文本的意义也是破碎、流变、没有中心的。因为任何意义都被其他符号近似地表达,能指在指向所指之前,已飘向另一个能指。这就是著名的“漂移说”:所指一直缺席,有的只是能指与能指的相互替代。文本不断生成、延展,没有固定的意义,只有一片“闪烁的能指星群”。

漂移说已走向了解构,而明确提出解构主义思想的是德里达。德里达提出“延异、播撒、踪迹”的观点。“延异”即“空间的分裂”和“时间的延迟”,词语没有固定的意义,只有在使用中不断与他者相区别的用法。这些用法彼此平等,不断演变,词语在使用中留下的就不再是确定的义项,而是踪迹。踪迹不断地产生和消除,在语义网中四处播撒。德里达充分阐明:意义除了在文本使用中在线生成,没有任何其他的实现途径(参见弗朗索瓦·多斯 2012a,2012b)。

综上,法国符号学派认为,意义不由语言符号预先给定,而是需要在文本实践中在线生成。文本的意义具有强烈的主体建构性、文本生成性、不稳定性和动态流变性特征。

3.2.2.2　莫斯科-塔尔图学派的意义观

苏联的莫斯科-塔尔图学派将世界分为自然语言、人工语言、文化三个部分。他们将文化锁定为研究的目标,而“文化是一个有组织的领域,其基本单位是文本,文本是功能和意义的载体,文化就是文本的综合”(陈勇 2010:65)。这样,他们以文本原则取代符号原则,试图通过研究文本的意义把握文化。

莫斯科-塔尔图学派的功绩主要在对文本进行功能分类方面。其代表人物洛特曼认为，文本包括结构和功能两个方面，因此决定文本类型的就不能只是形式标准，还要考虑其社会功能。比如，从接受者角度看，文本解读有三种方式：a. 以发话者意义为准则的阅读；b. 以接受者的意义框架解释文本的阅读；c. 寻求发话者意义与接受者意义框架契合的阅读（李幼蒸 2007：636）。三种方式带来文本意义和功能的分化，以此可设立三种文本类型。

在文学语言和日常语言的关系上，以往研究多从语音、语汇、语法的视角出发，将两者归于不同的语言系统分别研究，这显然与常识有违。莫斯科-塔尔图学派试图弥合两者，他们找到"表述"作为其共同的单位，使得"文学研究进入篇章语言学的问题之列"（陈勇 2010：65），主张用结构主义思想来研究文学篇章的解读问题。通过对表述和文本功能的强调，莫斯科-塔尔图学派也将研究对象导向了文本。在意义观上，他们以解释论为向导，强调意义的相对性和变化性，同时对意义产生的动力问题进行思索。

3.2.3　一般符号学的意义观

一般符号学继承和发展皮尔斯范式，旨在探寻一切符号（包括语言符号、人类社会的其他符号、动物符号、有机体符号等）运行及指意的规律，构建适合所有符号现象（包括社会现象和部分生物现象）的理论体系。代表人物有莫里斯（Morris）、艾柯（Eco）和西比奥克（Sebeok）。

莫里斯认为一切科学都可视为特定对象的符号解释，都是特定领域的符号学，因此符号学具有将所有学科统一起来的元科学功能。根据皮尔斯的三元结构论，莫里斯将符号学分为语形学（研究符号间的关系）、语义学（研究符号与对象的关系）和语用学（研究符号与解释者的关系）。在语用学中，他将符号的指意分为：a. 感觉阶段，指意是指称性的，产生的意义是得到的信息；b. 操作阶段，指意是评价性的，产生的意义是对对象的评价和选择；c. 完成阶段，指意是规定性的，产生的意义是实施特定行为（郭鸿 2008：66）。这三个阶段可区分符号指意的三种方式和三种意义类型。

艾柯以建构普遍符号学的理论体系为目标。他说："能在意义上代替别的事物的就是符号……符号学原则上研究一切可以用来撒谎的东西。"（艾柯 1990：5）作为百科全书式的学者，艾柯的思想包罗万象。对意义研究而言，最值得关注的是他的符号生产理论和对"解释项"的发展。符号生产理论强调符号意指只在交际过程中才有可能。符号的结构和功能，形式和内容都与交际的符号化过程有关。此外，艾柯将皮尔斯的解释项具体阐释为：a. 同一符号系统中的同义词；b. 另一符号系统中的同义词；c. 对外物的指称；d. 由符号引申的情绪联想；e. 认知该符号获得的行为习惯(黄华新、陈宗明 2016：256)。通过对解释项的详细阐释,艾柯继承皮尔斯的思想,对意义进行了解剖。

西比奥克是 20 世纪最负盛名的一般符号学家之一。他的特色在于从生物学角度构建符号学理论。西比奥克认为所有动物都从遗传得到使用和制造符号的能力,它是一切生命存在的基本条件。这样,一切自然和社会现象都可纳入符号学。西比奥克由此将符号学扩展至非语言符号学和动物行为符号学,大大超越了之前的疆域。就意义观而言,西比奥克提出建模系统,认为"模型建构是生物以特有的方式对世界进行动态认知、创造和改造的符号活动。"语言的"原初功能应是建模,即构建主体内外环境的认知模型,并非交流,因为后者完全可以通过历史更为悠久的非语言方式进行。"在建模观下,意义是主体建构的内在认知模型,"意义的生成就是内在模型中动态的主体性符号活动过程。"(参见黄华新、陈宗明 2016：256)

3.2.4 小结

在皮尔斯范式的影响下,文本符号学和一般符号学强调意义的主体解释性、在线生成性、过程性、流变性特征。此外,由于以符号为切入点,皮尔斯、莫里斯和艾柯都实现了对意义的解剖和分类。与此相对,索绪尔则采取代数式路径,规避意义问题,从形式和形式关系的角度探讨符号的运行规则,书写了 20 世纪上半叶语言研究的传奇。到 20 世纪下半叶,由于文本符号学的突起,在人文社科学界席卷出波澜壮阔后结构主义-解构主义思潮,符号学也迎来全盛时期。20 世纪下半叶的意义观以文本符号学为代表,它不再关注符号与外界客观静态的指称关系,而是将意义视为主体建构、环境制约、符号互动、交际整合、在线生成的产物。意义是流动的,以解读者为前提,具有整合性和不稳定性特征。

3.3   语言学视野中的意义

20 世纪初,现代语言学在索绪尔的符号学范式下展开,它首次提出要揭示语言运作的本质和规律,采取的是抽象化、同一化的结构主义方法。结构主义语言学发展出稳定、系统、可操作的分析框架,将语言学推上人文学科的最前沿。但是,它对意义的态度却是悲观的。直到 20 世纪 60 年代,关注意义的语言学分支才在功能主义的大旗下走上前台。

3.3.1 形式主义语言学的意义观

索绪尔之后,关注形式结构、排斥意义功能的形式主义语言学成为语言研究的主流。哥本哈根学派、美国描写语言学和转换生成语言学代表了这一成就。

哥本哈根学派的叶尔姆斯列夫（Hjelmslev）将索绪尔提出的"语言是形式，不是实质"的观念彻底化。他将能指与所指发展为表达平面和内容平面，两者又分别由形式和实质构成。其中，表达-形式（语言系统）和内容-形式（概念系统）是符号的组成部分，它们的相互依存，及一个符号与其他符号的相互依存是符号系统成立的条件；而表达-实质（语音的生物潜能）和内容-实质（语言外事实）——语言符号与外界事实的关联——则被排除在符号之外。

以布龙菲尔德和哈里斯为代表的美国描写语言学派，用分布原则和替换方法精密描写语言的形式系统，开辟了卓有成效的语言分析路径。但这一路径同样规避了意义，因为意义太过复杂，考虑意义会带来语言分析的不确定性。但是，布龙菲尔德等人并非认为意义不重要，他们只是找不到合适的分析方法："在语言研究中对意义的说明是一个薄弱环节"（布龙菲尔德 2014：167）。"令人痛心的是，现在有这样一种说法，即我和包括我在内的一群语言研究者，都不注意或否定意义，甚至说我们打算不要意义来研究语言……假如让这样一种说法流传下去，将会损害语言学的进展。"（转自徐志民 2005：251）

乔姆斯基（Chomsky）的转换生成语言学将形式主义的句法分析推向顶峰，它致力于解释人类的语言能力，描述语言直觉中由少数语法规则生成大量语句的原理。它最初完全排斥意义，认为语法独立地对语言生成起作用，语法清晰意义自然明了。但由于分析中生成了大量诸如"绿色的思想在愤怒地睡觉"的语句，到第二阶段，乔姆斯基提出深层结构和表层结构概念，认为语义在深层结构中发挥作用，参与语言生成。到第三阶段，不仅深层结构，表层结构也与语义密切相关。而到管约论时期，意义的地位得到明确："我们希望研究出一套内结构高度严谨的普遍语法理论，它以一系列基本原则为基础，这些原则明确划定语法的可能范围，并严格地限定其形式，但也应该包含一些参数，这些参数只能由经验决定。"（阳小华 2008：76）转换生成语言学一面发展，一面经历着内部的分化和外部的挑战，这些挑战集中在对语义的处理上，最终带来了功能语言学派的兴起。转换生成语言学的发展、分化和新兴学科在蜕变中的崛起，昭示着主流语言学界回避意义的研究态度的终结。

3.3.2　功能主义语言学的意义观

功能主义语言学注重从语义实现和交际功能角度解释语言结构和语言现象。它们在对转换生成语言学的质疑和挑战中兴起，将语言学导向意义研究的新方向。

3.3.2.1　转换生成语言学的功能主义分支

20 世纪 60 年代起，转换生成语言学内部不断出现质疑的声音，要求提高语义在句法研究中的地位。在形式主义的巅峰,孕育出功能研究的路径。其中,格语法和生成语义学影响最大。

　　格语法由乔姆斯基的学生菲尔墨(Fillmore)提出,是最早从内部修正转换生成语法的理论。菲尔墨认为,在句法规则外,句子还受语义规则制约,如动词和名词之间应增加语义限制,才能保证不会生成"饭吃人"这样的句子。"格"就是不一定以显性标记呈现,却一定在语言处理中起作用的动、名之间的语义关系,如施事格、受事格、工具格等。这些格关系"一旦确立就固定不变,不管怎么转换操作,在表层结构中处于什么位置,与动词形成什么语法关系。"(封宗信 2006:187)菲尔墨以此修正了转换生成语法的分析模式,对语言研究观念的转向具有重要价值。

　　其后,乔姆斯基的学生和同事罗斯(Ross)、麦考利(McCawley)、莱考夫(Lakoff)等人发展出生成语义学理论。生成语义学对转换生成语法(标准理论)的改进主要表现在两个方面:a. 不再区分深层结构和语义结构,深层结构就是语义结构;b. 不仅语法,语义也有生成性,全程参与语言生成,并在转换中逐步实现。生成语义学以此走上以语义为核心的研究道路,他们不断削减句法范畴,使其最终与逻辑范畴一致,同时大量纳入与理解有关的外部因素。到 20 世纪 70 年代,他们已考虑到交际主体的社会关系、语言社团的文化背景、会话含义等问题,实现了研究理念的蜕变。

3.3.2.2　认知语言学

　　格语法和生成语义学都是从内部修正转换生成语言学的典范。20 世纪 70 年代中期,莱考夫、兰盖克(Langacker)等人直接放弃了生成语法,转而关注语言与认知的关系,在对语言意义的思考中越行越远。"认知语言学不是一种单一的理论,而是代表一种研究范式。"(沈家煊 2002)它认为语言能力是人类一般认知能力的一部分,对它的研究必须参照人类普遍的认知方式和认知过程。因而认知语言学以认知规律和身体体验为基础,对语言的结构、意义和功能进行解释。美国的圣地亚哥学派和伯克利学派是认知语言学研究的主力。

　　圣地亚哥学派以兰盖克的认知语法研究为代表,他认为句法并不自足,是人类普遍的认知方式在句法层面的显现。句法范畴是语义象征化(形式表征意义)的结果,如名词是对实体的象征,动词是对运动状态的象征等;句法结构则是认知影响下,语言单位的用法模型。从有限的认知原则出发,我们就可统观各种复杂的语法现象,实现以简驭繁的解释目的。

　　伯克利学派以莱考夫、菲尔墨等人的认知语义学著称,他们也认为语言的意义扎根于人的身体经验,语义结构是概念化过程的结果,它不仅反映外界现实,更反映人们基于体验对现实进行主观解释和结构化的方式。如此,人们藉以结构经验、形成范畴的认知方式、意象图式、范畴化过程、概念整合等问题就成为语言研究的核心。

认知语言学通过强调身体经验在语言运作中的重要价值，明确主张以主体认知过程为原则的语言研究。它以对具体语言现象的强大解释力声援了语言意义的解释观，使语言学真正突破形式壁垒，融入对功能、意义的探讨之中。

3.3.2.3　布拉格学派和俄罗斯功能语法研究

东欧地区素有深厚的功能主义传统，这一传统与结构主义理念结合，诞生了传承百年，兼顾结构和功能两种研究取向的布拉格学派，为语言学的发展贡献了独特力量。

布拉格学派把语言看作由多种表达手段构成的为一定交际目的服务的功能系统，在功能视域中研究语言的结构是他们的最大特点。其代表人物有马泰修斯(Mathesius)、特鲁别茨柯依(Trubetskoi)、雅格布森(Jakobson)等。马泰修斯专注于研究言语交际的编码过程，他将编码分为语言对外界经验的命名和对命名的组合两个步骤，研究不同句子在上述过程中的抒情和交际功能，着重分析了主述位、语气、时态等问题，代表了布拉格学派的重要成就。特鲁别茨柯依在音位学上成就突出，他提出"区别性特征"，并对音位学理论作了系统全面的阐发。雅格布森最负盛名，他将对立概念从音位学扩展到词汇句法层面，提出语言系统中一些成分(或句法组织)比另一些更自然，称为无标记成分，如"He came to London in 1930"(他于1930年来到伦敦)，与此相对的是有标记成分，如"It is 1930 that he came to London"(他是1930年来到伦敦的)[朱永生、严世清、苗兴伟2004：11]。有标记成分因主体要传达特殊的意义而存在，具有特殊的语义功能。此外，雅格布森格外强调文学语言的研究，希望将文学语言和日常语言置于同一理论框架下思索，这也是他基于意义和功能的研究观念的体现。

布拉格学派发现了许多极有价值的语言学课题，就连转换生成语言学也对他们多有借鉴。因此，俄罗斯语言学一早就走上了重视意义的研究道路，其功能语法研究最为醒目。

邦达尔科(Бондарко)一反传统，以语义范畴为基础研究各种语言表达手段。他将语义功能相同的语言形式聚集在一起，归并为多个子系统，研究系统的内部结构、相互关系和语义功能的实现方法。"对他来说，不存在形态学、词汇学、句法学甚至篇章语言学的界限，只要属于同一个语义范畴，都可以放在一个集合中进行研究。"(于鑫2005)

左洛托娃(Золотова)倡导交际语法。她将功能分为系统功能和交际功能。"系统功能指语言单位构造句子的能力，包括它们独立使用、充当句子成分和充当词组成分的能力;交际功能指语言表达说话人思想和意图的功能,如陈述、祈使、感叹等等。"(于鑫 2005)传统语法只研究系统功能,而左洛托娃希望加强交际功能的研究。她关注"交际类型句",区分了再现句、信息句、意愿句、反应句、抽象句五种类型,每种句子通过一定的句法手段实现,它们相互作用,产生各种篇章效果,实现交际目的。在左洛托娃那里,语法、篇章、语义、语用的边界同样不再清晰,它们以语义功能为纽带,联系成一体。

在俄罗斯功能语言学中,意义代替形态,成为研究的中心,语言的意义就是语言在语篇中实现的抒情表意、交流信息的功能。但由于研究视点的限制,他们对语义功能的实现过程、机制、参与因素等问题并未着重讨论。

3.3.2.4　伦敦学派-系统功能语言学

伦敦学派的代表人物有马林洛夫斯基(Malinowski)和弗斯(Firth),而最终使其发展壮大的,是弗斯的学生韩礼德。伦敦学派从社会功能的角度研究语言意义,尤其重视语境的价值。马林洛夫斯基将语言看作一种社会行为模式,认为"孤立的词不过是臆造的语言事实……真正的语言事实是在实际语境中的完整话语。"(转引自刘润清 2004:217)他将研究对象确定为语境中的话语,而意义就来自话语与其发生语境的关系。弗斯也研究语境中的话语,即"人在特定场合下遇到的环境,它决定人们必须扮演的社会角色"(刘润清 2004:211)。典型情境和社会角色都是有限的,因此言语并不混乱,而是具有一定的程式:"一旦有人向你说话,你就基本处于一种规定好了的环境,你再也不能想说什么就说什么。于是,语义学就成了对出现在典型情境语境中的话语进行分类的问题。"(封宗信 2006:44—45)

韩礼德继承了弗斯的语境论和系统观,构建起体系周延的系统功能语言学理论。系统功能语言学致力于设计语言意义的分析框架,以意义分析为目的来研究句子和语篇。主要内容包括三个方面。a. 功能理论:语言的意义是语言在交际活动中实现的社会功能,包括概念功能、人际功能和语篇功能三种。b. 系统理论:语言的功能由系统中的成分及其相互关系实现,系统是功能潜势的集合。意义是从系统中选择功能手段,组合成语篇,在语境中具体使用的结果。c. 语境和语域:语境可分为语场(话语的主题与内容)、语旨(交际者的关系和交际状态)、语式(交际发生的方式、媒介等),它们影响三大元功能的实现;语域即不同语境下语言的功能变体。如此,系统功能语言学建立了语言形式(系统)、意义(功能)、社会语境之间的连结,实现了对语言意义的系统分析。在韩礼德之后,马丁(Martin)等人开始进行语境中完整语篇的系统性意义分析,为系统功能语言学发展出语篇语义研究的新论域。

系统功能语言学明确提出建构语言意义的分析方法。它坚持在语境制导下分析自然语篇的意义功能，以其系统性和可操作性得到学界的广泛认同。但至今，语言意义的分析框架尚未妥善建立，这大概是因为：a. 系统功能语言学虽然从一开始就以语篇分析为旨归，但大部分工作都是面向小句的，以便为自然语篇的意义分析奠定基础。正面进行自然语篇的意义分析，不过是最近 20 年的事情，理论体系和分析框架都还在建构之中；b. 不少缺乏形式标记的意义问题（如意义的自动浮现）在理论中尚未得到重视。

3.3.2.5　语用学

语言学的语用学从哲学的语用学发展而来。以思辨为特色的哲学语用学在探讨日常语言的意义问题时提出了许多会话规则，对强调语境、意义和社会功能的功能语言学产生了很大影响。20 世纪 80 年代后，注重语言材料的分析、解释的语用学在语言学中生根发芽。

与哲学思辨相比，语言学的语用研究更关注语用规则和环境因素对语用策略的影响，探讨会话现象背后的语用机制和交际过程是研究的目的所在。会话含义、会话原则、话语过程、预设、言语行为、会话结构等是其核心论题。在这样的研究中，语言意义的在线生成性、环境规约性、主体解释性特征再度得到强调，与当代学术语境中的意义研究形成共鸣。

3.3.3　小结

20 世纪上半期，主流语言学界回避意义。功能主义语言学兴起后，语言学从社会和认知两个方面观照意义问题，日益强调语言意义的主体建构性、语篇生成性、环境规约性、多元整合性特征。语言学从理念上明确了意义是语言研究的核心，比如哈里斯就曾断言："语言很清楚是，而且首先是，意义的载体。"（转引自姜望琪 2007）虽然可操作的意义分析方案尚未妥善制定，不过近几十年出现的不少理论方法，如认知语言学、系统功能语言学、功能语法等都在极力探寻适合语言意义的分析路径，甚至开始关注一些具有核心价值的意义问题（如"浮现意义"的实现），寻找语言学突破性发展的契机。

3.4　"意义"的意义与语篇意义的分析单位

3.4.1　"意义"的意义

我们生活于"意义"中，无法对它进行本质直观，因而我们对"意义"的理解注定

无法像对自然界的理解那样清晰完整。所能做的，只是综述前人的思考，尝试对
"意义"的概念形成一些模糊的印象。我们发现：哲学视野中的意义观大致可分为
两种：一种强调语言与外界的客观对应；一种强调主体对意义的主观建构。近几
十年来，主观的意义观成为主流，无论是哲学界、符号学界还是语言学界，都强调对
语境中动态生成的、主体建构的鲜活意义进行研究。语篇，成为多学科意义研究的
共同对象。

纵然众多学科都在研究语言的意义，但意义是什么，至今也未形成共识。不过
在当代学术语境中，语言的意义包含主观和客观两方面内容。赵毅衡（2016：99）
列举了一批学者关于意义构成的思考：

皮尔斯：对象（object）-解释项（interpretant）

瑞恰兹：指称（referent）-指称的思想（thought of reference）

本维尼斯特：字面的（literal）-语境的（contextual）

叶尔姆斯列夫：外延（denotation）-内涵（connotation）

莫里斯：指向（denotatum）-意味（significatum）

卡尔纳普：外包（extension）-内包（intension）

雅各布森：指称（referent）-意味（significance）

巴特：意义（meaning）-神话（myth）

艾柯：词典式解码（dictionary）-百科式解码（encyclopedia）

赫许：含义（sinn）-意义（bedeutung）

上述学者将意义划分为客观对象和主观评价两个方面。客观对象包括实体对
象（皮尔斯的"对象"、瑞恰兹和雅各布森的"指称"、叶尔姆斯列夫的"外延"）和事件
对象（巴特的"意义"、艾特的"词典式解码"、赫许的"含义"）；主观评价包括理性评
价/阐释（皮尔斯的"解释项"、瑞恰兹的"指称的思想"、艾柯的"百科式解码"）；感性
体验/情感（莫里斯和雅各布森的"意味"）及主体意向（本维尼斯特的"语境意义"、
赫许的"意义"、叶尔姆斯列夫的"内涵"）。

至此我们可以说：意义包括表述对象（实体对象、事件对象）和评价信息（理性
阐释/评价、感性体验/情感、主体意向）两方面内容，要分析语言的意义，我们可以
从这两个方面进行讨论。

3.4.2　语篇意义的分析单位

相比意义概念的内涵，语篇语言学更关心意义在语篇中的符号表征方
式。语篇是承载完整意义的符号序列，而语篇的意义又是在环境规约下，由

主体建构动态生成的。因此语篇整体性的实现，首先表现为语篇意义整体性的实现。那么语篇的整体意义是如何构建的？我们对语篇如何进行意义切分？要发展语篇意义分析框架，首先需要对语篇意义的分析单位作出界定和切分。

现有的语篇分析常常将小句或句子（口语中以语调、停延为标记，书面上以标点符号为标记）作为语篇分析单位。这一设定具有较强的可操作性，同时又兼顾了意义的主体建构性特征，因为常态下言者倾向于一次说完一个相对完整的意思再停顿，并且在表达一个相对完整的意思之后，会配合出现特定的语调表征。但停延、语调毕竟只是韵律层面的形式特征，受到许多与意义表达无关的因素的影响，不适合直接用作意义分析单位。说话人也并不总是只在完整表义之后才停顿，尤其在汉语中，句间可断可连的特征特别明显。而在一些特殊类型的语篇中，仅靠停延和语调就更难切分了。比如：

(1) 枯藤老树昏鸦，小桥流水人家，古道西风瘦马。夕阳西下，断肠人在天涯。（马致远《天净沙·秋思》）

上例若以小句（以标点为标记）为分析单位，"枯藤老树昏鸦""小桥流水人家""古道西风瘦马"是三个单位，但这三个小句中分别用名词并置了三个意象，每个名词都表征了独立的表述对象，附带独立的评价潜势（意象中的情感性、体验性意义），名词之间在意义关系上并无明显的亲疏差异或层次区别。如果不考虑押韵，我们甚至可以将这些名词顺序颠倒，而不改变整体意义。显然，这 9 个名词各自表征了独立的对象与评价，语段的整体意义是在 9 个名词的均质并置中浮现生成的。若依据停延和语调标准，将其分成三个意义单位，反而不便于分析。再如：

(2) 这也难怪，成年人尚且很难不为声名所累，何况儿童！成名的结果不是爱他，实在是害了他！ 所以，在我看来，不应让孩子过早地发表作品，过早地出名。（《文汇报》2004 - 2 - 9）

上例中"所以""在我看来"都是由标点标记停顿的小句，但这两个小句既没有明确的表述对象，也不体现评价信息，删除它们不会影响语段整体意义的表达。而它们自身，只有和前后小句联合起来，才能实现完整表义（对象＋评价）。因此它们虽然具有小句的形式，但在语篇中不具有独立的表义功能，也不适合作为语篇意义的分析单位。再如：

（3）

有个老太
不是人

九天仙女
下凡尘

图 3 - 1　多模态语篇

目前广受关注的多模态语篇,它的分析单位又该如何通过停顿、韵律、标点符号等线性符号标记确定?

语篇单位和语言单位不同。语言单位是语言系统的成员,是静态抽象的工具和资源,服务于语篇的意义构建。当主体有意义表达的需要时,可以在语言系统中选取合适的语言单位来帮助自己建构意义。因而我们对于语言单位,关注的是它的形义匹配,以便使用资源的时候,能更好地通过符号形式激活其意义功能以构建语篇意义。语篇是意义建构的过程本身,表达当前语境中动态生成的鲜活意义。因此,语篇单位不是建构意义的资源,它是由资源建构而成的意义片段。我们切分语篇单位,是为了研究语篇的整体意义如何在小的意义片段间互动形成,所以这不是从资源到使用(从形式到意义)的问题,而是从意义片段到整体意义(从意义到意义)的问题,不一定要求语言形式的整齐划一。但是,这并不是说我们切分语篇分析单位不需要考虑符号载体,语言学的研究始终坚持形式与意义的相关性。语篇的意义不可能凭空得来,它需要以承载意义的符号形式为线索,才能提取出来。因此,我们仍然要以符号形式为依据,只是不再要求符号形式与语言单位(词、短语、小句等)严格对应而已。比如上面两例中,例(1)的语篇单位由词表征,例(2)的小句形式没有承载独立的意义片段(对象+评价),因而徒具形式,不必视为语篇分析单位。例(3)的语篇单位由图片形式的符号表征。

由此,我们将语篇意义的分析单位称为"语篇单元",它由意义单元和符号单元两部分构成。意义单元由独立的表述对象(包括实体、事件、概念、命题等)和相应的评价信息(明示的或潜在的)构成,符号单元则是表征意义单元的任意形式的符号序列,既可能是词、短语、小句、复合小句等语言符号,也可能是图片、音频、视频等非语言符号。由特定的符号形式表征语篇中最小的具有独立价值的意义片段,就是一个语篇意义的分析单位——语篇单元。事实上,认知语言学、语言信息处理、心理语言学等领域很早就开始以事件、概念、命题、行为等作为语言分析的单位,而不局限于表征这些事件、概念、意念、行为的是词、小句、句群还是非语言模态的符号。

如此,上文三例的难题或许可以解决:例(1)的 9 个名词表征了彼此独立的不同对象,删去其中的任意一个,都不影响其他部分的表意,但会影响语篇整体意义的实现,因此这 9 个名词所表征的意义片段,在语篇中都具有独立的意义价值。它们是 9 个独立的语篇单元;例(2)的"所以""在我看来"具有小句形式,但在语篇中,它们表征的对象不明,评价信息也无所着落,不具有独立的意义价值,若将两者删除,不会影响邻近单元的表意,也基本不影响语篇概念意义的表达,它们只能与相邻的符号序列联合起来,才能表征完整的意义单元,因此不是语篇单元;至于例(3),我们也可以运用删除法,验证由图形表征的意义片段在语篇中是否具有独立价值。如:

例(3)不删除任何内容时(见图 3-1),表征的整体意义是:一家人给老奶奶祝寿,两个小孩一人一句,对奶奶说祝寿辞——"有个老太不是人,九天仙女下凡尘"。当我们要确认这个语篇中哪些是语篇单元,哪些不是语篇单元的时候,可以尝试采用删除法。图 3-2 中,a、c 删除的部分是图文语篇的语篇单元,而 b、d、e 删除的部分不是图文语篇的语篇单元。

图 a 中,小男孩的话语删除后,没有影响语篇其他部分的表意(如小女孩话语的意义、其他人祝寿的意图、老寿星接受祝寿的意义等),但影响了语篇整体意义的表达(祝寿辞中艺术性的语义反转没有实现,幽默语效也不可能实现)。因此,删除的话语是具有独立意义价值的语篇单元;图 c 中,删除了接受祝寿的老奶奶,老奶奶的删除不影响图文语篇中其他人、物意义的表达,也不影响两个小孩话语所表达的概念意义,但祝寿对象的缺失,会影响语篇整体意义的解读。比如,图文语篇描述的场景不能解读为真的祝寿,而是大家在提前排练祝寿的节目等。因此,图 c 删除老奶奶,不影响语篇其他部分表意,却影响语篇整体意义,是独立表征意义单元的语篇单元。

图 b、d、e 的情况与此不同。图 b 删除了女孩的话语之后,男孩的话语意义改变,从祝寿辞变成了骂人话,语篇整体意义发生极大反转,因此女孩话语的删除不仅影响其自身和语篇整体意义的表达,还改变了语篇中其他成分的意义,不是独立的语篇单元;图 d 删除了一个祝寿者,这个祝寿者的隐现,除了影响其自身之外,不能造成语篇其他部分意义和语篇整体意义的改变,因此也不是语篇单元;图 e 删除了说话的女孩,使话语的发出者缺位,说话人的缺位使所说话语不再合法,所以删除女孩也顺带影响了其他部分(所说话语)的意义。当前语篇中,女孩不是具有独立价值的语篇单元,而是需要与其所说话语一起,表征完整的意义单元。

图 3 - 2　多模态语篇分析单位的切分

由此,无论在语言模态的语篇,还是多模态语篇中,我们都可以用删除法确定语篇意义的分析单位。当成分删除后不影响语篇中其他部分的正常表意,却影响语篇整体概念意义的实现时,我们可将删除的部分认定为在当前语篇中承担独立表意功能的语篇单元。

3.4.3 小结

综上,我们认为,要对语篇进行意义分析,首先要从语篇中切分出意义分析单位。我们将这一单位称为语篇单元。语篇单元由符号单元表征意义单元构成,意义单元是上层意义结构中独立完整的意义片段,包括独立的表述对象(可以是概念、实体、事件、命题等)和相应的评价信息/潜势,可通过删除法验证。符号单元是表征意义单元的符号序列,在不同的语篇中可以体现为不同形态,可能是语言模态的词、短语、小句、句组,也可能是非语言模态的图形、身势、旋律等。一个意义单元可以用不同形态的符号序列表征,符号序列在语篇中是不是符号单元,要根据其所表征的意义片段在当前语篇中是否具有独立的表意功能决定。

语篇的意义是意义单元交织互动,逐级整合,形成意义结构的过程。语篇中,实际参与意义整合的单位是意义单元,但语篇的意义分析必须从符号形式入手,分析才具有可操作性。因此我们需要首先切分语篇单元,再通过语篇单元,提取其中的意义单元,进入意义分析。所以,语篇中参与意义构建的是意义单元,而分析需要从语篇单元入手才好进行。

3.5 本 章 小 结

本章梳理学术语境中的意义观,并以此为基础提取"意义"概念的工作定义,作为语篇意义分析单位的设置理据。在多学科视域中,学者们逐渐认同以下观点:"意义"包括表述对象和附着于表述对象之上的评价信息/潜势两个部分。语篇的意义是在真实语境中,由主体主动建构、在线生成的,具有主体建构性、环境规约性、异质整合性等特征。

要对语篇进行意义分析,我们首先需要确定语篇意义的分析单位。本章将语篇意义的分析单位设定为语篇单元,它由符号单元表征具有独立价值的最小的意义单元构成。相同的意义单元可以用不同的符号单元表征,而符号序列所表征的内容是不是一个意义单元,可在语篇中通过删除法检测。

第四章　整合：意义整合与
意义整合研究

　　早期符号学主张意义来自符号对外部世界的静态指称。从 20 世纪开始，多学科视域中的意义研究逐渐形成共识，认为语言的意义是在主体生产与解读语篇的过程中，在意义单元的交互整合中在线生成的，具有主体建构性、环境规约性、异质整合性、在线生成性等特征。在这诸多属性中，主体建构性、语境规约性、在线生成性都已得到语言学研究的专题讨论，如语言的主观性和主观化研究关注语言意义的主体建构性特征，语用学关注语言意义的语境规约性特征，认知语言学和心理语言学着力探讨意义的在线生成性特征，而异质整合性特征尚未形成专门的研究论域。那么，何为整合？ 现有研究如何看待意义整合？ 语篇的意义如何整合？ 本章以"整合"为话题，尝试讨论上述问题。

4.1　整合与意义整合

4.1.1　多学科视域中的"整合"概念

　　"整合"是在学术领域和日常生活领域都广泛使用的概念。《现代汉语词典》（第 7 版，2020：1669）将其解释为："通过整顿、协调重新组合"。《牛津高阶英汉双解词典》（第 7 版）（2010：1061）将整合（integration）解释为："将两个或更多事物放在一起，使它们可以一体化地协同工作。"在学术界，地质学、生物学、心理学、哲学、社会学、教育学等等诸多领域都在使用"整合"①术语。我们在《中国大百科全书》数据库中找到含"整合"的词条 68 条，维基百科 56 条，《辞海》数据库13 条。

---

① 术语"整合"本是外译而来，仅在英语中，就有 integration、blending、fusion、combination 等多个来源。这些术语在源语言中意义各有不同，但引入汉语，均译为"整合"。我们认为，虽然术语的来源不同，各有侧重，但跨学科、跨领域的译者都采取同一译名，更能体现国内学界对"整合"概念的普遍认知。因而本书进行概念梳理和界定的时候，不再因其外语来源的不同而有所区分，只要国内学界用"整合"称谓的，都在我们概念考察的范围内。

表 4 - 1 学术视野中的"整合"概念

信息来源	例词	释义
《中国大百科全书》数据库	社会整合	社会不同因素、部分结合为一个统一、协调的整体的过程及结果。又称社会一体化。
	整合（地质学）	两个岩石地层单位组成两套不同时代地层之间的接触关系。一般分为连续和不连续两种类型。当上下地层之间没有发生过长时期沉积中断（即不出现地层记录的中断），则认为是连续的，称为整合。
	分化与整合	科学发展的两种相反相成的趋势……科学的分化指在原有的基本学科中细分出一门或几门相对独立的学科；科学的整合指相邻乃至相距甚远的学科之间相互交叉、相互渗透、相互融合……使原来几乎彼此毫不相干的各门科学，连结成为科学知识的有机整体。
	知识整合	对所拥有的知识进行重新整理，将组织中员工和机构的知识有机地融合起来，使之具有较强的条理性、系统性，必要时需对原有的知识体系进行重构，并以此形成组织的新核心知识体系的动态过程。
	感觉整合	人或动物各种感觉相互影响并综合在一起的过程。
	数字资源整合	采用相关技术和标准，按照一定的原则和方法，将网络上分散、异构的资源、系统和服务进行有机重组和融合，使它们形成一个统一的新整体。
维基百科	科际整合	或译跨学科、交叉学科、学科间研究、学科交叉等，指的是两个或多个学科相互合作，在同一个目标下进行的学术活动。
	整合层次	是由较低层次的预先存在现象涌现产生的现象。层次的概念是将现实结构化的智识框架，一般按组织复杂度将宇宙中或某领域中的所有实体、结构和过程安排为一定层次。排列中的每个实体同时处于三种状态：a. 由低层次的成分组成；b. 本身表现为一个整体；c. 是高层次的整体的成分。典型例子如生命涌现自非生命物质，意识涌现自神经系统。
	系统整合	在工程学中，系统整合是指将次系统各元件汇整、塑造成为单一系统的过程。在过程中，需要保证所有次系统的功能，都能在这个单一系统下运作顺利。
	数据整合	将不同来源与格式的数据从逻辑上或物理上进行集成的过程。
	信息整合	信息（数据）融合是一个实时的连续的过程，它多层次、多方面地对多源信息进行探测、联想、估计以及组合处理，其目的是获得精确的被测目标的状态、一致性估计和完整的实时评价。

(续表)

信息 来源	例　词	释　　　义
《辞海》数据库	土地整合	土地整理或土地整合是指人们通过交换土地所有权的方式有计划地将零散的地块整合或调整成更大和能更合理使用的土地。
	人格整合	人格心理学基本概念。有两个基本含义：a. 人格的各个组成部分，如特质、行为倾向、动机、情绪等和谐统一的状态；b. 个体潜能的充分发挥状态，类似于自我实现、心理健康、成熟人格及完善功能等。
	文化整合	各种文化协调为整体的过程或整体化的状态……异质多元社会中不同的部分互为补充和彼此适应，从而使社会结构成为一个整体。
	社会整合	亦称"社会一体化"，社会学用语。指社会不同因素和部分通过协调作用消除分离状态，达到融合统一的过程。
	政治整合	政治体系消除政治紧张和不安因素，增强政治凝聚力和向心力，扩大政治共识的过程或状态。经常用来表示把处于分离状态的各种政治力量和社会集团结合进一个统一的政治体系的过程或状态。

从这些定义可知，多学科视域下的"整合"概念共同强调：a. 整合是一个过程，由多源异质的要素交互作用、影响，形成统一的结构整体；b. 整合形成的整体具有连续性、系统性、一致性、协同性、完整性特征。

4.1.2　语言学的"整合"概念

语言学中明确提及"整合"的主要有概念整合理论，小句整合研究和构式整合研究。沈家煊（2006）在介绍概念整合理论时，指出"概念整合的要旨可以概括为'整体大于部分之和'，由整合产生的整体意义就是'浮现意义'"，并认为"研究整合的关键就在于阐明大于部分之和的浮现意义是如何产生的"，构式整合与概念整合密不可分①。江蓝生（2008）将其定义为"意义相同的两个概念叠加后，通过删减其中的某些成分（主要是相同成分）的方法，形成一个新的结构式"。小句整合研究中，哈里斯和坎贝尔（Harris & Cambell 1995：172）将小句整合定义为"由两个双小句的表层结构演化为包含有助动词和主要动词的单小句结构的历时过程"。哈

---

① 构式语法研究语言中的形义配对体，"只要其形式或功能的某个方面不能从其组成部分或其他已经存在的构式中得到完全预测，就应该被看作是一个构式。此外，即使有些语言格式可以得到完全预测，只要它们的出现频率很高，这些格式仍然会被语言使用者作为构式存储"。（转引自陆俭明 2016）因此，构式整合研究也以不可完全预测的浮现意义的产生为研究重点。

布德(Haboud 1997：214)将其定义为"包括一系列形态-句法特征的复杂历时演变构式"(转引自朱丽师 2021)。

由此,语言学中的"整合"概念同样指向异质多源的要素/部分交织影响,形成统一整体的过程。但在此基础上,概念整合理论和构式整合研究还强调整合结果的浮现性①特征,如概念整合研究关注整合中新创意义的产生机制;构式整合研究讨论构式义的浮现问题。需要注意的是,并非所有的语言整合现象都必须具有浮现性,小句整合研究所凸显的,就不是整合结果的不可预测性和浮现性,而是更加侧重从离散元素合成统一整体的角度谈"整合"。同时,若将"整合"概念缩小,限定在不可预测性和浮现性的范围内,也不符合跨学科语境中的概念共识。

可见,语言学中的"整合"概念与学术语境中的"整合"概念,都指异质离散的单位/元素形成统一、完整的结构整体的过程。整合形成的整体具有连续性、系统性、协同性、完整性特征。同时,语言学还凸显"整合"结果的浮现性和不可预测性特征,强调整体不等于部分之和。

经过梳理,我们认为,语言学的整合研究关注离散异质的部分/要素交互影响,形成统一协同的结构整体的语言现象。这些整合现象包括两类:一类整合最终得到的结构整体具有浮现性和不可预测性特征,对其浮现过程与机制的研究将是整合研究中最迷人、最困难的部分;另一类整合形成的结果是确定的、可预测的。语言现象只要体现了结构从异质到统一的演变过程,就都是整合研究的对象。可预测的整合和不可预测的整合,应放在同一框架下分析。

综上,本书将从以下几个方面理解"整合":

a. 整合是由多元异质的要素/部分交互影响,形成统一协同的结构整体的过程(必选);

b. 整合形成的整体具有连续性、系统性、一致性、协同性、完整性特征(必选);

c. 整合结果可能具有浮现性和不可预测性特征,整体不等于部分之和(可选)。

4.1.3　语篇意义的整合性

语篇的意义具有整合性特征,可以得到个人语用经验、多学科研究共识和语篇分析实践的支持。

从语用经验看,绝大部分语篇的写作不是一气呵成的。写作初始,作者头脑中可能只有一堆零散的意义片段,就连写作意图也不一定清晰。写作往往要经历将零散片段组织成意图明晰、内容有序的意义结构的构思过程,再增删内容、布局结

---

① emergence,常译为"涌现"或"浮现"。

构,通过语言表达出来。这一过程中,主体还要进行自我监控,随时检查语言是否恰如其分地表达了想表达的意思,不断进行调整。这种将混乱思绪转变成连贯语篇的过程,可能在几分钟内完成,也可能历经数年、数十年光阴。因此,从写作经验看,语篇的意义并非天然的"铁板"一块,也不是语言单位有序连缀就能实现的。不仅写作,稍微复杂一点的口语交际,如演讲或长篇讲述中,言者也能明显体验到这样的过程。由此,语篇意义在用语言符号表征之前,已在主体的认知中经历了很长一段从混乱到有序的整合构建过程,这一观点可得到个体语用经验的支持。

语篇语言学的研究也认同语篇意义的整合观。本书第二章曾提到,语篇语言学要解决的核心问题之一就是语篇整体性的实现。学界为解决这个问题,发展出多条研究路径。无论哪条研究路径,讨论的都是离散、异质的要素/部分(小句/句子、意义板块、认知事件、社会交际过程等)如何相互结合,形成语篇整体。由于学界早已形成共识,语篇的整体性首先体现为语篇意义的整体性,因而语篇语言学支持语篇意义的整合观。

哲学符号学领域对语篇意义整合观的支持最为明显。首先是 20 世纪下半叶以来,大部分讨论意义问题的哲学、符号学流派都不再关注静态语言单位(词、短语、逻辑式等)的意义,而是关注语境中现实发生的鲜活语篇的意义。其次,这些学派对语篇意义的认识也超越了传统观念,发掘出语篇意义的解释性、生成性、流变性、不确定性特征,将异质文本、主体参与、环境规约等要素纳入符号指义的研究中,由此开启后结构主义-解构主义思潮,催生功能语言学、语篇语言学、语用学、认知语言学等一大批新兴研究领域。哲学符号学以深入研究文学类语篇为契机,更新研究理念,促进了语篇意义整合观的传播与落地。

最后,语篇分析实践也需要语篇意义的整合观。语篇是意义的载体,从意义维度展开语篇分析尤为重要。现有的语篇分析往往将语言形式或韵律因素作为语篇分析单位的切分依据,但正如本书第三章讨论的,现实语篇中的意义,往往无法做到与意义表征形式的严格对应。同样的意义片段,可以通过词、短语、小句、句群表示,也可以通过非语言的符号模态表征。因此,以语言单位严格切分语篇单位的分析方案常常遭遇现实困境。将语篇处理成意义片段整合的产物,而非在形式上严格规定的语言单位的组合,可以在语篇分析中,兼容更多复杂的语篇现象。

综上,多学科研究成果、个人语用经验、语篇分析的现实困境共同表明:语篇的意义不是天然的"铁板"一块,也不是叠句连章的线性构筑,而是异质离散的意义片段在语篇空间中交织互动、影响结合,整合形成的。语篇的意义具有整合性特征。

4.1.4　小结

本节首先考察学术语境中的"整合"概念,挖掘全学科领域对"整合"术语的概念共识,结合语言学的"整合"研究,对这一广泛使用,却很少得到明确界定的术语进行概念界定。我们认为,整合是由多元异质的要素/部分交互影响,形成统一协同的结构整体的过程;要素整合形成的结构整体具有连续性、系统性、一致性、协同性、完整性特征;要素整合形成的结构整体可能具有浮现性和不可预测性特征,但并非全部的整合现象都要求整合结果不可预测。以此为基础,我们尝试论证语篇意义整合观的合理性,发现个体语用经验、多领域学术共识、语篇分析实践共同支持了语篇的意义整合观。那么,现有的语言学研究中,有哪些成果已经涉及了意义整合问题,它们又是如何看待意义整合的呢?

4.2　认知心理视角的意义整合研究

现有研究对意义整合问题的关注,以认知语言学、社会功能语言学和语篇语言学最为凸显。本节和以下两节将从这三个视角出发,梳理语言学中的意义整合研究。认知语言学中,与意义整合相关的理论成果和研究路径主要有:认知语义学、认知语法学、认知写作学、言语产出研究和语言理解研究。

4.2.1　认知语义学中的意义整合

认知语言学"视语言为组织、处理、传达信息的工具,即语言主要是语义的"(盖拉茨 2012:3)。在认知语义学的研究中,隐喻与转喻、概念整合理论等都涉及了意义整合问题。

隐喻与转喻研究主张,隐喻、转喻是人类认知中最基本的思维方式。隐喻指"不同概念域之间涉及映射的一种概念投射方式……把源域的经验结构投射到目标域,这样就可以使用源域的推论来理解目标域"(《语言学与应用语言学百科全书》:580)。转喻指"人们选择一个容易理解的事物或事物一个容易理解的方面来代替另一个事物或做这个事物的其他方面"。"转喻体现的概念关系是'X 代替 Y',隐喻体现的概念关系则是'从 Y 的角度理解 X'"(《语言学与应用语言学百科全书》:685)隐喻强调认知域之间以相似性为基础的跨域映射,转喻强调认知域内部以相关性为基础的同域关联,两者相互补充。最早从认知角度系统思考隐喻与转喻的是莱考夫、约翰逊(1980/2015),随后,隐喻和转喻作为基本认知机制,得到语言学家的普遍关注。人类思维隐喻机制和转喻机制的发掘,可以对很多意义问题进行解释。从意义整合的角度看,两者实际上为整体意义在组成部分间的整合浮现提供了路径解释——以相似性为基础的跨域映射路径和以相关性为基础的关联激活路径。从此,许多字面上无法直接推导的意义关系,诸如象征义、双关义、隐含义、比喻义、借代义都可以得到解释。

概念整合理论是以四个心理空间(输入空间 1、输入空间 2、整合空间、类属空间)的互动投射为基础,构建认知整合的心理模型,尝试对意义整合的过程、路径作出普遍解释,归结出组合、完善、扩展等概念整合机制。概念整合理论对各类意义整合现象都有一定的解释力,但不少学者(参见王正元 2006)指出,概念整合理论在分析语篇的意义整合时,会遇到以下问题:a. 两个输入空间的设置有较大的随机性,不同设置会导致意义产品的极大差异;b. 它从意义产品出发,逆推整合过程,对意义在线生成的真实状况未能详尽解析;c. 概念整合理论对词汇、单句的意义合成解释力较强,但面对结构繁复的语篇,其分析操作就会变得十分复杂。同时,概念整合理论虽然直接切入多元概念在认知空间中整合产生新创意义的问题,但对输入概念如何互动,生成新创意义的核心问题,只做了宏观上的分类阐述,对概念整合的具体过程、条件、机制等问题,讨论比较粗疏,概念相遇整合成形的具体过程在很大程度上仍是一个自动化的过程。但即便如此,概念整合理论也已表明:语篇意义的整合过程、机制、路径等已在语言学中得到专题讨论。

4.2.2　认知语法学中的意义整合

认知语法理论由兰盖克开创。他认为:"语言是意义的,而意义就是概念化。"他还提出:"语法不是由词汇和规则组成,而是由象征单位构成。"象征单位是形义配对的结合体,要将这些象征单位组合起来,形成更大的语言单位,需要依靠象征单位的语义图式中存在的空槽。如"above"的意义图式中存在两个空槽,于是就能形成"the lamp above the table"(在桌子上方的灯)这样的句子。如此,认知语法认为,语句之所以能整合象征单位,表达完整意义,是因为语句中,有些象征单位在语义结构上本身存在空槽,可以允许其他符合语义要求的象征单位填入。句子语义的整体性来自与象征单位语义结构之间的匹配与框填(参见兰盖克 2013)。

认知语法研究中,构式语法研究最为瞩目,掀起了广泛而持久的研究热潮。构式语法认为,根据构成要素不能推知其形式和功能,或虽能推知形式与功能,但在社会生活中高频使用的语言结构体,就是构式。构式语法秉持语言结构的整体观,认为语言不完全是语素构成词、词构成词组、词组构成或实现为句子的原子组合过程,"语言中,起码是句法层面,实际存在的就是一个个构式,强调句法、语义、用法三者紧密结合的构式的整体性"(转引自陆俭明 2018)。现有的构式研究主要涉及以下几个方面：构式语法的理论建构与思考、汉语构式个案（特殊句式、习语性个案）研究、构式压制的研究、构式生成机制研究、构式语法与语法化的结合研究、构式语法与类型学的结合研究、语篇构式研究、修辞构式研究、构式习得研究、构式教学研究、构式应用研究等（参见张娟 2013，施春宏 2017 等）。虽然在学界引起极大反响，但目前的构式研究还存在一些问题。如陈满华（2016）提出，构式语法理论与转换生成语言学等不同，尚未体现方法论价值，它本身是语言的认识观，而非分析手段，可以解释语言，但缺乏针对语言的技术分析方法和分析程序，未能形成系统一致的语言分析模型。

从意义整合的角度看，构式语法凸显了整体性和整合性的语言观，为意义整合研究提供了极好的视角。目前，互动构式语法、构式压制研究、语篇构式研究等都直接切入了意义整合的问题，学者们对构式整合的隐喻、转喻机制，"招聘-求职"机制等的探讨更是为意义整合机制的研究补充了重要内容。构式语法虽然将浮现义的形成作为核心问题，但目前的讨论总体上还比较零散，对构式义浮现的整体过程、运作机制进行系统论述的成果不多。这既是意义整合研究所期待的，也是构式研究深入发展的契机。

4.2.3　认知写作学中的意义整合

认知范式下的写作学将写作视为从观念产生到最终成文的心理加工过程，着力于对这一过程的具体流转进行构拟。目前，海斯（Hayes）和纳什（Nash）、海斯和弗劳尔（Flower）、考夫等人（Kaufer et al）、科斯马（Kozma）等构拟的写作过程模型影响较大。（参见范琳、朱丽霞 2004）概括来说，学者们普遍将写作过程分为前语言构思和语言转写两个大的步骤，如海斯和弗劳尔、考夫等对构思和转译的区分；伯蒂斯等人（Burtis et al.）和科斯马对概念构思和内容产出的区分；维特（Witte）对抽象构思和前文本、抄写的划分等。20 世纪 70 年代开始，学者们逐渐认识到，写作不是一个阶段连着一个阶段的线性单向过程，写作中的任意环节都会彼此影响，从而加速、中断或改变写作进程。如波瑞特和斯卡德马利亚（Bereiter & Scardamalia 1987）将认知写作过程分为任务的心理表征、问题分析与目标设定、话语和文本的问题转译、知识表述四个过程。"认为写作是循环往复的问题解决过程，强调修辞和自我调控策略对提高写作质量的重要性。"（范琳、朱丽霞 2004）

除了对认知写作过程的整体构拟，研究者还深入研究了写作构思的类型。如海斯和纳什（Hays & Nash 1996）结合具体实验，将前语言阶段的写作构思分为过程构思和文本构思，又细分为抽象构思、内容构思、语言构思和修辞构思等具体类别，从而对前语言构思阶段进行更为可信的研究。

从意义整合的角度看,认知写作学的最大功绩在于系统构拟了语篇意义整合的主要过程,明确了意义整合从前语言构思到语言表征的两大基本步骤。同时,认知写作学将理论构拟与实验验证结合起来,对意义整合的前语言构思过程进行构拟,在一定程度上弥补了现有研究的缺环。

4.2.4 言语产出研究中的意义整合

言语产出研究探索自然语言发生的在线过程。它将话语的发生总结为:"首先是把意念转换成要传递的信息,其次是把信息形成为言语计划,第三是执行言语计划,第四是自我监察。"(桂诗春 2000:483)其中,信息生成和言语计划主要在前语言阶段完成,大多在主体意念中进行,较难找到明确证据,因而研究较为薄弱。而计划执行和自我监察在言语产出的语言表征阶段进行,可以找到更多的语言印迹作为验证,研究比较深入。

列维特(W. Levelt)对言语产出问题的系列研究具有代表性。列维特将话语产生的前语言阶段分为两个部分,首先是"将交际意图表达为一系列的言语行为,比如告知、指向、要求、道歉等等""这些活动可称为宏计划(macroplaning),最终输出一系列安排好的言语行为"(转引自桂诗春 2000:484);其次,"为了执行言语行为,说话人选择要传达的信息,并决定它们被呈现的顺序"。说话人通过线性化(linearization)和视角选择(perspective taking)等方式为要表达的信息赋予命题形式。这些命题依据其中的概念及所携带的意义特征彼此关联,形成网络。这样的活动即微计划(microplaning),输出的是有待表达的前语言信息。当言语产出进入语言表征阶段,前语言信息被放到由语法编码器(包括语义信息)和语音编码器构成的构成器中,执行语言计划。最后,这些经过构成器加工、包装后的信息经由发音器输出,成为可理解的语言。同时,言语理解系统与发生系统中的构成器同步启动,不断为发生系统提供反馈和修复,共同促进言语交际的有效进行(参见桂诗春 2000:484—486,549—552)。

除了列维特之外,学界还构拟了许多其他的言语发生模型,这些模型的形成或者以控制性实验的结果为依据,或者结合口语中的停顿、口误、修正等现象的分析,大致可分为串行模型和并行模型两种。串行模型将言语发生看作一个阶段到另一个阶段的线性连续过程;并行模型认为言语发生的各个阶段不是单向连续的,几个阶段可能同时发生,后续过程也可能因为激活了其他相关因素,而为前面的过程提供反馈,改变线性进程。比如列维特的模型就是并行模型,一方面言语理解系统与发生系统同步启动,一方面发生系统中的各个环节之间可能双向影响,使言语发生的过程更加复杂(参见桂诗春 2000:459—549)。

总体而言，学界对言语发生前语言阶段的研究较弱，语言表征阶段的研究成果较多。这主要是因为语言表征阶段的言语加工，就是言者使用语言符号资源，将前语言信息结构表征为可在主体间进行意义交流的符号序列。这一阶段可以在语篇表层留下大量痕迹，如口误、修正、元话语、停顿等，因而可得出更多具有实证意义的研究结论。而前语言阶段的言语加工绝大部分是在主体认知中自动进行，鲜少留下痕迹，即使使用内省法也很难察觉，现代科技手段更是远未达到深入探测大脑运行核心程序的水平。因而要对言语产生的前语言加工过程进行研究极为困难。

从意义整合的角度看，言语产出研究实际上是从个体言语发生角度构拟了语篇意义的在线整合过程，它明确提出语篇意义整合的前语言阶段和语言表征阶段，为意义整合过程和机制的研究找到了口误、停顿、修正、元话语等可观察、可实证的研究对象。只是，前语言阶段的意义整合更为自动化，难以察觉，且从言语产出过程中有迹可循的言语现象切入，只能以结果反推过程，对意义整合整体过程和机制的探讨可能难免会有未尽之处。

4.2.5 语篇理解研究中的意义整合

语篇理解的认知加工过程是实验心理语言学的重要课题之一。在学界构拟的众多理解模型中，影响较大的主要有三种。

建构—整合模型由范迪克和金茨奇（Kintsch）提出，是至今最为完整的语篇理解认知模型。这一模式将语篇理解过程中，视听受众的心理表征分为表层表征（语言单位及其构组规则）、文本基础表征（通过语言单位提取的命题）、情境模型（命题关系整合语境信息形成的意义理解），而将语篇理解的基本过程分为建构和整合两个阶段。建构阶段通过表层表征，激活主体认知中的相关知识，形成命题表征，并构建命题间的语义关系；整合阶段纳入语境等外部信息，排除建构阶段形成的不合适信息，输出完整的意义情境。

三阶段加工模型主要由弗里德里希（Friederici）提出，他将句子的理解分为三个阶段：局部短语结构的建立阶段、句法和语义关系的计算阶段、整合和解释阶段。在整合和解释阶段，不同类型的信息相互映射，前两个阶段已独立进行过初步加工的信息，在整合和解释阶段若不能彼此协调，就需要重新分析，以求彼此协调一致。

MUC模型［以哈古尔特（Hagoort）的研究为代表］则将语言意义的理解过程分为记忆、整合、控制三个部分。记忆中存储与语篇理解相关的语言知识，这些知识在理解过程中被激活，帮助解读者进行语句解码，从而实现对语篇中词项的理解;整合是解读者组合词项信息,形成更大单位的意义理解的过程;控制是将语篇整合理解的意义与外部社会行为相联系,输出完整语篇意义的过程(参见杨玉芳2020:34—43;王穗苹、朱祖德2023:30—38)。

多个语言理解模型都强调了语言理解中的整合过程,明确整合就是将已经进行了独立加工的要素结合起来,使其相互协调,并与语境协调,从而形成对语句/语篇整体意义的理解。这一视角的研究虽然从语言理解的角度展开,与发生过程的意义整合有所差异,但同样强调整体意义是由异质离散的单元意义整合形成的。同时,它对整合、解释、控制阶段认知操作的若干具体策略的讨论,也能充实意义整合研究的具体内容。

4.2.6　小结

综上,心理认知视角的上述研究普遍赞成语篇意义的整合观。它们不仅明确提出语篇发生过程中的意义整合应区分前语言和语言表征阶段,还尝试从理论推演和实证挖掘两方面对这一过程进行深入探析。概念整合理论更是正面切入了意义整合的探讨,开启了语言研究的新课题。只是,语篇整体意义从其组成单位中整合浮现的完整过程中,存在太多无意识、自动化操作的因素,难以找到确切痕迹,理论推演和实证研究都很难深入。研究的缺环使语篇意义的整合过程,尤其前语言过程,在很大程度上还是一个"黑箱子"。同时,心理认知视角的研究关注语篇生成与理解的模型构拟,不太注重设计针对现实语篇的可操作的分析框架,解释性较强而可操作性略有不足。

4.3　社会功能视角的意义整合研究

20世纪下半叶,功能视角的语言研究兴起,并迅速壮大。功能视角的语言学研究强调语言的交际属性、社会功能,强调意义在语言研究中的核心地位。因而有不少研究切入了对意义整合问题的思考。

4.3.1　汉语语法研究中的意义整合

汉语语法自《马氏文通》以来,就一边接受西方语法研究的理论、方法,一边反思汉语特色,探索汉语语法的独特规律。汉语语法研究在继承与反思的互动中发展。与印欧语不同,汉语较少使用严格意义的形态手段,语法手段的使用常常是非强制性的,如此,相对于印欧语言,汉语语法的整合性特征更加凸显。本节即简略梳理汉语语法研究中涉及的意义整合问题。

4.3.1.1　汉语意合研究

王力(1944/2015:68)最早提出"意合"概念:"复合句里有两个以上的句子形式,它们之间的联系有时候是以意会的,叫作'意合法',例如,'你死了,我当和尚'。"这里的"意合"对应英语中的"parataxis",指复句中各小句不使用关联词语而并置地组合在一起,小句间的逻辑关系是意会的。王力之后,汉语意合问题得到了广泛讨论。

张黎(1994:66)认为意合是意义的搭配及其规则系统,意合语法研究的关键在于发现特定的意义范畴及其相互制约关系;连淑能(2010:73)认为意合指词语或分句之间不使用语言手段连接,其语法意义和逻辑关系通过词语或分句的含义表达。汉语语法的意合观受到不少学者的质疑,如金立鑫(1995)认为语法研究不能抛开语言形式而空谈意义:"我们至今还没发现世界上哪种语言可以脱离语法形式,不用语法手段能把一个复杂的句子组织起来。"而姜望琪(2005)、沈家煊(2019)等认为没有不经由任何形式的纯粹意合,汉语意合以并置为手段。"一个连贯语篇可以没有任何衔接手段……并置本身就是一种衔接手段,因为只要两句话被用到了一起,人们就会假设它们之间必然有联系,即使他们之间没有人们常说的衔接手段,也会设法找出它们之间的内在意义联系。"(姜望琪 2005)因此,意合不是纯粹的语义组合,依然要依靠语言形式,成分不加变化的并置就是这样的形式。

汉语意合现象涉及从构词到组篇的全部语言层级,包括合成词的构成、四字格,现代汉语"话题-说明"结构,古代汉语的被动句、名词状语句、名词活用为动词句、使动句、意动句,无关联词的复句、流水句、紧缩句、骈偶句,缺少衔接手段的语篇组织,等等。在对这些特殊现象进行研究的过程中,学者们归结出汉语语法意合组织的若干规律(具体可参见任永军 2010)。现有研究讨论了意合的判定标准、成分并置的顺序规律(如语言单位在时序、空间、重要性等方面的顺序规律等)、意合的形式手段(如并置等)、意合的基本类型、意合的认知心理基础(如逻辑律、音韵律)等。但一方面,汉语意合研究的重点主要在复句以下层级,较少对语篇层面的意合进行讨论;另一方面,汉语意合研究至今对语言单位实现意合的机制和条件讨论不足,尚未解释语言单位并置在一起,为何就能协同工作,识解出整体意义的问题。

近年来,沈家煊(2016,2019,2021 等)结合汉语事实、认知语言学研究和中国传统学术思想,在《名词和动词》《超越主谓结构》《从语言事实看中西传统的范畴观》等著作中,提出一系列具有革新意义的观点,如汉语的动词是名词的小类;名动范畴是包含而非对立关系;汉语组构的本质不是主谓结构,而是对话关系;汉语的句法和篇章组织具有对言性、互文性、递系性、成分并置性等特征等,建构对言语法的理论体系,尝试对许多汉语特有的语法现象和"老大难"问题做出新的解释。对言语语法对意义整合并置手段的强调,语言组织对话原则的凸显,对流水句、四字格、互文见义等现象的发掘等,都对意义整合研究有很大启发。

4.3.1.2　功能语法研究

功能语法学派认为,语法不是完美自足的先验结构,而是不断演变的开放系统,是人类在交际过程中累积形成的一个个语言使用模式。语法并不产生于语言内部,而是在语言运用的生态环境中不断变化的。"语言的生态环境指语言的交际功能,负载全部的认知属性、社会属性和生理属性。"(张伯江 2005)因此,"研究语法从根本上说,不可能脱离语言的运用。"(方梅 2018:i)"功能语法学者……试图讲清形式与功能的关系,解释功能影响语法的本质,即从语言系统的外部寻求对语言现象的解释。"(张伯江 2005)在这一理念下,功能语法学派尝试研究动态的、演变的、使用中的语言。他们关心"语法何以如此",从语法的形成演变与社会功能的角度对一系列语法现象进行重新解释。如汤普森(Thompson 1998)对疑问和否定的研究,陶红印(2000)对动态论元结构问题的讨论等,都是经典的研究案例。

功能语法中,浮现语法和小句整合研究与意义整合关系最为密切。浮现语法最早由霍珀(Hopper 1987)提出,他认为"任何一种语言的语法都具有不确定性,语法系统从来不是最优化的,而是永远处于演化状态。""用法先于语法,语法是凝固的话语,结构和规则在篇章中产生,被篇章塑造,始终处于塑造的过程之中。"(方梅 2018:ii—iii)浮现语法强调语言变化的非预期性和不稳定性,认为没有凌驾于一时一地具体使用之上的自足句法。语言是大量异质结构的集合,每个结构都是跟其使用语境密切相关的,且总是根据实际使用来调整和改造自己的形式。(张伯江 2005)

在这样的理念下,浮现语法十分注重真实的语篇语境,善于在鲜活的交际中追寻语言表达从语用到语法、从流动到凝固的线索,尤其关注语言形式与语言环境的互动中产生的临时浮现意义。而这类浮现意义的产生其实就是语言与语境整合的结果。不过,现有的浮现语法研究或从共时角度,或从历时角度,关注语言成分在各类交际语境中浮现整合意义的具体情形,对浮现意义从无到有整合生成的普遍机制、条件等问题讨论较少。

小句整合也是功能语法学派的研究论题之一,该概念最早由哈里斯等人提出,指"从一个双小句的表层结构演化为包含助动词和主要动词的单小句结构的历时过程。"(转引自朱丽师 2021)此后,哈布德(Habound)、霍珀(Hopper)、克里斯托法罗(Cristofaro)、吉汶等人都关注了小句整合问题。到 20 世纪末,西方学界基本达成共识,认为以依附性和内嵌性为标准,可以将不同类型的小句关系依照整合程度,分为并列、主从、从属三种格局,并提出帮助衡量小句整合度的一系列句法、语义、情态特征,将研究推向深入和细化。

小句整合研究明确指出,"小句整合是事件整合在语言中的表现。两个事件的语义关联越紧密,句法上越倾向于整合。"(Givón 2001,转引自朱丽师 2021)小句整合研究以此切入了对意义整合的讨论。它还提出了一个关于整合的新论题——"整合度",并通过大量的个案研究,丰富了小句整合度研究的方法和内容,如对"内嵌性、依附性、自主性"等衡量参数的挖掘,对小句整合连续统的梳理,对一系列内在和外在句法语义条件、形式验证方法的归纳和应用等。这些研究使得意义整合问题在小句整合领域,首先得到了较成体系的研究。不过,相比层次、关系较为单纯的小句复合体,语篇整合显然涉及更多因素,无法完全纳入小句整合研究的既有框架之中,需要我们一面借鉴,一面继续思考。

4.3.2 系统功能语言学中的意义整合

从社会功能视角思考意义问题的还有系统功能语言学。系统功能语言学发展至今,已近 70 年光阴,张德禄(2018)将其分为预备阶段、阶与范畴语法阶段、系统功能语法阶段、语言作为社会符号阶段、适用语言学阶段。

预备阶段(20 世纪 50 年代中期),系统功能语言学的开创者韩礼德主要从事汉语研究,关注语言的语义、语境问题,为之后的理论创设奠定基础;阶与范畴语法阶段(20 世纪 60 年代前期),韩礼德尝试建立包括四个范畴和三个阶段的语法体系,这个体系与功能相关,但还不完全是功能性质的语言描写;系统功能语法阶段(20 世纪 60 年代至 70 年代),韩礼德将语言研究的重点转向功能研究,提出语言的三大元功能,建构了系统功能语言学的基本框架。

语言作为社会符号阶段(20 世纪 70 年代至 90 年代),系统功能语言学取得突飞猛进的发展:a. 强调语境的重要意义,将语境建构为由文化语境(意识形态)、机构和情境类型(语域)、情境语境构成的连续体,实现了语境研究的系统化;b. 进军语篇分析,对衔接手段、语篇结构、体裁、批评话语分析、多模态话语分析等问题展开研究;c. 开始思考意义如何产生的问题,发展出意义发生学;d. 拓展语言应用研究,促进语言教学、儿童语言、计算机语言学等领域的发展。

适用语言学阶段(2000 至今),系统功能语言学一方面将理论大规模用于其他学科领域,为各领域的应用研究提供本体理论基础,如韩礼德提出的适用语言学概念,强调系统功能语言学理论对多领域应用分析的适用性;另一方面发展出语篇语义学的新分支,大力研究现实语篇的意义问题,以马丁为首的系统功能语言学家将语言分析对象从小句拓展到现实语篇,通过建构协商系统、识别系统、连接系统、概念系统和评价系统,对现实语篇的复杂意义问题展开正面思考,尝试建构语篇意义的分析框架。

系统功能语言学从一开始就选择了意义与功能分析的语言研究道路,不断将研究的重点从抽象的语言结构转向鲜活的自然语篇,尝试对社会生活中各类语篇的意义问题进行分析和描写。这一研究视角使系统功能语言学对意义整合问题的思索非常深入,主要体现在小句分析框架的建构、语境系统的研究、语篇语义学体系的构建、多模态语篇分析等方面。

首先,较早的系统功能语言学虽然以小句为研究对象,但对小句的分析和描写突破传统语言学的结构主义方法,关注小句的主位结构、衔接手段、三大元功能的语言表征等,这些都为语篇的意义分析做好了准备。其中,他们认为三大元功能并不是割裂地存在于特定词句,而是交织着、整体地内含于每个小句的意义之中,这一观点从理念和方法上破除了语言研究的"切分-还原"理念,体现了语言研究的整合观。

其次,语境的发掘和系统建构使系统功能语言学对意义整合观的践行更加深入。语境研究强调在自下而上的单位组织和自上而下的结构管控之外,还有语言使用环境的因素,如影随形地影响语言的表达和意义的识解。同样的语言形式在不同的语境中,可能造成不同的意义解读,或合法性与适宜性的差异。因此,意义是整合的,不仅在于语篇内部成分的互动整合,也在于语篇与外在于语篇的情境、语域、文化、意识形态、言说者的个性因素等要素的互动整合。系统功能语言学建构语篇语境的分析系统,为语篇整体意义的整合分析完善了语境整合的新维度。

多模态话语分析的崭露头角为语篇意义的整合研究提供了实践分析的新案例。多模态语篇与我们熟知的语言模态语篇的最大区别,就在于它天然要求从整合的视角看语篇,不仅要对不同模态之间的意义关系、整合方式、彼此分工做出细致分析,还要寻求建立一个统一的框架,对不同模态的意义表达实现统一分析。系统功能语言学尝试以三大元功能为核心,构建多模态意义分析的描述框架,不仅切实践行了语篇意义的整合观,而且已深入意义整合问题的最核心,即意义单位的切分、意义单位的关系、意义整合的机制、意义描述框架的建构等问题,为语篇意义整合研究的拓展提供经验。

4.3.3 小结

综上,功能视角的意义整合研究,无论是系统功能语言学路径,还是汉语语法研究路径,都尝试从语言的社会功能、社会使用角度,为意义整合寻找解释依据。相比而言,功能视角的研究更强调深入调研语言事实,发掘出语言意义整合的具体现象,并对其展开了具体的描写和解释。但这一视角的研究更加强调研究对微观案例的可分析性,对意义整合的一些宏观理论问题,如整合的条件、机制、过程、类型等,关注还不够充分。

4.4　互文性理论与意义整合研究

从上面两节可知,语言学界已有不少研究关注意义整合问题。这些研究主要从心理认知视角和社会功能视角展开。心理认知视角擅长从宏观上构拟语篇发生与理解过程中意义整合的过程、机制、条件,理论解释力较强,而对语篇实例的分析力较弱;社会功能视角更关心对语言现象的深入分析,但分析和描写缺乏对意义整合宏观过程的观照,因而理论解释力和普适性较弱。

第三章谈到,除了目前常见的研究路径,文本符号学同样关注语言意义的整合问题。它明确提出语篇意义的整合属性,并通过对大量实例语篇(较多是文学语篇)的分析,对语篇整体意义在意义要素间整合生成的过程、机制、模式、类型等展开探讨,以此引领了席卷人文社科全域的后结构主义-解构主义思潮,提出一系列重要的理论范式和研究方法。符号学家对意义整合的研究之所以未能形成具有普遍意义的语篇分析框架,一方面是因为其主要以文学类语篇为研究对象,对社会生活中更为普遍的日常交际语篇并不关注;一方面也因其研究范式中包含了很多思辨性和内省性的方法,与强调实证的语言学研究理念不符。不过,以文本符号学的意义思索为引导,我们有望生发出研究语篇意义整合问题的新思路。

文本符号学中的许多理论思想,都对语篇语言学产生了重要影响,如德里达之于社会批评话语分析,巴特之于多模态话语分析等。而对语篇意义整合这一问题思考较深,影响最大者,克里斯蒂娃的互文性理论和解析符号学思想应是其中之一。本节重点阐述互文性理论和解析符号学思想的源流发展,以将其引入,帮助我们研究语篇的意义整合问题。

4.4.1　解析符号学视野中的互文性

互文性理论由法国哲学家、符号学家朱莉娅·克里斯蒂娃于 20 世纪 60 年代提出。这一理论一经提出,就得到法国符号学家们的一致响应。在巴特、索莱尔斯等权威学者的宣传和应用下,互文性理论很快成为法国后结构主义—解构主义思潮的重要成果之一,在人文社会科学领域产生了巨大影响。

我们熟知的互文性理论,是克里斯蒂娃在 20 世纪 60 年代建构的符号学理论。它指"种种文本之间的相互转换关系","强调任何文本都处于与其他文本的相互关联之中，符号的意义则在文本的交织中演变、发展。一个确定的文本中往往渗透了来自其他文本的话语，这些话语在当下文本的空间中相遇，它们相互吸收、排斥、转化、整合，使文本的意义慢慢浮现，最终完成指意的实践。但即使指意实践完成，也不意味着文本的意义就稳定了，文本随时会与后来产生的其他文本发生关系，每一次的互文，都可能带来意义的更新"（克里斯蒂娃 2012）。符号的意义不是先验存在的，而是当下语篇为其他语篇的相互交织提供空间，众多的他文本在当下文本的空间中交互作用，符号的意义就在这样交互中逐渐浮现，在这种文本的相互关系和作用中不断转换生成。

对互文性理论的上述理解在学术界广泛传播，却尚未呈现互文性理论的全貌，也没有显示克里斯蒂娃提出"互文性"概念的初衷。克里斯蒂娃的"互文性"是解析符号学理论框架中的概念，作为符号互动与意义生成的机制而存在的。要全面了解"互文性"，需要对她的解析符号学（semi-analysis）思想有所了解。

解析符号学吸取精神分析的核心思想，研究语篇意义的在线生成。它将语篇看作主体欲动与社会规约相互作用的产物："语言是一个意指过程，语言实践既是一个体系也是一种越界（否定性），是声音生产的冲动性基础与声音发生于其中的社会空间的共同产品。"（克里斯蒂娃 2016a：326）在这一理念下，解析符号学以异质性①（heterogeneity）为线索，展开了对符号指意过程的研究。

4.4.1.1　主体的异质性

克里斯蒂娃批判传统语言学将语言的使用主体预设为纯粹理性的人，而忽视人类思维中的非理性因素。她认为这样的语言学只能研究语言的结构、命题和功能性成分，无法涉及语言使用中的个人性因素。而语言是"言语主体在本能冲动驱使下的话语行为"（克里斯蒂娃 2016a：312），语言中不仅有一致、结构化的功能性成分，也有因主体本能冲动而异，不能被结构化的个体性因素（如语调、节奏等）。对这些非理性因素的研究有赖于重新定义语言主体，将主体还原为由理性主体和非理性主体共同构成的真正的人。

精神分析的分裂主体观为克里斯蒂娃提供了这样的理论基础。克里斯蒂娃由此提出言说主体的概念：言说主体能分裂成意识主体和潜意识主体。意识主体产生于文化之中，潜意识主体寄身于身体欲望之中。意识主体形成之前，潜意识中的生理和心理冲动把控着主体，而通过语言的习得，外部的社会文化规约得以进入，对潜意识冲动进行压抑和制约，从而诞生意识主体的暂时稳定态。但即使在稳定态中，主体的非理性冲动依然存在，它们潜伏在潜意识中，时刻准备着破坏主体的

---

① 概念界定可参阅本书附录。

意识结构。由此,在欲动、规约的相互斗争中,言说主体不再如传统主体一般稳定、统一,它永远处于形成、变化的过程之中。主体是异质的和分裂的,只存在暂时的稳定态,不存在本质的同一性。

4.4.1.2　符号生成过程的异质性

解析符号学研究符号意义从无到有、从混乱到清晰的动态生成过程。克里斯蒂娃将这一过程分为前符号态(semiotic)和符号象征态(symbolic)两个阶段。"前符号态对应身体性的物质现实。符号象征态对应超越论的领域以及历史、社会和意识形态。"时间上,前符号态先于符号象征态形成,是符号象征态的"母体和基础"。前符号态类似于物理学中的场,场中活跃着主体各种各样的异质欲动,这些欲动来自主体的经验世界,它们互不相干,无法按照一定的规则组织起来,始终处于凌乱、发散的状态。此即符号意指过程的第一阶段(参见西川直子2002:79—122)。

前符号态中的欲动本能地要求宣发,却没有一个可以将它们整合起来的规约帮助它们顺利实现表达,于是意指实践进入符号象征态阶段。符号象征态即主体运用理性规约对前符号态欲动进行审查和整合的阶段。在此过程中,只有符合规约要求的欲动才能通过审查,实现表达,而不符合要求的欲动则被抑制,或者变异成其他形式表现出来。经过理性规约的扬弃和整合,欲动与规约紧密结合,彼此以意义结构的形式呈现,符号象征态生成。

"前符号态表明我们的身体欲动有进行表达的需要,而符号象征态则为表达前符号态提供了必要的结构形式""如果没有符号象征态,一切指意不过是些前语言状态的声音而不成其为指意,但是如果没有前符号态,一切指意都是空洞,对生活毫无价值,因为前符号态提供了使我们参与指意过程的动机。"(孙秀丽2010)正是由于对两者的区分,克里斯蒂娃明确将静态的符号结构动态化,将符号与外于符号结构的因素(主体、其他符号系统)连结起来。

4.4.1.3　文本的异质性

克里斯蒂娃将文本分为现象文本(phenotext)和生成文本(genotext):"现象文本是语言的结构和语法层面,它使语言交际得以实现;生成文本是语言中的潜在驱力。现象文本是作为构成结构的语言现象,作为完成的生产物而认识的文本;生成文本是作为生产性乃至生产活动而理解的文本。生成文本是现象文本的萌芽状态,这种萌芽状态的作用被写进现象文本自身之中;生成文本将现象文本'摧毁、多层化、空间化、动态化',并将现象文本推向非实体的厚度,因此文本变成了拥有复数音域的共鸣体。"(克里斯蒂娃2012)简单来说,现象文本即我们日常所见的,作为现象而存在的有形文本,是生成文本的结果和产品;生成文本是文本及其意义的生成过程,是作为过程存在的文本。解析符号学将文本看作由生成文本向现象文本转化的过程,两者共同实现了文本层面的异质性。

4.4.1.4　互文性

在主体异质性(理性主体与非理性主体的交织)、符号指意过程异质性(前符号态与符号象征态的更迭)、文本异质性(现象文本与生成文本的互动)的基础之上,互文性(intertextuality)就不再只是一个强调文本互涉的静态抽象观念,而是作为核心机制,向我们展现了完整的符号意指过程:主体在外部世界遭遇各种文本(即语篇),进入符号指意的前符号态空间。当主体产生表达需要时,最终能满足表达需要的文本活跃起来,它们相互作用、相互影响、求同存异、彼此结合,最终形成整体,呈现在符号象征态中,浮现出当下文本的整体意义。如此,来自外部世界的文本在当下语篇空间中拼接、整合,形成清晰、一致的现象文本。但是,现象文本的一致性和稳定性只是暂时的,其中潜藏着很多异质性因素,这些因素随时准备着冲破整体,使表意重回混乱、多元的前符号态阶段。符号的指意就在这种结构与解构的过程中周而复始,使每一个文本中都充满了异质的其他文本,同时又具有自己完整、一致的整体结构。

4.4.1.5　小结

在解析符号学的理论背景中,克里斯蒂娃的互文性概念实际上描述了符号指意从前符号态向符号象征态,由生成文本向现象文本转化的全过程。语篇中随处可见其他语篇的身影,却不是这些语篇的简单拼合,它经过了主体的内化和结构规约的审查,是当前语篇对诸多他文本的整合生成。解析符号学的理论框架可以图示如下:

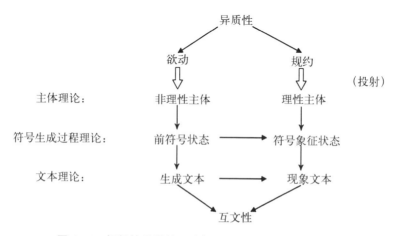

图 4-1　解析符号学的理论框架(殷祯岑、祝克懿 2015)

如图(4-1)所示,解析符号学以异质性为核心精神,贯穿主体层面、符号存在状态层面和文本层面,建构了整个理论体系:主体层面,异质性体现为理性主体与非理性主体的共存,强调多元、混乱、不稳定的非理性主体的存在;符号存在状态层面,异质性体现为对前符号态与符号象征态的区分,前符号态先于符号象征态发生作用,它不具有稳定的意义结构,却是意义整合的母体和基础,意义的整合生成就是前符号态向符号象征态的转化过程;文本层面,异质性体现为生成文本与现象文本的区分:生成文本对应语篇的生成过程,是多层的、动态的、复量的、不稳定的,而现象文本对应符号表征的语篇实体,是相对单一的、静态的、稳定的。

如此,克里斯蒂娃建构了语篇意义从混乱离散的前符号态转化跃迁为统一有序的符号象征态的基本过程,以异质要素在当下语篇空间中的互动为机制。在这样的整合中,语篇意义不再僵死、稳定,而表现出显著的多元性、异质性、动态性、整合性、流变性特征。

4.4.2　互文性理论的发展与互文语篇研究

4.4.2.1　互文性理论的发展

克里斯蒂娃提出互文性概念之后,不少学者从各自的学科背景出发,对这一概念进行修正和发展。这些修正和发展大致可分为两个方向。一是以巴特、索莱尔斯和美国耶鲁学派等为主。他们致力于"互文性"概念的泛化和普遍化,用以进行文化批判和解构批评。如巴特聚焦读者,将互文性纳入阅读享乐主义的视野,致力于发掘文本中的多重声音;索莱尔斯发展出引文拼接式的写作方式;美国耶鲁学派将"互文性"与德里达的"播撒""延异"结合起来,导向社会文化批判的解构主义方向。

另一个发展方向致力于限定"互文性"的范围,将其缩小为可操作、可观察的实证性概念,用以探讨语篇之间相互影响的具体路径和方式。如法国学者热奈特(Genette)提出五种跨文本类型,将"互文性"限定为"一个文本在另一个文本中的切实出现";孔帕尼翁(Compagnon)在《二手资料·引文的工作》中全面探讨引用问题;里法特尔(Riffaterre)将互文性定义为"读者对一部作品与其他先前的或后来的作品之间关系的感知,这种感知是构成一部作品的文学性的基本因素",并进而提出互文式阅读,要考察"互文性在文本中留下的、可供读者感知的痕迹"(参见萨莫瓦约2005)。

以上两种方向被学者们分别概括为解构性互文和建构性互文,两者都深刻地影响了语篇语言学的发展。前者对以批评话语分析为代表的应用性语篇研究产生重要影响,构成这类研究的理论基础和分析路径;后者突破了小句线性连缀的语篇结构观,将语篇的意义结构视为异质文本在语篇空间中交织互动的结果,从而颠覆了成分组合形成结构的传统观念,揭示了成分互动生成结构的整合思维。

4.4.2.2　互文语篇研究

在克里斯蒂娃的理论中,互文性作为语篇意义整合生成的机制提出,因而它本身就与语篇分析密不可分。不过互文性理论(克里斯蒂娃意义上的)在三个方面与语篇分析理论有所不同。首先,互文性理论所关注的多是文学语篇的意义问题,对日常语篇的关注不足;其次,互文性理论强调文本意义的多源性、异质性、生成性特征,能从线性语篇中挖掘多元、异质的众多声音,却对多元声音整合成统一语篇的过程和机制缺少分析的方法;最后,互文性理论更多通过思辨和内省的方法展开,并不注重发展可操作的语篇分析框架。

然而,互文性理论却为语篇研究的更新提供了新的契机:"(它)激活了文本的空间结构意识和关系意识,突破了语篇研究的传统范式,它以立体空间的文本纵向聚合的语篇结构关系冲击了传统文本线性横向组合的语篇结构关系,关注语篇要素以互动方式生成语篇的动态过程。"(祝克懿 2010)具体而言,互文性理论对语篇语言学的更新表现在以下几个方面:第一,对语篇整体性的重新界定,互文语篇理论将语篇整体性的实现归结为有序意义在异质文本的交互中整合生成,整合意义的生成意味着语篇整体性的实现;第二,对语篇研究意义维度的强调,互文语篇理论以语篇意义从混乱到有序的生成过程为核心,以作为意义载体的文本而非作为语法单位的小句为分析单位,从根本上体现了它意义分析的理论属性;第三,语篇结构观的改变,传统语篇研究将语篇结构视为语言单位集句联章的线性构筑,互文语篇理论将其视为异质文本在语篇空间中交流互动、实现整合的立体建构;第四,语篇研究领域的拓展,互文语篇理论不仅可以分析单一语篇的组织规律,还可从篇际互文性的角度对彼此相关的系列语篇进行分析。

正因如此,互文性理论提出后,逐渐得到语篇语言学者的关注。博格兰德和德雷斯勒在《语篇研究导论》中将互文性概括为语篇的根本属性之一;卡勒(Culler 1981:157)、弗劳(Frow 1986)分别强调语篇中的互文性分析要区别于语源学性质的实证研究,着重考察互文性材料在语篇中的语义功能和建构方式。莱姆克(Lemke 1992)提出主题互文性的分析方法,认为每个语篇都由一个或多个大大小小的主题联系起来。这些主题以各种语言形式体现,通过对不同语篇中的主题及其相互关系进行分析,我们可以找到用于建构语篇的普遍意义原则。费尔克拉夫(Fairclough 1995)还将互文性引入批评话语分析,使之与语言分析作为批评话语分析的两大方法支柱。在我国,辛斌(2000,2006,2008)、徐赳赳(2010,2020)等着力于引介和发展语篇语言学中的互文性分析方法;祝克懿(2010,2011,2012,2013,

2018 等)运用互文语篇理论分析各类语篇的结构和意义问题：互文性理论与语篇语言学的结合方兴未艾，释放出越来越充沛的活力。

4.4.3 互文性与语篇的意义整合

克里斯蒂娃认为，语篇的意义不是天然的"铁板"一块，而是当下语篇空间中来源各异的他文本互动交织，整合生成的结果。每一个文本(意义单元)都携带众多的意义潜势，但多元、异质的意义潜势是否能在当下语篇中实现，要参照文本与文本相互作用的方式才能确定。在克里斯蒂娃的理论中，语篇的意义整合，就是当下语篇空间中众多意义单元，从离散到统一，从混乱到有序整合形成意义结构的过程。克里斯蒂娃将这一过程描述为从前符号态向符号象征态，从生成文本向现象文本的转化生成(参见克里斯蒂娃 2015a)。

互文性研究为语篇意义整合提供了全新思路。语篇的整体意义不再被认为是句子与句子线性关联，或模块与模块静态堆砌的结果，而是离散异质的意义单元交织互动的产物。要全面研究语篇的结构与意义，就不能满足于描写小句之间的衔接手段，或板块加合的静态关系，而是将语篇意义的形成看作一个动态过程，找到其中参与意义互动的众多单元，分析它们彼此交织、相互影响的类型模式，解释它们从无序到协同整合关联的运动机制，构拟它们从混乱到有序整体跃迁的基本过程。可惜的是，克里斯蒂娃虽然明确提出了这一过程，却未能实现对它的详细描写。

在克里斯蒂娃之后，语篇研究者们致力于互文性理论的落地，尝试将思辨式的互文性研究实证化，逐步与语篇语言学结合起来，极大地推进了语篇语言学研究理念的更新。然而，互文语篇研究似乎更关注语篇意义在有序表面下的异质来源，而非整体意义从混乱到统一的整合过程。这可能是因为意义整合从无序到有序的跃迁主要在言者的认知世界中自动进行，缺乏直接展开实证性研究的条件。不过，要思考语篇意义整体性的实现，整合过程显然比异质来源更为重要。因此，需要引入新的研究范式和研究材料，对这一过程的具体运作模式进行尽可能合理的分析。

4.4.4 小结

本节对法国符号学家克里斯蒂娃提出的互文性理论、解析符号学思想，及在此基础上发展而来的互文语篇研究成果进行概述。互文性研究关注符号意义从无序到有序，从离散到统一的成义过程，克里斯蒂娃通过对文学语篇的分析和哲学式的思辨，为我们展示了这一过程的基本面貌。在国内外语篇研究者的共同努力下，互文性理论逐渐发展成为实证性的语篇分析方法，促进了语篇研究观念的更新，为语篇意义整体性的实现问题提供了全新的研究思路。可惜的是,语篇意义的异质整合只在言者的认知世界中自动运行,缺乏分析性研究的条件。因此无论是克里斯蒂娃,还是互文语篇研究的研究者,都尚未对运用这一理论进行语篇分析的程序与方法进行说明。

4.5　本　章　小　结

整合指异质离散的要素交互作用,相互结合,最终形成统一完整、协同工作的整体结构的过程。整合形成的整体结构有可能是要素互动浮现生成,具有不可预测性特征,也可能是要素之间组合生成,具有确定性特征。诉诸个人语用经验、多学科研究成果、语篇分析实践,我们发现语篇意义并非先验的"铁板"一块,也不是语句线性叠加静态关联的结果,而是意义单元整合生成的产物,具有整合性特征。如此,研究语篇意义的整合过程、整合机制、整合手段、整合现象,就有望换一种思路,切入对语篇整体性实现问题的思考。

顺着这个思路,我们从认知研究视角和社会功能研究视角,梳理了语言学研究中涉及的意义整合问题,并引入互文性理论和解析符号学思想,作为我们研究语篇意义整合的重要理论依据。我们发现,互文性理论和互文语篇研究本身就是关于意义整合的,涉及对意义整合的过程、机制、手段等的思考。但由于互文性理论主要在文学领域中展开,未能发展出一般的语篇分析方法,不能直接借鉴使用。互文语篇研究将互文性理论引入语篇研究之中,更新了语篇研究的理念。它挖掘了语篇整体意义的多样来源,却未能充分关注多源的意义单元整合生成统一意义的过程与机制。有鉴于此,本书借鉴互文语篇理论,研究语篇意义的整合,即语篇整体性的实现问题。但要推进这一研究,我们还需要借一个他山之石,讨论语篇从离散异质的前符号态跃迁成为统一有序的符号象征态的具体过程与条件。

第五章　语篇意义整合的基本过程与分析程序

　　语言学的现有研究尚未展现出对语篇意义整合问题的系统探索,或缺乏具体的分析框架,或缺乏宏观上的体系构拟。脱胎于文本符号学的互文性理论既构拟了语篇意义整合的基本过程,又有发展为语篇分析方法的契机和基础,可惜目前的研究对语篇意义的"异质"方面强调较多,"整合"方面有所忽略。不过,互文性理论明确提出语篇意义是离散异质的意义片段从混乱到有序、从离散到统一整合形成的,这一理念在多学科视域的语篇研究、意义研究、整合研究中已经形成共识(参阅前三章),可以作为理论依据,帮助我们构拟语篇意义的整合过程。有鉴于此,本章尝试构拟、细化语篇意义整合的基本过程,并以这一过程为依据,设定语篇意义整合分析的分析程序。

5.1　前符号阶段语篇意义的整合过程

5.1.1　"关键一跃"的缺环

　　语篇意义整合生成的基本过程可分为前符号阶段和符号表征阶段[①]。前符号阶段,主体的认知世界(语篇空间)中活跃着数量庞大、零散异质的意义单元,它们散乱活跃、相互作用,但没有统一的运动方向,不具备协同合作的能力。这些散漫、混乱、互不协调的意义单元如何跃迁为有序、整体的意义结构(语篇意图、写作计划、言语计划等),是意义整合研究需要探讨的一个关键问题。可惜现有研究很少对语篇意义从混乱到有序的跃迁作出充分解释。如概念整合理论将输入空间到整合空间的运作机制归结为隐喻和转喻等,解析符号学将前符号态向符号象征态的跃迁归因于否定,言语产出和写作学研究也基本跳过了对言语(写作)计划从无到有的产生的思考。语篇意义从混乱到有序,从离散到统一的"关键一跃"大体上还

[①] 多种研究路径共同支持这一观点。在术语选用上,语言学研究本来更倾向于"前语言阶段"和"语言表征阶段",但考虑到作为研究对象的语篇不仅可以由语言符号构成,也可以由非语言的其他符号构成(如多模态语篇),符号模态虽然不同,但在研究意义整合的过程与机制时,理应纳入相同的分析框架。本书因而采用"前符号阶段"和"符号表征阶段"指称语篇意义的整合过程。

是一个自动化的过程,未能形成系统研究。我们需要借鉴新的理论模型,填补现有研究的缺环。

20 世纪开始逐渐兴起的复杂性科学,关注系统成分之间的非线性互动引发的结构浮现问题,探讨的正是从混乱到有序,从离散到统一的"关键一跃",或许可以为我们的研究提供理论模型。

5.1.2 复杂性科学与耗散结构理论

5.1.2.1 复杂性科学

复杂性科学最早以批判科学研究的简单性范式和还原论方法为起点展开。简单性范式主张:复杂和无序只是表象,简单才是世界的本质。如古希腊的哲学家们就把世界解释成由火、水、土、气或原子等简单元素构成。对简单性的追求是科学研究的基本信念,这一信念在笛卡尔等学者的完善下,形成还原论的思维方法。还原论主张:科学研究要对复杂现象进行分解,通过对其组成部分进行细致入微的逐一分析,找寻复杂背后的简单本原,以此把握复杂的整体。人们相信,只要对部分的分析足够精细,我们就能找到掌控复杂的简单规律。部分组构成整体,整体还原为部分的机械观念深入人心。然而,科学研究的简单性和还原论并非不证自明。生物学家贝塔朗菲(Bertalanffy)注意到,"用还原论方法构建的分子生物学虽然将生命现象深入到分子、原子、原子核,却依然无法真正理解生机勃勃的生命现象。""整体不等于部分之和,因而把整体切分成部分的同时,我们可能就损耗了整体之所以是整体的东西。"(转引自黄欣荣 2005)由此,贝塔朗菲率先提出一般系统论,研究成分之间具有非线性互动关系的复杂系统,关注其整合生成的过程、机制,及整合过程中发生的"大于部分之和"的涌现现象。

复杂性研究是对事物属性和跨学科思维范式的命名,因而不同领域对复杂性各有界定。总体来说,复杂相对于简单,指的是构成系统的成分之间,除了具有静态组构关系,还有多种非线性互动的可能。成分间的非线性互动使整体产生部分所没有的浮现性特征,成分互动的多样性则造就系统整体样态的诸般差异。比如生物体由各种粒子构成,但粒子之间的相互关联不是静止、确定的,而是在多种互动可能中随机选择,从而浮现出粒子本身所没有的生命活力。粒子间互动方式的不同,则带来了生物多样性之间的复杂差异。因此,研究复杂性,就需要"找到产生涌现现象受限制的生成过程。通过这一过程,就能够把对涌现的繁杂的观测还原为一些简单机制的相互作用。"(霍兰 2006:191)

目前,复杂性研究已经历了三个阶段。第一阶段(20 世纪 40 年代),主要从观念上反对还原论,产生了一般系统论、信息论、控制论、运筹学等研究领域;第二阶段(20 世纪 60~70 年代),以耗散结构理论、协同学、超循环论、突变论等为主要成果,它们不仅在观念上批判还原论,还切实建构出具体学科的复杂性研究方法。其中以普里戈金(Prigogine)的耗散结构理论影响最为深远(苗东升 2001);第三阶段(20 世纪 80 年代以后),以专门研究复杂适应系统的圣菲研究所(SFI)的成立为标志。这一阶段致力于打破学科壁垒,尝试在跨学科视野下进行复杂性研究。混沌理论、分形理论等是这一阶段的主要成果(参见黄欣荣 2005)。

5.1.2.2　语言的复杂性

语言由诸多子系统及其成分构成,子系统和成分之间具有多种关联可能,可发生复杂的非线性互动。语言系统和使用的各个层面,都存在大量无法从成分推导出来的结构、功能、语义涌现现象。因此,语言是一个复杂系统,可在复杂性范式下进行研究。事实上,过去几十年的语言研究即使没有冠以"复杂性"之名,但很多已受到了复杂性范式的影响。如语用学致力于交际过程的构拟,认知心理语言学关心语言在线生成和理解的过程与机制,汉语语法研究在结构分析外加入了历时演变研究和构式语法研究的新视角等,都是致力于探索整体意义的生成过程与浮现机制的问题。

近年来,出现了不少专题讨论语言复杂性的研究成果。如马清华、汪欣欣(2016)结合语音、语法、语义、语用各层面的语言现象,探讨语言的非线性、非均衡性、涌现性、交互性、自组织性特征;王士元(2006)、董保华等(2011)对语言研究涌现范式的构建进行思考;王汐、杨炳钧(2013)从语音、形态、句法、语义、语用方面全面论述语言的复杂性,并对现有的复杂性研究路径进行综述;王振华(2009)、何伟(2020)等则重点讨论了语言复杂性的系统功能研究方法……上述研究表明,语言具有复杂性已在学者之间达成共识。

语篇语义的复杂性是语言复杂性的重要内容。王振华(2009)从语篇语义的多样性、非线性、非对称性、介于有序与混沌之间等方面,论证了语篇语义的复杂性特征。但现有研究尚未系统构建语篇语义复杂性的分析方法,尤其是对语篇意义从异质到统一,从混乱到有序的"关键一跃",目前的研究尚未明晰。而这一问题正好是复杂性科学所重点关注的。由此,本书尝试引入复杂性科学中发展最为成熟、影响最为深远的耗散结构理论,帮助我们解决语篇意义整合生成的过程与机制问题。

5.1.2.3　自组织现象与耗散结构理论

对一锅水加热,温度达到 100 摄氏度时,水由静止变成沸腾。在没有任何物理力直接作用的情况下,锅中的水为什么会自动、不断、周而复始地上下翻腾? 日常生活中我们对这种现象司空见惯,很少考虑,而科学家将它们称为自组织现象——在一定条件下,系统内部自发地从无到有生成有序结构的现象(孙飞、李青华 2004)。

秩序在离散的个体之间形成,主要有自组织与组织两种方式。如哈肯(Haken)说:"一群工人,如果在工头发出的外部命令下遵循完全确定的方式行动,称之为组织,或者更严格一点,称之为有组织的行为。如果没有外部命令,而是靠其默契,工人们协同工作,各尽职责来生产产品,则称此种过程为自组织。"(转引自苗东升1988)苗东升(1988)认为,自组织也属于组织,将组织和自组织对立不合逻辑,因此提出"他组织"概念。自组织的组织力来自系统内部,他组织的组织力来自系统外部。

通常,组织力来自系统外部的他组织模式比较符合常识,而系统内部自发形成有序结构的情况比较让人费解。但实际上,自组织现象在物理、化学、生物世界乃至社会生活中普遍存在,比如龙卷风的形成、有机生命体的运作、动物集群行为、人类社会的出现与运作等。但直到20世纪中期,这类现象才引起科学家们的关注和研究。

耗散结构理论专门研究系统内部自发地从无到有生成有序结构的自组织现象(参见普里戈金、斯唐热1987;孙飞、李青华2004)这一理论由诺贝尔奖获得普里戈金于1969年提出,它尝试对物理世界和人类社会中普遍存在的自组织现象进行统一解释,并为自组织结构的整合生成提供具体、可观测的数学描写:

> 一个远离平衡态的非线性开放系统(物理的、化学的、生物的,乃至社会的、经济的、文化的系统),通过不断地与外界交换物质与能量,在一定条件下可以自发地由原来的混沌无序状态,转变为一种在时间上、空间上或功能上的有序状态,从而形成新的有序结构。这一新结构的生成和维持需要外界能量的持续投注,以能量的耗散为特征,故称耗散结构(参见普里戈金、斯唐热1987:224-256)。

这里有几个需要解释的核心概念:

1. 开放系统:不断与外界交换物质、能量的系统
2. 非线性相互作用:系统中的粒子具有多种相互关联、相互作用的可能性
3. 平衡态·非平衡态·近平衡态·远离平衡态

系统平衡与否是针对系统中粒子所携带的能量而言的。每个系统都由大量微观粒子组成,若粒子具有的或从外界得到的能量大致相当,能量就在粒子间任意传递,没有固定的方向,这时系统中没有秩序,处于微观混乱宏观静止的平衡态;若粒子之间的能量大小有异,能量就固定地从高能粒子向低能粒子传递,系统由此产生统一的秩序,进入非平衡态;非平衡态中,若粒子间的能量差不大,能量的传递就停留在微观层面,宏观上系统仍然处于静止状态,此即近平衡态;若粒子间的能量差

非常大,能量的传递就无法停留在微观层面,而是通过粒子的宏观运动传播,高能粒子和低能粒子之间发生对流,由此生成宏观有序的新结构,此即远离平衡态。简单来说,系统的平衡与否由粒子间的能量差决定,能量差为零的系统处于平衡态,能量差不大的是近平衡态,能量差巨大的是远离平衡态:非平衡是有序之源。自组织耗散结构只产生于远离平衡态的系统之中。

4. 耗散结构的生成条件

耗散结构的生成还需要巨涨落和响应两个条件。涨落指单一粒子的运动状态对系统平均状态的偶然性偏离。这种偏离随时发生,通常很快消失。但当系统处于远离平衡态而在能量差的作用下发生宏观对流时,一个与对流能量相契合的随机涨落就可能得到能量,吸引周围粒子与它一致运动,从而聚集能量,生成巨(能量)涨落。巨涨落若继续得到粒子响应而扩展到系统全域,就是自组织生成的耗散结构。因此,巨涨落和系统粒子对巨涨落的响应都是耗散结构生成的必要条件。

5. 巨涨落竞争与边界条件制约

当系统中同时出现数个巨涨落时,能量增长最快的那个会成为耗散结构的核心,其他巨涨落则迅速融入、消亡。除此之外,边界条件也影响耗散结构的生成。边界条件是系统的外部环境,为结构的生成和维持提供能量,只有符合边界条件要求的巨涨落才能得到能量支持,不符合要求者则迅速消亡。

通过上文的阐述,我们可以重构耗散结构的生成原理:在粒子间具有多种相互作用方式的开放系统中,若局部能量差巨大,能量就以粒子宏观运动的方式,固定地从高能粒子向低能粒子传递,引起粒子间的对流。与对流能量相契合的随机涨落可从中获得能量,吸引周围粒子与它发生一致运动而聚集更多能量,成为巨涨落。巨涨落不断吸引其他粒子扩大自身,最终生成自组织耗散结构。若系统同时出现多个巨涨落,能量增长最快的那个会成为新结构的核心,其他涨落则融入新结构,或迅速衰亡。此外,系统的边界条件也影响耗散结构的生成,只有符合边界条件要求的巨涨落才能生存。

如此,耗散结构的生成条件有:a. 开放系统,系统与外界交换物质或能量;b. 系统远离平衡态,粒子之间具有足够大的能量差;c. 粒子之间存在非线性相互作用关系,彼此发生多向关联;d. 巨涨落,当粒子之间的能量差足够大,能量通过粒子宏观运动的方式传递,系统中形成宏观有序的新结构,就是巨涨落;e. 响应,巨涨落吸引其他粒子,获得能量支持,不断增强自身能量;f. 边界条件制约,巨涨落必须符合外部环境的要求以得到环境能量的支持,才能持续存在,否则将迅速消亡。

5.1.3 前符号阶段意义整合的具体内容

5.1.3.1 对"关键一跃"的研究方案

由于前符号阶段的语篇意义整合只在主体的认知世界中展开，整合过程的许多关键环节，由认知系统自动完成，内省无法感知。现代技术虽已用于探索语篇发生与理解的心理认知过程，但目前的技术手段尚无法深入人类认知的核心环节，因而这一阶段的意义整合很难取得实证，研究较难推进。在当前要实现对这一过程的思考，我们至少需要三个条件：一是对意义整合的宏观过程做尽量有根据的理论假设；二是对意义整合的微观过程有可供参照的理论模型；三是对意义整合的具体实施有间接性证据作为抓手，以验证假设的合理性。

第一个方面，互文语篇研究与个体语用经验、哲学符号学思想、认知心理研究均已达成共识：语篇意义整合的前符号阶段，主体认知中活跃着大量离散异质、无序分布的意义单元，这些意义单元由于主体能量的投注，彼此互动整合，最后形成统一有序的整体意义结构。前符号阶段的意义形成过程具有异质整合特征。

第二个方面，耗散结构理论用可观测的方法研究系统内部的大量粒子从混沌无序状态自发产生有序结构的过程与机制，并实现对这一过程的可验证的数学描写。这与异质离散的意义单元，在言者认知空间中交织互动，浮现统一完整的意义结构的过程极其类似，因而耗散结构理论可作为理论模型，帮助我们假设语篇意义整合前符号阶段的具体过程。

第三个方面，大部分现实语篇都遮蔽了异质单元互动整合，生成统一意义的前符号过程，但诗性语篇，比如中国古典诗歌语篇，擅长通过意象并置浮现整体意义，达到"不着一字尽得风流"的艺术效果，在一定程度上保留了异质单元自组织成义的原生过程。请看例（4）：

(4) 空山新雨后，天气晚来秋。明月松间照，清泉石上流。竹喧归浣女，莲动下渔舟。随意春芳歇，王孙自可留。（王维《山居秋暝》）

诗歌中呈现了大量异质离散的意义单元（如空山、新雨、晚、秋、明月照、松、清泉流、石等），这些单元彼此之间有多种意义关联方式（如雨、秋之间的关联，既可以提取潮湿阴暗的意义潜势，激活消极的情感体验，也可以提取清新凉爽的意义潜势，激活积极的情感体验），而语篇的整体意义（描写空灵清爽的山间景色，表达诗人对山间闲适生活的赞美和向往）在诗歌中并无明示，是在这些单元的交织互动中自动浮现的。那么，彼此离散、意义多向的语篇单元，如何最终整合生成为统一完整的整体意义？这一过程与耗散结构在系统中从混乱到有序的自组织生成极为相似,与互文性理论对前符号阶段意义整合的假设也极为相似。由此我们得到了第三个条件:中国传统诗歌语篇可以作为抓手,为意义整合前符号阶段的具体实行提供研究的间接证据。

根据耗散结构理论,我们可以通过研究诗歌语篇的意义整合,来假设语篇意义整合前符号阶段的具体过程。下一章,我们将以《唐诗三百首》为例,对这一过程进行更为细致地描写,本节仅结合例(4)略作说明。

5.1.3.2　前符号意义整合的四个步骤

参照耗散结构理论,语篇意义整合前符号阶段的过程可分为意义核心的生成、意义结构的生成、意义结构的竞争、边界条件的制约四个步骤(2－5)。

1. 认知空间中的意义单元。前符号阶段,言者[例(4)的诗人]因在山中的见闻,将众多意义单元①纳入认知世界(空山、新雨、天晚、秋天、明月照松间、石上流清泉、竹声喧、浣女归、莲叶、渔舟动、鸟鸣、风动⋯⋯)。这些意义单元本身各自携带着多向的意义潜势,如空山、新雨、晚、秋等,既可以携带空灵、凉爽等积极评价的意义潜势,也可以携带阴暗、潮湿等消极评价的意义潜势。它们在言者的认知空间中混乱、无序、多向关联。

2. 意义核心的生成。当言者受见闻所感,产生言说动机,这些异质离散的意义单元就接收到言者投注的能量而被激活,并根据意义上的相关性开始传递能量。由于明月松间照、清泉石上流、竹喧、浣女归、渔舟动、莲叶等多个意义单元,都可携带空灵清爽的积极评价潜势,它们彼此共鸣,使得本来隐藏着的评价潜势显现出来,这些意义单元因而实现联合指意,能量比离散分布的其他意义单元更大,从而得到凸显。山间景色空灵清爽的意义核心由此诞生。

3. 意义结构的生成。意义核心形成后,不断吸引其他单元,使它们优先实现与意义核心契合的意义潜势。比如,空山、新雨、晚、秋等意义单元从其自身携带的评价潜势来说,既可以激活空灵凉爽的积极评价,也可以激活阴暗潮湿的消极评价。但由于其他意义单元已优先形成了空灵清爽的意义核心,因此这些单元也优先实现积极评价义,而压抑了消极评价意义的实现。如此,已形成的意义核心不断吸引认知空间中其他的意义单元指向自己,众多意义单元联合表意,能量不断增强,形成意义核心(山间景色空灵清爽)统摄诸多意义单元(空山、新雨、晚、秋、明月松间照、清泉石上流⋯⋯)而成的意义结构。

4. 意义结构的竞争。若系统中同时生成了多个相互冲突的意义结构(假如空

---

① 这里讨论的是前符号阶段的意义整合问题,因而参与意义整合的是前符号阶段尚未获得符号表征的意义单元。

山、新雨、晚、秋等共鸣,激活山间昏暗寒冷潮湿的意义核心,形成意义结构,与山间景色清爽空灵的意义结构彼此冲突),两者发生竞争,在认知空间中得到最多单元响应的那个意义结构战胜其余,其他有意义冲突的结构则迅速消亡(如明月松间照、竹喧归浣女、莲动下渔舟等都能响应空灵清爽的积极评价义,而不会响应阴暗潮湿的消极评价义,这样积极评价的意义结构就得到更多单元响应,从而能量更强,成为优选意义结构,与之相互冲突的消极评价意义结构消亡)。

5. 边界条件的制约。优选意义结构在言者的认知空间中凸显出来后,是否最终被言者选中,成为语篇整体意义的蓝本,还要看这一意义结构是否与言者动机和语篇语境等外部因素契合。只有与边界条件(外部因素,如言者动机、意图、情境因素、文化因素等)契合的意义结构,才能实现语篇的整体意义。比如例(4)中整合生成了山间环境空灵清爽的意义结构,但假如诗人此时是在与一群朋友谈论山间的潮湿破败,就不会选择这个意义结构来整合语篇,而是另外选择更契合语境的结构了。这就是边界条件的制约作用。

如此,语篇前符号阶段的意义整合可分为意义核心的生成、意义结构的生成、意义结构的竞争、边界条件的制约四个阶段(参见殷祯岑 2016)。最终生成的意义耗散结构,在内容上由表述对象及相应的评价信息构成,在结构上可描述为意义核心统摄下诸意义单元(或下层意义结构)集合而成的立体向心结构。这一阶段的意义整合以自组织为机制,可称为语篇意义的自组织整合。本节仅结合一个例子,粗略描写了前符号阶段意义整合的大致过程,实际上异质离散的意义单元,自组织形成意义结构的类型和模式还有很多,本书第六章将具体分析。

5.1.4　小结

前符号阶段的意义整合幽微难察,因为它大多在语篇主体的认知世界中进行,且很多程序都是自动完成的,连主体也很难进行有意识的干预。哲学、符号学、心理语言学、认知写作学、主体的语用经验共同主张:前符号阶段的语篇意义是从混乱到有序,从离散到统一整合而成的。耗散结构理论对混乱粒子自组织形成有序结构的整体过程实现了数学描述,这一过程与语篇意义异质整合的生成过程类似,可作为我们研究的理论模型。同时,中国传统诗歌语篇习惯于如实呈现离散独立的诗歌意象,引导读者通过意象整合自主浮现情感意义,激活情感体验,从而达到"不着一字尽得风流"的艺术效果。因此,诗歌语篇的意义表达在一定程度上保留了前符号阶段意义整合的原生面貌,可以作为我们深入描写这一过程的抓手。

于是,我们将互文性理论、耗散结构理论与诗歌语篇的意义整合研究结合起来,尝试构拟语篇意义整合前符号阶段的具体过程,将其分成意义核心的生成、意义结构的生成、意义结构的竞争、边界条件的制约四个内部阶段。这一过程以自组织整合为机制,最终输出由意义核心统摄众多响应单元构成的语篇整体意义结构。

5.2　符号表征阶段语篇意义的整合过程

意义耗散结构虽然形成,但停留在前符号阶段,一方面尚未获得符号表征,因而很不稳定,另一方面自组织整合生成的意义结构多半还是雏形,不够完善,需要在符号表征阶段进一步整合发展。在符号表征阶段,言者调用"语言文字的一切可能性"(陈望道 1932/2006:8),对前符号意义结构进行表征、加工、修正、完善,使其转化为可供主体间意义交流的线性语篇。本节结合具体案例,解析意义整合从前符号意义结构到线性语篇最终生成的基本过程。

5.2.1　意义结构

符号表征阶段的意义整合以前符号阶段自组织生成的意义耗散结构为起点。意义结构是意义核心统摄下诸意义单元(或下层意义结构)集合而成的立体向心结构。我们以例(5)和例(6)来阐述意义结构的组成及特征。

(5) 比如在中国画中,永恒的宁静是其主要面目。烟林寒树、雪夜归舟、深山萧寺、渔舟清夏,这些习见的话题,都在幽冷中透出宁静。(朱良志《一丸冷月的韵味》)

(6) 斜光照墟落,穷巷牛羊归。野老念牧童,倚杖候荆扉。雉雊麦苗秀,蚕眠桑叶稀。田夫荷锄至,相见语依依。值此羡闲逸,怅然吟式微。(王维《渭川田家》)

5.2.1.1　意义核心

意义核心是语篇意义结构中最主要表达的内容,具有统摄结构中其他意义单元的功能。意义核心包括语篇最主要谈论的对象(事件、实体、观点、命题等)和关于这个对象的言者评价(包括言者的情感、态度、意向等)。不过这些评价有时是明示的,有时是潜在的。如例(5)的意义核心中,表述对象是明示的,是语段最主要表达的命题:"中国画中,永恒的宁静是其主要面目",评价信息是潜在的,是言者对这一观点的主观认同。例(6)的意义核心中,表述对象是描写了闲适静谧的田家生活,评价信息是表达了诗人对农家闲逸生活的向往,感慨宦游生活的压抑。不过,例(6)的表述对象和评价信息在文中都没有明示,读者却可以根据语篇内容领悟。

由此,每个语篇都有意义核心,它在语篇意义整合的前符号阶段形成,是异质意义单元互动交织、自组织浮现的结果。只不过,在符号表征阶段,由于表征方式的差异,有些语篇的意义核心通过语言符号明示,或使用可推导的方式表述,如例(5);有些则需要读者重历组织意义整合的过程,使其自动浮现出来,如例(6)。

5.2.1.2　意义单元

意义单元是语篇中具有独立价值的最小意义单位(详见第三章或附录)。一个意义结构中,除了意义核心,还包括众多能响应、支持意义核心,至少不相违背的意义单元;同时意义单元彼此之间也要语义和谐,不会彼此矛盾。如例(5)中,"烟林寒树、雪夜归舟、深山萧寺、渔舟清夏"都表征了独立运作的意义单元,它们可作为例证,响应、支持意义核心,"这些习见的话题,都在幽冷中透出宁静"则与意义核心同义,也能形成响应关系。同时,这几个意义单元之间并不存在语义矛盾,反而彼此契合,形成合乎情理的统一情境。假设这里出现"金戈铁马、气吞山河"这类的意义单元,语篇的整体意义就会非常混乱了,这是因为意义单元与核心,与其他单元的关系不和谐造成的。同样,例(6)中的意义单元,斜光照墟落、穷巷牛羊归、野老倚杖候牧童、雉雊、麦苗秀、蚕眠、桑叶稀、田夫背着锄头在路上跟人聊天等,从各个方面描写了田园生活的闲适朴素,同样能响应和支持意义核心,构成田园生活的整体情境,这里也不太可能出现"五花马、千金裘"之类的意义单元。由此,前符号阶段整合形成的意义结构,由意义核心和意义单元构成,意义核心统摄诸意义单元,意义单元响应意义核心,且彼此之间语义和谐。

5.2.1.3　意义结构的空间形态

前符号阶段的意义结构是立体向心的空间结构。这种立体向心特征表现为:首先,意义单元即使本身具有多种指意潜势,在语篇中也要优先实现指向核心的潜势(参见5.1.3.2)。其次,意义单元可与意义核心,或其他单元发生多层多向的意义联系,具有非线性特征。如例(5)中,"烟林寒树、雪夜归舟、深山萧寺、渔舟清夏"分别与"这些习见的话题,都在幽冷中透出宁静"发生关联,彼此之间则没有意义上的连缀关系。即使颠倒语序,也不会造成解读上的问题;例(6)中描述田园生活的一系列意义单元也是如此。第三,前符号意义结构通常并不完善,只是初步具备耗散结构的大致轮廓(意义核心 + 响应单元),需要在语言表征阶段进一步加工、完善(参见5.2.2.2)。

5.2.1.4　意义结构的能量形态

前符号阶段的意义结构是由意义单元自组织互动形成的耗散结构,它的形成和维持都需要外界能量的持续投注,以能量的耗散为特征,以保证意义核心对意义单元具有足够的统摄力。那么意义能量从何而来呢?从根本上说,语篇的意义能量都是由语篇主体在生产、解读的过程中主动投注产生的。在语篇生产的前符号阶段,主体认知世界中的意义单元本来混沌无序。主体产生言说动机之后,向认知世界投注能量,最能契合言说动机的一部分意义单元优先获得能量,与认知系统的平均状态形成能量差。能量差累积到一定数量后,会加剧系统中的能量对流,从而自组织整合形成意义核心。正是在主体动机的持续投注下,原本紊乱混沌的众多意义单元才能协同行动,整合形成统一有序的意义结构。

已形成的意义结构依然以能量的耗散为特征,它仍需能量源的持续投注,以维持意义核心对意义单元的统摄力。如果意义核心形成之后,主体不再具有交际动机,受核心吸引而聚集的意义单元就会随时消散,重又回到混沌沉寂的状态。同样,即使主体仍然具有交际动机,但已形成的意义核心无法吸引到足够多的意义单元响应,意义结构也会消散。比如我们基于部分事实(意义单元),形成一个理论假设(意义核心)。但这个假设却没有能够实现对更多事实的解释,得到更多事实的支持(对意义单元的统摄力不足),这时假设就无法继续维持,原先支持这一假设的事实也重又回到混沌状态,等待着被重新解释。

正因如此,我们在意义结构自组织形成之后,还需要一个符号表征阶段,继续进行意义整合。一方面用有形符号转写意义结构,使一旦失去能量投注就会立时消散的意义结构具有更稳固的形态;一方面对意义结构进行精制加工,使意义核心与响应单元之间的联系更加强劲。

5.2.1.5　语篇意义的整体构成

结合上一节对前符号阶段意义整合过程的描述,我们可以对语篇意义的整体构成略作勾勒:主体认知中存在着数量庞大的意义单元,这些意义单元在认知空间中散乱分布。当主体出现言说动机,就向认知空间中投注能量。能量会优先激活与言说动机更为契合的单元。这部分意义单元得到能量,开始活跃,与其他意义单元形成能量差。它们在认知空间中不断活跃、唤醒其他能与之契合的单元,实现能量传递。在主体交际动机的持续投注下,认知空间中意义单元之间的能量差越来越大,最终与动机契合而被激活的单元彼此互动,遵循自组织原则形成意义核心。意义核心统摄这些响应单元,形成意义结构。主体认知空间中,可同时存在很多个这样的意义结构。意义结构形成后,可以作为要素,与其他意义结构/单元再度发生整合,形成更高层次的意义结构[纵向整合,参见对例(133)的分析],也可以和其他意义结构竞争、交融,形成更优选的意义结构(横向整合,参见6.2.4节的分析)。主体认知空间中的意义单元和结构不断发生这样横向或纵向的整合,最终能量最强、规模最大的意义结构凸显出来。若这一意义结构与主体的言说动机和当前的言说语境契合,主体就以它为蓝本,进入意义整合的符号表征阶段,最终整合生成可在主体间进行意义交流的语篇。

综上,前符号阶段的意义整合最终输出在主体认知世界中最为凸显的意义耗散结构。结构上,它由意义核心统摄众多响应核心的意义单元和下层意义结构形成,具有立体向心的非线性特征;内容上,它表征独立完整的表述对象及相应的评价信息/潜势。在符号表征阶段,主体需要运用语言或非语言符号,表征前符号阶段形成的意义结构,一方面用有形的符号转写意义结构,使其即使脱离主体的能量投注,也不会消散到无迹可循;一方面对初步形成的意义结构进行精制加工,使核心与单元,结构与语境之间的关联更加紧密,同时将非线性的立体结构转变为可在主体间进行信息交流的线性语篇。

5.2.2 符号表征阶段意义整合的具体内容

进入符号表征阶段,言者有意识地干预与控制意义整合,这种干预、控制围绕着稳定、完善意义结构和对其进行符号转写两个目标进行,可具体阐述为以下四个方面的内容。

5.2.2.1 意义结构的符号转写

前符号阶段的意义结构只存在于言者的认知世界中。要完成整合,实现为现实语篇,必须经历符号转写的过程。用语言或非语言符号转写意义结构主要有两种方式:一种直接将碎片化的意义单元呈现为碎片化的符号单元[1][如"鸡声茅店月,人迹板桥霜"(温庭筠《商山早行》)],引导读者在解读的过程中,重新体验意义自组织整合的过程,感受意义的自动浮现,并在参与意义构建获得整体意义的同时,享受文本愉悦。这种符号转写方式可称为自组织转写。自组织转写在一定程度上保留了意义整合前符号过程的原生面貌,保持整体意义的多元灵动,但也容易产生多、歧义、意义含混等问题,多在诗性语篇中使用。

另一种方式运用符号资源描写已经形成的意义结构,将意义核心、响应单元,及其语义关联用明示的,或可推导的方式表征出来,使读者可以轻松快捷地接受明确、稳定的整体意义,而不必重历前符号阶段复杂的意义整合过程。这种转写方式与自组织转写对应,可称为他组织转写。他组织转写遮蔽了意义整合的原生面貌,损耗了整体意义的丰富灵动,但胜在明确清晰,便于理解。多在日常语篇[2]中使用。请看例(7):

---

[1] 关于意义单元、符号单元、语篇单元的概念界定及相互关系,可参阅 3.4 节或本书附录。

[2] 诗性语篇和日常语篇的区分,源于哲学和文学语言研究对诗性/文学语言和日常语言的区分。具体分析可参阅本书 6.1 节,书后附录亦有梳理。

（7）到了北宋时期,象棋基本上定型了,为什么这么说呢? 无论从制度上,还
　　　是象棋子的特点上,都基本上跟后代没有大的变化。河南省的考古工作
　　　者在洛阳曾经发现了一副瓷质的象棋子,黑、白象棋各十六枚,棋子的类
　　　型跟现在象棋基本上一样……(转引自殷祯岑 2014)

　　我们尝试根据例(7),回溯前符号阶段意义整合的过程。在例(7)整合的前符
号阶段,言者认知世界中存在众多异质离散的意义单元,如中国河南考古发现的象
棋样式、宋代象棋的游戏规则、当代象棋的游戏规则、游戏方式、象棋样式,甚至唐
代、元代、明代象棋游戏的种种情形……意义核心"到了北宋时期,象棋基本定型
了"就是在这众多来源各异的意义单元交织互动的过程中整合浮现的。但在符号
表征阶段,言者没有直接将这些多元异质的意义单元全都呈现出来,而是运用通顺
清晰的语言文字,转写整合好了的意义核心,直接呈现给读者。这样,读者的解读
难度大大降低,语篇意义明确而稳定。

　　因此,无论诗性语篇还是日常语篇,它们在意义整合的前符号阶段,都是遵循
自组织原则,从混乱到有序形成整体意义结构的,其间的区别只在于,在符号表征
阶段,诗性语篇更倾向于使用自组织方式转写意义结构,而日常语篇更倾向于使用
他组织方式转写意义结构。

　　综上可知,在符号表征阶段,言者利用符号资源转写意义结构,有自组织转写
和他组织转写两种基本方式。自组织转写将众多意义单元直接呈现在语篇中,引
导读者重历意义自组织整合的前符号阶段,从而在得到整体意义的同时参与意义
建构,感受文本愉悦。自组织转写生成的语篇意义灵动多元、层次丰富、体验性强;
但它不够稳定,容易产生解读差异。他组织转写用明示的或可推导的语言表征已
经建构完成的意义结构,意义核心大多明示,或简单推导就能得到。这类语篇整体
意义明确清晰,便于信息传递,但遮蔽了意义整合的原生过程,在一定程度上会损
伤整体意义的灵动丰富,意义稳定而体验性较弱。相对而言,诗性语篇更倾向于采
用自组织方式转写前符号意义结构,日常语篇更多采用他组织方式转写。但这种
区别只是一种使用频率的倾向,实际上无论是日常语篇,还是诗性语篇,都会综合
采用两种转写方式,帮助语篇意义的整合实现(参见本书 6.1 节,7.1.1 节的分析)。

5.2.2.2　意义结构的精制加工
　　意义结构由于是自组织整合而成,且未得到符号表征的巩固,大多还是雏形,
既不完善也不稳固。进入符号表征阶段,言者有意识地参与意义整合,对其进行精
制加工,使其更加稳固、完整。具体来说,主体对意义结构的精制加工主要可以概
括为：a. 强化、凸显意义核心；b. 对意义单元进行能量调控；c. 限定意义单元的能

量指向。我们还是看例(7)：

> (7) 到了北宋时期,象棋基本定型了,<u>为什么这么说呢？无论从制度上,还是</u>
> <u>象棋子的特点上</u>,都<u>基本</u>上跟后代没有大的变化。河南省的考古工作者
> 在洛阳曾经发现了一副瓷质的象棋子,黑、白象棋各十六枚,棋子的类型
> 跟现在象棋<u>基本</u>上一样……(转引自殷祯岑 2014)

　　例(7)中,言者在运用语言符号转写意义结构的同时,会采取一些语言手段对意义结构进行精制加工。如通过设置疑问"为什么这么说呢?"吸引读者的注意力,从而凸显意义核心的重要性;用两个"基本"减弱其所在意义单元的意义能量,使"(棋子)跟后代没有大的变化/跟现在象棋一样"的表达不至于过于绝对;运用"无论从制度上,还是从象棋子的数量上"限定"跟后代没有大的变化"的语义指向,引导读者从制度、棋子两个角度去理解意义单元。因此,言者在运用符号转写意义结构的同时,会对意义结构的雏形进行精制加工,使其更为清晰、稳定,意义明确。当然,言者动用符号资源加工意义结构的方式、目的和手段非常丰富,本书第七章将结合具体案例进行更加详细的解析。

5.2.2.3　意义结构的线控表达

　　意义结构是立体、多维的,而以语言符号为载体的语篇具有能指线性的强制要求。因此,言者在符号表征阶段,需要对立体多维的意义结构作线控压缩,使其能用线性符号表达出来,并且语义连贯、衔接自然。这种调控主要表现在:明示单元之间的意义关系,为零散单元赋予整体框架,对意义单元进行粘连、衔接这三个方面。

> (8) 这一时期的理论研究主要表现出如下几个特点:<u>第一</u>,研究方法简单,逻
> 辑不够严密,研究结果有较大的出入;<u>第二</u>,研究问题较为分散,不系统、
> 不深入;<u>第三</u>,研究人员只重视成年人学习方面的心理研究而忽视了其他
> 方面的研究,如历史研究、哲学研究等;<u>第四</u>,研究成果大部分都是由社会
> 学家所取得的;<u>第五</u>,研究主要集中在少数几个国家,如美国、英国、苏联、
> 南斯拉夫等国家;<u>第六</u>,研究规模不大,进展不快,还没有能够真正显现出
> 继续教育理论研究的发展方向。(CCL 语料库)

　　上例中,"这一时期的理论研究"有六个方面的特点。在前符号意义结构中,这六个方面是平行存在的,彼此之间不存在线性连缀关系。如果将第二与第三,或第一与第四调转顺序,语篇的整体意义不变。但是,在符号转写过程中,为了满足语言符号线性表征的要求,言者不得不采用一些语言手段,将立体多维的意义结构压

缩为线性连缀的语言表达,如使用"第一、第二、第三……"对意义单元进行粘连衔接,使其得以连贯呈现;又如使用"这一时期的理论研究主要表现出如下几个特点"将六个单元聚集起来,赋予整体语篇框架。这类操作都属于意义结构的线控整合。

5.2.2.4　符号序列的交互主观化处理

语篇的成立,不仅要求意义结构被完整表征,还要求符号序列能进入主体间交际,承担意义交流的功能。因而主体需要对符号序列进行交互主观化处理,帮助言者与语篇的接受者展开互动,提升交际效果。这类调控包括:a. 提醒接受者关注语篇内容;b. 对接受者进行解读方式的引导;c. 对接受者进行情感、态度的引导;d. 调节言者与接受者的人际关系。如:

> (9) <u>亲爱的读者</u>,新世纪的钟声就要敲响了。<u>我们和您</u>、和全中国人民、全世界人民一样,心情无比激动。我们自豪,中华民族在中国共产党的领导下,浴血奋斗,艰苦创业,由积贫积弱到繁荣昌盛,辉映着人类文明的巨大进步。(CCL 语料库)

例(9)中,言者使用"亲爱的读者""我们和您"提及读者,拉近与读者的人际关系。这样的提及在前符号阶段的意义结构中本不存在,从概念意义的表述上看也不是必须。但语篇意义整合的终极目的,是参与言语交际,帮助言者与接受者实现高效的意义交流,因此在符号表征的过程中,言者不仅要表征意义结构,实现信息传递,还要对符号序列进行交互主观化处理,增强主体间互动,促进意义交流的顺利进行。

5.2.3　小结

语篇意义整合的符号表征阶段,主体致力于对前符号阶段整合形成的意义结构进行符号转写和加工,使其最终实现为能用于主体间意义交际的现实语篇。这一过程可从符号转写、精制加工、线控表达、交互主观化处理四个方面进行描写。值得注意的是,并不是每个语篇都必须进行同等规模的上述加工。比如诗性语篇通常采用自组织方式转写意义结构,这类语篇中主体在精制加工、线控表达、交互主观化处理等方面的努力就会大大减少。而大部分日常语篇在符号表征阶段选择他组织方式转写意义结构,言者会有意识地参与整合过程,对其进行尽可能细致的调控和加工,推进意义整合。不过,自组织转写与他组织转写不能与语篇类型简单对应,诗性语篇并非完全使用自组织方式转写,日常语篇也并非只能使用他组织方式转写。事实上,语篇在转写方式的选择上,通常都是综合的(参见第六章、第七章),只是有所倾向而已。

5.3 语篇意义整合的分析程序

本章构拟了语篇意义从离散、异质的前符号意义单元整合形成统一、有序、可在主体间进行意义交流的符号语篇的全过程。那么当我们拿到一个现实语篇,该如何对其进行意义整合分析呢? 本节尝试对语篇意义整合的分析程序进行简要说明。分析步骤可图示如下:

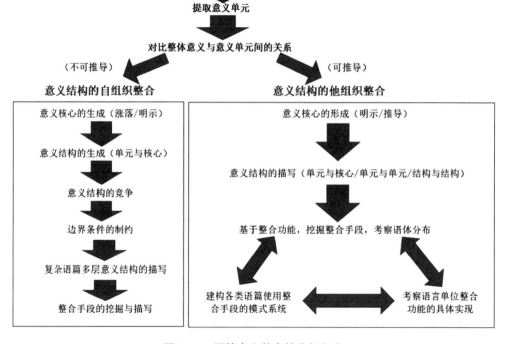

图 5 - 1   语篇意义整合的分析程序

自组织整合的分析,本章已结合例(4)作了较为详细的说明,读者还可参考本书第六章和第八章的分析。这里以例(5)为例,对他组织整合的分析稍作说明。

(5) 在中国画中,永恒的宁静是其主要面目。烟林寒树、雪夜归舟、深山萧寺、渔舟清夏,这些习见的话题,都在幽冷中透出宁静。(朱良志《一丸冷月的韵味》)

第一步,分离语篇单元。例(5)中具有独立意义价值,删除后影响语篇整体意义,却不影响邻近符号表意的语篇单元有:a. 在中国画中,永恒的宁静是其主要面目;b. 烟林寒树;c. 雪夜归舟;d. 深山萧寺;e. 渔舟清夏;f. 这些习见的话题,都在幽冷中透出宁静。

第二步,提炼意义单元。这个语段中的意义单元都可以与语篇单元同构①,即意义单元 a. 比如在中国画中,永恒的宁静是其主要面目;b. 烟林寒树;c. 雪夜归舟;d. 深山萧寺;e. 渔舟清夏;f. 这些习见的话题,都在幽冷中透出宁静。

第三步,确定整合机制。这个语段的意义核心是:中国画中,永恒的宁静是主要面目。意义核心通过单元 a 明示,因此语段最主要的转写方式是他组织转写。

第四步,描写语段的意义结构。

意义结构 A
意义核心:中国画的常见意境和主题(共鸣浮现＋边界条件规约)
响应单元:b、c、d、e

意义结构 B
意义核心:中国画中,永恒的宁静是其主要面目(明示)
响应单元:意义结构 a、f

第五步:挖掘语段中使用的意义整合手段,将语篇意义的整合研究落实到对语言单位整合功能的分析上,考察立体意义结构转化为符号语篇的过程中,主体为实现整合,采用了哪些符号手段,以此建构语篇意义整合手段的模式化运作系统。如例(5)中,主体采用同构成分并置的整合手段,催化 b—e 四个意义单元自组织成义;使用"这些"回指 b—e,将其与 f 衔接连缀,进行线控整合;使用"主要"和"都"进行精制整合,使用"主要",降低单元意义能量,提升单元表意的精确度,使用"都",增强单元的意义能量,同时它还可以反指 b—e,因而同步具有线控整合的功能。对一定数量语篇中的意义整合手段进行如上挖掘后,我们可以实现对各类语篇意义整合模式的系统描写和对比分析。

对整合手段的挖掘还有另一个视角,即基于语言单位考察具体成分如何获得整合功能,实现语篇整合。如例(5)中的"都",在语篇中同时具有加强意义能量的精制整合功能和连缀语篇的线控整合功能。复杂的整合功能如何共存于"都","都"如何获得这些功能,它们在什么条件下激活,什么情况下隐藏等,这些研究都是基于语篇整合功能对具体语言单位的分析。

---

① 有些语篇中,语篇单元和意义单元很难同构表征。比如"竹喧归浣女"(王维《山居秋暝》),语篇单元是 a. 竹喧;b. 归浣女;意义单元只能表述为:a. 竹喧;b. 浣女归。因为从意义角度来说,单独使用的符号形式"归浣女"是不合格的表达,无法激活认知中浣女归来的意义片段。

　　根据以上几个步骤,我们基本可以完成对一个语篇/语段的整合分析,回答这个语篇/语段是由哪些意义单元,经历怎样的互动过程,采用了哪些整合手段,受到了哪些语境制约而最终形成整体意义的。通过对一定数量的语篇进行如上分析,我们有望从意义整合角度,切入对语篇整体性实现的思考。

5.4　本　章　小　结

　　本章在解析符号学理论和耗散结构理论的双重视域中,构拟语篇意义整合从零散到有序,从异质到统一的整合过程。整合过程可如下图所示:

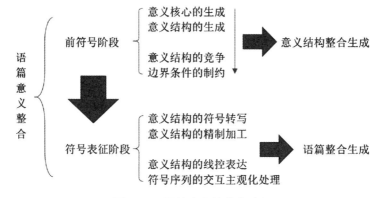

图 5 - 2　语篇意义的整合过程

　　前符号阶段的意义整合在主体的认知世界中进行,异质离散的众多意义单元在其中交织互动,自组织整合出由意义核心统摄众多意义单元形成的前符号意义结构。这一意义结构的浮现过程,与系统中大量粒子从无序到有序、从离散到统一、自组织生成耗散结构的过程类似①,可借鉴耗散结构理论,将其分为意义核心的生成、意义结构的生成、意义结构的竞争、边界条件的制约四个具体步骤。

　　符号表征阶段的意义整合在主体的有意识调控下展开。此时,前符号意义结构已经初步形成,言者一面对其进行加工完善,一面对其进行符号转写,使意义结构最终实现为可在主体间进行意义交流的现实语篇。我们从言者介入意义整合的具体方式入手,将符号表征阶段的意义整合细分为符号转写、精制加工、线控表达、交互主观化处理四个方面。言者转写前语言意义结构,可选择采用自组织转写和他组织转写两种方式。运用自组织方式转写时,言者如实呈现前符号阶段参与整

---

① 前符号意义整合与耗散结构自组织生成的可类比性,可详见第六章。

合的离散异质的意义单元,引导听读者重历语篇意义从混乱到有序自组织整合的前符号过程;运用他组织方式转写时,言者明确表征已经形成的意义核心,明示意义核心与意义单元,意义单元彼此之间的相互关系,并使用符号资源对意义结构进行精制加工、线控连缀、交互主观化处理,保证语篇意义明确、稳定、完整、统一地传达给听读者。

出于理论表述的需要,我们将语篇意义整合的完整过程明确区分成前符号阶段和符号表征阶段,又将它们明确切分成更小的步骤和方面去讨论。但是,在实际的语篇实践中,这些被明确区分的步骤和方面更多是交错进行的,主体可能反复往还于前符号和符号表征阶段,也可能运用同一语言手段进行多项整合工作。"语篇的意义整合具有复杂的非线性特征"(马清华、汪欣欣 2016)。

在语篇意义的整合过程中,前符号阶段的意义整合更多是自动完成的,言者的有意识介入很少,意义整合以自组织为机制;符号表征阶段的意义整合,本质上都是在主体的有意识介入下进行的,依靠言者从外部发出命令,遵循"完全确定的方式行动"(苗东升 1993),意义整合以他组织为机制。

不过,在符号表征阶段,主体可自主选择用自组织方式或他组织方式进行意义结构的符号转写。自组织转写的语篇在一定程度上保留了意义整合前符号阶段的原生面貌,可用于管窥语篇意义自组织整合的过程、模式与路径;他组织转写的语篇遮蔽了前符号整合的原生过程,它们更加集中地反映言者有意识调控的种种操作,可进行他组织整合分析,以尽可能全面地观照语篇中意义整合资源的系统运作。

有鉴于此,下章开始,本书将分别以诗性语篇和日常语篇为例,探究语篇意义自组织整合和他组织整合的具体运作模式,及言者为实现整合采取的系统运作的符号手段。

第六章 语篇意义的自组织整合
——以诗性语篇为例

　　我们在互文语篇理论与耗散结构理论的双重视域下,结合哲学、符号学、语言学等多学科领域的相关理论成果,构拟了语篇意义整合的基本过程。我们发现,虽然现实语篇都经过了符号转写,遮蔽了语篇意义自组织整合的前符号过程,但采用自组织转写的语篇,依然保留下了一些前符号整合的痕迹。据此,我们可以管窥语篇意义自组织整合的过程、机制和模式,同时对言者促进语篇意义自组织整合的介入手段实现系统观照。本章即以诗性语篇为例,对语篇意义自组织整合的基本运作模式进行分析和阐述。在此之前,我们首先对诗性语篇与日常语篇的概念区分进行梳理。

6.1 诗性语篇与日常语篇

　　诗性语篇与日常语篇的概念来源于学界对诗性/文学语言和日常语言关系的思索。关于诗性语言和日常语言的关系,哲学研究和文学语言研究多有涉及。哲学研究以海德格尔(Heidegger)最有代表性。海德格尔把语言分为日常语言、技术性语言和诗性语言。日常语言将语言与人割裂开来,语言被视为交际的工具,是一种无差别的平均状态;技术性语言将言说变成信息,以形式化为目的。它们都偏离了语言的本性。诗性语言是纯粹的语言。语言在诗中自我言说,人倾听语言的言说,在对语言的审美和体验中导向个性化的存在之思(参见郜元宝1995,张高宇2018)。

　　文学语言研究则深入两种语言的表意实践进行探讨。其中,莫斯科-塔尔图学派和本维尼斯特的研究最具代表性。传统的文学语言研究站在语言系统的立场,将诗性语言与日常语言视为两种不同的语言体系,因为它们在语义和语法方面都不一样,甚至在语音上也常常会有变化。莫斯科-塔尔图学派和本维尼斯特也区分了诗性语言与日常语言,但其认为两者的区别主要在关涉对象和表意机制上(参见龚兆华2016)。

　　本维尼斯特认为,在关涉对象方面,诗性语言关涉情感,能激活主体的情感体验,日常语言指涉语言以外的世界或观念,传递概念和思想。比如"当波德莱尔写

'在东方集市购买菠萝和香蕉'时,他并不是真的要说菠萝和香蕉,而是以这两个词来唤起异乡感。"(本维尼斯特手稿,转引自龚兆华 2016)在表意机制方面,日常语言根据词语的意义关系连接成句,指涉外部的信息和思想。诗性语言将词语作为材料,将它们制作成图像,通过图像的并置来激活情感体验。"日常语言用于传递一个信息,陈述一个思想。但诗中没有信息,诗人要传递给读者的正是自己的情感或体验,且以在读者身上唤起同样的情感或体验为目的。"(同上)

本维尼斯特强调,无论是诗性语言还是日常语言,激活情感还是指涉概念观念,它们都是在话语层面产生意义的。"句子的意义并非直接由符号的所指呈现,索绪尔所谓的'所指'是一个符号通过在系统内与其他符号对立而形成的意义,在每一个语言系统中,符义是给定的。而句子是'由陈述生产出意义',也就是说是言说主体使用语言,在语境中具体化成特定的意义。索绪尔的符号是一个由所指与能指构成的封闭的系统,而句子的语义则包含着包括主客体和指涉物在内的语境信息。"(龚兆华 2016)因此,在本维尼斯特的意义上,日常语言和诗性语言的区别不在于语言系统,而在于语篇组构方式带来的符号指意模式的不同。与其说他区分的是日常语言和诗性语言,不如说他区分的是日常语篇与诗性语篇。

我们同意本维尼斯特的观点。诗性语言与日常语言的根本区别,不在语言要素、单位、组织规律方面,它们切切实实地使用同一套语言体系,供操持同一种语言的人共同理解与交流。它们的区别是在语篇层面:在意义整合的符号表征阶段,诗性语篇和日常语篇使用了不同的方式转写前符号意义结构,从而带来指意模式与解读方式的差异。诗性语篇对应自组织转写的方式:它们"以词语组成图像""形成一种并置的语段结构而非一种关系的语段结构"以激活情感体验;日常语篇对应他组织转写的方式:它们"以词语意指思想"形成"一种关系的语段结构",从而明晰而确定地传递信息和观点。由此,诗性语言与日常语言的区别,其实是不同类型的语篇,对符号转写方式的不同选择造成的。

无论在海德格尔的研究中,还是本维尼斯特的研究中,诗性语言都集中强调审美性、体验性特征,日常语言则强调信息性和概念性特征。本维尼斯特认为两者的差异是由符号指意方式的不同带来的,本书则将指意方式的差别溯源到两类语篇在整合过程中,使用了不同的符号转写方式。由此,我们可以顺应诗性语言与日常语言的区分,提出对诗性语篇与日常语篇的区别。

这里所说的诗性语篇,泛指在意义整合的符号表征阶段,主要采用自组织转写方式转写的语篇。它们并不明示前符号阶段已整合形成的意义结构,而是通过如实呈现碎片化的意义单元,在一定程度上保留意义整合的原生过程,邀请解读者通过重历整合过程,参与语篇意义的建构,因而指意上表现出明显的体验性、审美性特征。与之相对,日常语篇指的是采用他组织方式转写的语篇,它们通常用简单明了的话语直接呈现已经形成的意义核心,表意清晰,层次分明。要在语篇实践中区别这两类语篇,一个比较直观的方法,就是看语篇的整体意义是通过明示性语言表征,或在明示性语言的基础上简单推导就能得出的,还是不可推导而自动浮现的。如此,我们在社会生活中接触到的绝大部分语篇,比如论述类语篇、新闻语篇、对话语篇等,都属于日常语篇的类型,而诗歌语篇则是诗性语篇最典型的代表。

本章以《唐诗三百首》中的诗歌语篇作为诗性语篇的案例,对其进行语篇意义自组织整合的分析。一方面解析自组织整合的具体运作模式,一方面挖掘言者在符号表征阶段,为催化自组织意义整合的顺利进行而主要采用的整合手段。

6.2 语篇意义自组织整合的基本过程

6.2.1 语篇单元

6.2.1.1 语篇单元的划分

用特定的符号序列表征具有独立意义价值的意义片段,两者结合就是语篇中的一个语篇单元。[①]《唐诗三百首》中,独立的语篇单元可以由词、短语、诗句、句群等不同类型的符号表征,主要有以下五种类型。

1. 意象单元

意象单元的意义由一个表述对象和若干具有文化规约性的评价潜势构成。如"秋",对象信息指秋季,评价潜势有:a. 秋高气爽、开朗舒畅;b. 萧瑟肃杀、愁苦哀伤……这些评价在意象单元中只是作为潜势存在,是否在语篇中实现,还要看它们与其他语篇单元的意义组配。如《山居秋暝》中的"秋"("天气晚来秋")实现评价潜势 a,而杜甫《登高》中的"秋"("万里悲秋长作客")实现评价潜势 b。

2. 典故单元

典故单元表征文化典故。相比意象单元,典故单元的意义比较确定,多由存在于文化背景中的特定事件和稳定的评价意义构成。如:"文翁翻教授"(王维《送梓州李使君》),表述对象是文翁到巴蜀教导农耕,开化文明的故事,评价信息是对文翁此举的敬佩和赞扬。

3. 事件单元

事件单元指非规约性的事件或情境,这类单元的表述对象比较明确,但评价潜

---

① 对语篇单元的界定可参阅 3.4 节,本书附录也有梳理。

势多向。如:"汉女输橦布"(王维《送梓州李使君》),在表征对象事件的基础上,是感慨民众生活艰辛,还是民风淳朴落后,单元本身没有明示,评价潜势要在单元互动中才能明确。

4. 命题单元

诗歌中一般很少明示抽象的命题和观点,但也不是完全没有。有一类命题单元,明确表征言者的主观判断、情感和意向,如:"圣代无隐者,英灵尽来归"(王维《送綦毋潜落第还乡》),明示诗人对所处时代的判断;"北山白云里,隐者自怡悦"(孟浩然《秋登兰山寄张五》),概括"北山"给诗人带来的情感体验;"何当载酒来,共醉重阳节"(孟浩然《秋登兰山寄张五》),表达诗人的主观意向。

5. 框架单元

诗歌语篇中,有些语篇单元表征的是模式化的意义框架,其表述对象和评价意义之间,已在文化语境中建构起比较稳固的对应关系,激活其一即可整体运作。如:"萋萋满别情"(白居易《赋得古原草送别》),"别情"明示了表述对象——离别,而离别的情感是什么感情,客观上有多种可能,但在文化规约的影响下,别情与悲伤、不舍、眷恋等情感关联,故提到"别情"就能激活离别和对离别的悲伤、不舍的整体意义框架。此即诗歌语篇中的框架性语篇单元。

6.2.1.2　语篇单元的加工

语篇单元经常有多重意义潜势,若将这些单元简单并置,可能会带来歧义。因此在符号表征阶段,语篇主体常常给语篇单元增加一些限制性成分,使单元表意更加确定,推进意义整合的顺利实现。

1. 限定单元的意义指向

当语篇单元具有多种评价潜势,语篇可通过限定单元的评价指向来提升语篇单元表意的明确性。如:意象单元"月"具有评价潜势 a. 明亮,爽朗开阔;b. 圆,思乡、思友;c. 寒冷,悲凉寂寥;d. 柔婉,细腻温柔;e. 清凉,宁和、静谧,等等。这五种潜势在诗歌中究竟实现哪一种,本来要参照整体语篇意义才能知晓,但若给"月"加一些限定性成分,其评价指向就会立刻清晰,如:"海上生明月"(张若虚《春江花月夜》),"明月"指向评价潜势 a;"露似珍珠月似弓"(白居易《暮江吟》),"月似弓"指向潜势 d;"清月出岭光入扉"(韩愈《山石》),"清月"指向潜势 e,等等。

2. 加强/减弱单元的意义能量

语篇中,主体可运用特定的语言手段加强或减弱语篇单元的意义能量,辅助意义整合。如:"寂寂竟何待"(孟浩然《留别王侍御维》)运用叠音词加强单元能量,凸显寂寞的情感意义;"谁见汀州上,相思愁白苹"(刘长卿《饯别王十一南游》)运用反问句式,深化相思的愁苦;"相逢每醉还"(韦应物《梁州故人》)用副词"每"强调醉酒的频率之高,凸显对老友的情义;"白发三千丈"(李白《秋浦歌》)用夸张手法,使"愁"绪更加绵长。与此相反,"远书归梦两悠悠,只有空床敌素秋"(李商隐《端居》)用"只有"减弱后面诗句的意义能量,更加凸显诗人深夜的寂寥孤单;"区区精卫鸟,衔木空哀吟"(李白《寓言三首其二》)用"区区"减弱精卫填海的意义能量,以凸显精卫哀劳,不如彩凤娱人的悲哀。

6.2.2　意义核心的生成

前符号阶段,意义核心在意义单元的交织互动中自组织整合生成。到符号表征阶段,言者有时用明示性语言表征意义核心,有时直接呈现异质的语篇单元,邀请解读者重历意义核心自组织生成的过程。诗性语篇大部分采用后一种方式。不过在《唐诗三百首》中,也有少量的诗歌语篇运用语言符号明示意义核心的,本节将分别描写。

6.2.2.1　意义核心的自组织生成

根据耗散结构理论,意义核心的自组织生成以意义巨涨落的形成为条件。(参见第五章)诗性语篇中要形成意义巨涨落,就需要在意义单元之间制造足够大的意义能量差,这种能量差可表现为单元之间意义上的强烈对立,也可以表现为单元集合相对于系统平均状态的凸显与偏离。

1. 对立巨涨落

当单元之间形成强烈的意义反差,就会产生巨大的能量差,导致意义对流,生成意义巨涨落。如:"昔日长城战,咸言意气高。黄尘足今古,白骨乱蓬蒿。"(王昌龄《塞下曲》)前两句描写沙场豪迈,意气风发的情境及评价,后两句构建惨淡恐怖的情境,附带消极的情感评价。两者之间形成意义反差,使意义核心——生死荣衰的悲凉情感在意义单元的强对流中成势。

2. 共鸣巨涨落

当多个语篇单元因为同义或彼此相关而形成一致或契合关系,这些语篇单元就发生共鸣,带来局部意义能量的增加,从而形成共鸣单元对系统平均状态的凸显,产生能量差而生成意义巨涨落。如王维《山居秋暝》中的意象单元本有多种评价潜势,但大多数单元如"空山、新雨、明月、清泉、松、竹、莲"等都可指向空灵清爽的评价潜势,由此引发共鸣,促成空灵清爽义的凸显,意义巨涨落形成。这里,意义核心就是在共鸣单元与系统平均状态的能量差中生成的。

3. 非常规巨涨落

当意义单元,或符号表征意义单元的方式是非常规的,这些单元就会跟认知常规之间形成能量差,从而产生对流,生成巨涨落。如:"江流天地外"(王维《汉江临眺》),江水不可能流到天地之外,语篇单元因其建构了不合情理的诗歌情境而与认知常规偏离,形成能量差。那么江水为什么会流到天地之外呢? 能量差的存在会诱使解读者主动寻求答案:江流宽广,与天地连成一片,好像流到天地之外一样。这一解释一旦形成,就生成了意义巨涨落,生成了新的意义核心。同理,"香稻啄余鹦鹉粒,碧梧栖老凤凰枝"(杜甫《秋兴八首其八》)因使用不合语法常规的表达方式与认知常规形成能量差,引起读者的格外关注,在解读中投注更多能量,使诗句的意义更加丰满深远。①

4. 象似巨涨落

具有象似关系的语篇单元因跨域映射形成意义对流,巨涨落在两者的跨域映射中生成。如:"浮云游子意,落日故人情"(李白《送友人》),"浮云"和"游子意","落日"和"故人情"具有象似关系,由于它们属于完全不同的认知域,并置之后产生能量差,发生能量对流,意义核心在对流中成势。

5. 预设巨涨落

当语篇单元与其预设的意义形成对立,两者之间也可形成能量差和意义对流,生成意义核心。如:"自顾无长策,空知返旧林"(王维《酬张少府》),通过"无"和"空"形成预设:本该有长策,不用返旧林。单元与其预设之间形成意义对立,对流产生能量巨涨落,促使无奈落寞的情感评价在对流中成势。

6. 典故巨涨落

典故单元往往自身具有较为固定的意义结构,有序程度高,因而能量也比系统平均状态更高,在语篇空间中常常具有意义框架的功能,易于将周围的单元吸纳到自身之中。因此,典故单元本身高能容易与系统平均状态形成能量差,生成意义核心。如:"即此羡闲逸,怅然吟《式微》"(王维《渭川田家》),《诗经·式微》作为著名的隐逸诗篇,意义有序,在当下语篇中作为意义单元参与互动,很容易占据核心,得到凸显,从而生成诗人表达其隐逸意向的意义核心。

6.2.2.2 意义核心的明示表征

诗歌语篇意义核心绝大多数是自组织浮现的,但唐诗中也有直接明示已生成的意义核心的情况,如例(10):

(10) 玉洞仙何在,炉香客自焚。醮坛围古木,石磬响寒云。曙月孤霞映,悬流峭壁分。心知人世隔,坐与鹤为群。(马戴《宿阳台观》)

---

① 宋郭知达注:"此盖语反而意宽……特纪其旧游美陂之所见,尚余红稻在地,乃公众所供鹦鹉之余粒,又观其所种之梧,年深即老,却凤凰所栖之枝。既以红稻、碧梧为主,则句法不得不然也。"["红稻"即"香稻",转引自李金坤(2001)]

　　例(10)中,"玉洞、仙何在、炉香、客自焚""醮坛围古木,石磬响寒云"等语篇单元既可以指向游仙意义,也可以指向对道观清净生活的赞赏评价,甚至是对求仙生活孤冷幽清的吐槽,评价潜势多向;"曙月孤霞映,悬流峭壁分"同样既可以是赞赏闲适,又可以是描写孤清。单从上述这些语篇单元来看,这首诗可以整合形成至少三个完全不同的意义核心,难以确定。但语篇卒章显志,用"心知人世隔,坐与鹤为群"明示意义核心,点明语篇的主旨是诗人厌倦尘世繁琐,表达对山间道观清静生活的喜爱。这里的意义核心是通过符号明示的方式形成的。因为仅靠语篇单元自组织成义,语篇可同时形成多个不可互相取消的意义核心(求仙、赞美闲适、吐槽孤清等),只有在"心知人世隔,坐与鹤为群"的明示之下,解读者才能明确推导出诗人真正要表达的意思。

　　此外,还有一类意义核心明示生成的诗歌语篇,比较少见。请看例(11):

　　(11) 兰叶春葳蕤,桂华秋皎洁。欣欣此生意,自尔为佳节。谁知林栖者,闻风坐相悦。草木有本心,何求美人折!(张九龄《感遇十二首其一》)

　　这首诗与我们常见的唐诗很不相同,它并没有呈现大量意义多向的语篇单元,反而在语篇中使用了不少衔接性的语言手段,确保语篇逻辑关系的连贯有序和意义表达的简单明晰,意义核心则通过"草木有本心,何求美人折"明示。这类以他组织方式转写的诗歌语篇在《唐诗三百首》中并不多见,除此诗之外,还有孟郊的《烈女操》等少数几首。这类诗歌并不追求整体意义的丰富灵动,反而追求表意的明确、严肃、铿锵有力,一般与明示诗人志向,弘扬道德情操等主题相关。

6.2.3　意义结构的生成

　　意义核心生成后,需要吸引其他单元响应核心,才能聚集能量,生成意义结构。其他单元对核心的响应主要有三种方式:

6.2.3.1　同义响应

　　当语篇单元的意义或意义中的某一潜势与意义核心同义,就可响应核心,为其提供能量。如:

　　(12) 清溪深不测,隐处唯孤云。松际露微月,清光犹为君。茅亭宿花影,药院滋苔纹。余亦谢时去,西山鸾鹤群。(常建《宿王昌龄隐居》)

　　例(12)中,"清溪深不测,隐处唯孤云""松际露微月""茅亭宿花影,药院滋苔纹"等,都只明示了单元意义的表述对象,没有明示相应的评价信息。而这些语篇单元在评价潜势上又都具有双面性:一面可指向清幽宁静的积极评价意义;一面可指向荒凉幽暗的消极评价意义。那么在语篇中,这些语篇单元究竟优先实现哪种评价潜势呢?诗人用"余亦谢时去,西山鸾鹤群"明示了语篇的意义核心:表达了诗人对隐逸生活的向往。正是有了这一意义核心的吸引,语篇中具有双向评价潜势的单元可优先实现与意义核心同义的潜势,而放弃与其相反的潜势。这些语篇单元通过同义方式响应意义核心,形成稳定的意义结构。这就是意义结构在单元的同义响应下生成。

6.2.3.2　契合响应

诗歌语篇的意义核心整合形成以后,不仅能吸引与之同义的语篇单元响应,也能吸引意义上与之契合,在认知常规上与之相关的单元响应,以增强意义能量,形成稳定的意义结构。请看例(13):

(13) 北风卷地百草折,胡天八月即飞雪。忽如一夜春风来,千树万树梨花开。
　　散入珠帘湿罗幕,狐裘不暖锦衾薄。将军角弓不得控,都护铁衣冷难着。
　　瀚海阑干百丈冰,愁云惨淡万里凝。中军置酒饮归客,胡琴琵琶与羌笛。
　　纷纷暮雪下辕门,风掣红旗冻不翻。轮台东门送君去,去时雪满天山路。
　　峰回路转不见君,雪上空留马行处。(岑参《白雪歌送武判官归京》)

此诗在"北风卷地、百草折、狐裘不暖、锦衾薄、都护铁衣冷难着"等语篇单元的共鸣中,北地严寒的意义核心生成。但这一核心还需要吸引其他意义单元,聚集能量,才能生成意义结构而稳定下来。而诗中明确提及寒冷意义的语篇单元并不多,更多是与寒冷意义相关,或可以解释为寒冷意义的单元。如"将军角弓不得控",如果单独看这一个语篇单元,导致"不得控"的原因可能很多,可能是冷,可能是将军受伤,可能是弓太重了,也可能是将军能力不足等,因冷而"不得控"只是众多可能性之一而已。再如"胡天八月即飞雪""散入珠帘湿罗幕""纷纷暮雪下辕门""去时雪满天山路"等,都不是直接写冷,而是通过写风、雪、冰等与冷契合的对象来响应意义核心。实际上,若单独去看这些语篇单元,它们也可以不指向寒冷,而是指向漫天飞雪的美景等。"将军角弓不得控""胡天八月即飞雪"等之所以被解读为寒冷义,是因为语篇中已经生成的意义核心,吸引了它们与之响应,优先指向了自己。

6.2.3.3　赋义响应

诗歌语篇中,有些语篇单元与意义核心没有显著的意义关联,它们对意义核心的响应是被意义核心临时赋予了意义。如:

(14) 万壑树参天,千山响杜鹃。山中一夜雨,树杪百重泉。汉女输橦布,巴人
　　讼芋田。文翁翻教授,不敢倚先贤。(王维《送梓州李使君》)

"汉女输橦布,巴人讼芋田"只是两个事件单元,一个讲汉家女儿织布上交,一个讲巴蜀居民争讼田地,两个单元都没有明确的评价指向。可以推导出劳作辛苦、生活静好、民风淳朴、世俗杂乱、苛政害民等意义。这些评价意义与意义核心(巴蜀质朴落后,劝喻友人开启巴蜀教化)既不同义,又不显著相关。但在意义核心已经生成的情况下,这两个语篇单元被临时赋予民风淳朴、落后的评价指向,从而响应核心,为其提供能量。

总之,意义核心生成后,需要吸引语篇中的其他单元与之响应,从而增强能量,生成意义结构。语篇中的意义单元根据其与意义核心的语义亲疏程度而以同义、契合或赋义的方式响应核心,为其提供能量。而若意义单元与意义核心相互冲突,则不能响应,这类单元通常会与语篇中的其他单元一起,形成另一个意义结构,参与语篇意义的整合。这样,系统中就同时存在多个意义结构了。

6.2.4　意义结构的竞争

当语篇中同时生成多个意义结构,语篇的整体意义就由这些意义结构的能量竞争决定。能量最大(得到最多单元响应)的意义结构决定语篇的整体意义,而其他结构或者消亡,或者融入语篇整体意义之中。

6.2.4.1　竞争失败的意义结构作为次要成分呈现

请看例(15):

(15) 残阳西入崦,茅屋访孤僧。落叶人何在,寒云路几层。独敲初夜磬,闲倚一枝藤。世界微尘里,吾宁爱与憎。(李商隐《北青萝》)

根据意义整合的分析程序,来对这首诗作些分析。

意义结构 a

意义核心:游山访僧的宁和心境(共鸣巨涨落)

响应单元:残阳入崦、茅屋、拜访孤僧、落叶、无人、寒云路几层、独敲初夜磬、闲倚一枝藤

意义结构 b

意义核心:厌倦尘俗纷扰,喜爱世外生活(明示核心)

响应单元:世界微尘里,吾宁爱与憎

例(15)中,意义结构 a 得到更多单元的响应,决定诗歌语篇的整体意义;结构 b 的响应单元相对较少,在能量竞争中失败。但由于两个意义结构并不冲突,因而诗歌语篇的整体意义可兼容 a、b,表述为:诗人因厌倦尘世纷扰,登山访僧,感受到佛

家生活的自然宁和而心向往之。

6.2.4.2 竞争失败的意义结构被遮蔽

请看例(16)：

(16) 斜光照墟落，穷巷牛羊归。野老念牧童，倚杖候荆扉。雉雊麦苗秀，蚕眠
桑叶稀。田夫荷锄至，相见语依依。值此羡闲逸，怅然吟《式微》。（王维
《渭川田家》）

这首诗的整体意义可分析如下。

意义结构 a

意义核心：羡慕田家生活的宁静自然（明示核心）

响应单元：斜光照墟落、穷巷、牛羊归、野老念牧童、野老倚杖、野老候荆
扉、雉、雊、麦苗秀、蚕眠、桑叶稀、田夫荷锄至、田夫相见语依依、值此羡闲逸

意义结构 b

意义核心：田家生活破败落寞（共鸣巨涨落）

响应单元：野老倚杖、野老候荆扉、雉、雊、麦苗秀、蚕眠、桑叶稀；田夫荷
锄至

意义结构 c

意义核心：对宦游生活的厌倦（明示核心）

响应单元：怅然吟《式微》；《邶风·式微》

意义结构 a 和 b 是由相同语篇单元中不同的意义潜势共鸣而成。结构 a 不仅
响应单元更多，而且"即此羡闲逸"直接明示了意义核心 a，因此在竞争中胜出，结构
全诗的整体意义。意义结构 c 虽然响应单元少，但与 a 并不冲突，因而也能在整体
意义中呈现。但意义结构 b 与 a 语义冲突，即便能量略强于 c，也只能被遮蔽，在语
篇中无法呈现。我们在解读诗歌语篇的时候，不会认为这首诗还同时描写了田家
生活的破败与落寞。

6.2.4.3 语篇意义由诸意义结构平列加和生成

请看例(17)：

(17) 高卧南斋时，开帷月初吐。清辉淡水木，演漾在窗户。荏苒几盈虚，澄澄
变今古。美人清江畔，是夜越吟苦。千里其如何，微风吹兰杜。（王昌龄
《同从弟南斋玩月忆山阴崔少府》）

此诗可分析如下。

意义结构 a

意义核心：月光温柔(像似巨涨落)

响应单元：月初吐、清辉淡水木、演漾在窗户

意义结构 b

意义核心：古今共明月的沧桑(典故巨涨落)

响应单元：荏苒几盈虚、澄澄变今古、《春江花月夜》

意义结构 c

意义核心：情人对月相思之情(典故巨涨落)

响应单元：美人清江畔、美人越吟苦、李白《越女吟》

意义结构 d

意义核心：怀念好友崔少府；明示核心

响应单元：忆山阴崔少府、千里其如何、微风吹兰杜

　　此诗以月为题,自组织形成的四个意义结构均得到两三个意义单元的响应,意义能量没有显著差别。且四个意义核心在语义上关联松散,既没有相互冲突,又不能彼此取代。在诗歌标题建构的情境语境:兄弟联诗"玩月"的场景中,这四个意义结构可以共存。如此,诗歌的整体意义就以"与从弟玩月"的情景作为联结,由四个意义结构平等加和生成。

6.2.5　边界条件的制约

　　诗歌语篇的边界条件即语篇的发生语境,只有符合语境要求的意义结构才能最终实现为语篇的整体意义。我们从题旨规约和人际规约讨论语篇语境对意义整合的制约。

6.2.5.1　题旨规约

　　语篇的整体意义必须符合交际者的语篇意图。上文介绍非常规巨涨落时,就指出意义核心的生成需带入言者的逻辑经验才能进行。如例(18):

(18) 晚年唯好静,万事不关心。自顾无长策,空知返旧林。松风吹解带,山月
　　照弹琴。君问穷通理,渔歌入浦深。(王维《酬张少府》)

意义结构 a

意义核心：对闲适生活的喜爱(明示意义核心)

响应单元：晚年唯好静、万事不关心、松风吹解带、山月照弹琴、渔歌入浦深

意义结构 b

意义核心：对朝廷政事的无奈(预设巨涨落)

响应单元：自顾无长策、空知返旧林

意义结构 c

意义核心：远离朝堂，向往隐逸的志向（典故巨涨落）

响应单元：渔歌入浦深、屈原《渔父》

　　从意义单元的响应情况看，这首诗中得到最多意义单元响应、能量最大的应该是意义结构 a。但此诗的背景是张九龄寄信给王维，与他商讨政事改革，以应对天宝晚年的政治危机时，王维的回信。这一语境决定诗歌的题旨不可能只是描写闲适生活而已。若以意义结构 a 为主结构语篇意义，就是答非所问了。为了满足边界条件（题旨）的要求，这首诗的整体意义只能以意义结构 b、c 为主，以 a 为辅。由此，语篇的整体意义不完全是语篇中的意义单元自组织形成的，还要看自组织形成的意义结构是否符合语境条件的规约，只有得到边界条件支持的意义结构，才能真正整合成义。

6.2.5.2　人际规约

请看例（19）：

（19）君不见走马川行北海边，平沙莽莽黄入天。轮台九月风怒吼，一川碎石大如斗，随风满地石乱走。匈奴草黄马正肥，金山西见烟尘飞。汉家大将西出师，将军金甲夜不脱。半夜军行戈相拨，风头如刀面如割。马毛带雪汗气蒸，五花连钱旋作冰，幕中草檄砚水凝。虏骑闻之应胆慑，料知短兵不敢接，军师西门伫献捷。（岑参《走马川行奉送封大夫西出师》）

意义结构 a

意义核心：边塞环境恶劣、我军行军艰苦（共鸣巨涨落）

响应单元：平沙莽莽黄入天、轮台九月风怒吼、一川碎石大如斗、随风满地石乱走、将军金甲夜不脱、半夜军行、戈相拨、风头如刀、面如割、马毛带雪汗气蒸、五花连钱旋作冰、砚水凝

意义结构 b

意义核心：对手强大（共鸣巨涨落）

响应单元：匈奴草黄、匈奴马肥、金山西见烟尘飞

意义结构 c

意义核心：此战必胜（明示意义核心）

响应单元：虏骑闻之应胆慑，料知短兵不敢接、军师西门伫献捷

　　此诗形成三个意义结构，但意义核心 b 和 c 存在一定的语义冲突，a、b 的结合较为容易，与 c 结合有些牵强。可是如果直接取消意义结构 c，"虏骑闻之应胆慑、料知

短兵不敢接、军师西门伫献捷"三个单元又无法响应其他两个核心,无处安放。因此,仅从诗歌语篇本身来看,整体意义的自组织整合出现了问题,没办法统一。但是,由标题可知,诗人写这首诗是为送将军出征。这样的诗在抒发情感之外,更具有特殊的交际功能,需要受人际规约——祝福出师凯旋——的制约。在人际规约的作用下,三个意义结构整合成义:结构 a 描写行军艰苦赞扬将军忠心报国不辞劳苦;结构 b 通过描写战争艰难赞扬将军英勇威武,不畏强敌;结构 c 则祝愿将军马到功成、出师献捷。由此,在人际规约的统合下,诗歌语篇的整体意义得以整合生成。

6.2.6　小结

综上,本节以《唐诗三百首》中的诗歌语篇为例,分析诗性语篇意义自组织整合的具体过程。诗性语篇自组织整合的模式化过程可提炼如下:

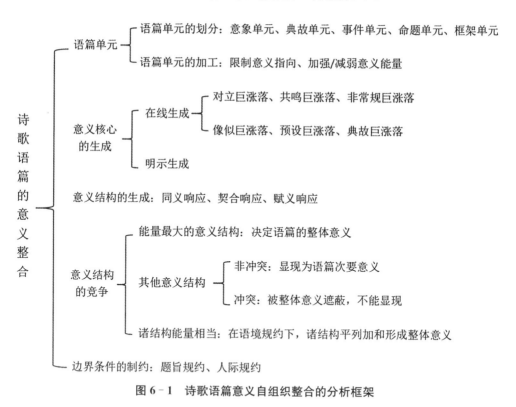

图 6-1　诗歌语篇意义自组织整合的分析框架

6.3　诗性语篇的整合手段

诗性语篇在符号表征阶段,常通过自组织转写的方式,在一定程度上保留了语篇自组织整合的原生面貌。但本质上说,诗性语篇也是言者在符号表征阶段,运用符号转写得来的,言者的有意识介入虽然少于他组织语篇,但仍然占有重要地位。比如,巨涨落(意义核心)的形成具有一定的随机性,容易造成意义的不稳定而在不同读者之间形成解读差异。因而主体在呈现语篇单元的时候,会采取一些他组织手段,通过"下命令"的方式调控意义整合,催化自组织整合朝向符合主体期待的方向进行。因此,诗性语篇中仍会使用一系列的符号整合手段,促进意义整合的顺利实现。本节以意义单元的加工、意义核心和意义结构的生成、意义结构的竞争、边界条件的制约几个步骤为纲,描写《唐诗三百首》中诗歌语篇使用的语言整合手段。

6.3.1　单元加工中的整合手段

诗歌语篇中的语篇单元,诸如意象单元、典故单元、事件单元,往往本身包含多元的意义潜势,如意象单元"月",可兼具明亮爽朗(海上生明月)、凄冷孤清(冷月葬花魂)、清静宁和(清月出岭光入扉)等多种评价潜势。由于自组织整合机制的存在,诗歌语篇仅单纯将语篇单元并置起来,如"鸡声茅店月,人迹板桥霜"(温庭筠《商山早行》),也能在互动中激活单元的某一潜势(如"鸡声茅店月"中的"月"被激活凄冷孤清的意义潜势)。但有时候,语篇还是会在单元进入自组织整合之前,采取一些语言手段,对单元的指意进行加工和限制,促使它优先实现符合主体预期的意义潜势。这些加工围绕限制单元的语义指向、调节单元的意义能量、限制单元之间的关联方式等方面展开。

6.3.1.1　限制单元意义指向的整合手段

当语篇中的意义单元具有多种意义潜势,主体可以通过增加修饰性或补充性成分的方法来限制单元的意义指向。

1. 添加修饰性成分

请看下例:

(20) 此地一为别,**孤**蓬万里征。(李白《送友人》)

(21) 白云依**静**渚,芳草闭**闲**门。(刘长卿《寻南溪常道士》)

上例通过增加定语限制了单元的评价义指向。乌篷船不会孤寂,小岛和院门也不会有静与闲的感受,语篇主体在此添加评价性定语,实际上是给意义单元提前限定了评价义。使意义单元在参与自组织整合的过程中,能优先凸显孤寂彷徨和清静闲适的意义。

2. 添加说明性成分

除了添加修饰语,诗歌语篇还可以添加说明性成分,来限制单元的意义指向。

请看例(22)、(23)：

　　(22)愁因<u>薄暮起</u>,兴是<u>清秋发</u>。(孟浩然《秋登兰山寄张五》)

　　(23)络纬秋啼金井阑,微霜<u>凄凄</u>簟色<u>寒</u>。(李白《长相思》)

　　例(22)的诗句以"愁、兴"为话题,明确了单元的评价义,但"愁"和"兴"的来源(对象义)却不明晰。语篇通过为其添加"因薄暮起、是清秋发",明确单元的表述对象。例(23)中,"微霜、簟色"作为话题,明示了对象义,但"霜"和"簟"本没有明显的评价义指向,语篇为其添加"凄凄"和"寒"作为陈述语,明示了意义单元的评价指向。

6.3.1.2　调节单元意义能量的整合手段

　　独立呈现的意义单元一般具有大致相同的意义能量,比如"鸡声、茅店、月、人迹、板桥、霜",看不出这些意义单元哪一个更为重要。不过,言者常常使用一些语言手段,调节单元的意义能量,使语篇空间中的各个单元主次分明,重心凸显。

　　1. 重叠

　　诗歌语篇常常使用重叠的方法表征意义单元,加强单元的意义能量。如:

　　(24)临行<u>密密</u>缝,意恐<u>迟迟</u>归。(孟郊《游子吟》)

　　(25)<u>凄凄</u>去亲爱,<u>泛泛</u>入烟雾。(韦应物《初发扬子寄元大校书》)

　　例(24)用"密密、迟迟"修饰母亲缝补衣物和担心游子晚归的情形,状态形容词的描摹功能将母亲缝补衣物的样态和对游子的牵挂情怀凸显出来,取得强调的语义效果;例(25)也通过重叠,用"凄凄、泛泛"描摹离别的凄凉与孤寂,凸显情感意义,增强单元的意义能量。

　　2. 特定副词的使用

　　特定副词的使用也可以调节单元的意义能量。请看例(26)—(29):

　　(26)<u>甚</u>愧丈人厚,<u>甚</u>知丈人真。(杜甫《奉赠韦左丞丈二十二韵》)

　　(27)吏呼<u>一何</u>怒,妇啼<u>一何</u>苦。(杜甫《石壕吏》)

　　(28)<u>仅</u>能泯宠辱,未免伤别离。(萧颖士《重阳日陪元鲁山德秀登北城,瞩对新霁,因以赠别》)

　　(29)萧何<u>只</u>解追韩信,岂得虚当第一功。(李商隐《四皓庙》)

　　例(26)、例(27)通过使用程度副词"甚、一何"强调"愧、知、怒、苦"的程度之高,增强单元的意义能量;例(28)中,"能泯宠辱"本来已是十分难得的品格,但主体为了凸显"未免伤别离",使用副词"仅"减弱这一单元的意义能量,而让"未免伤别离"的重心地位凸显出来;例(29)中,萧何月下追韩信历来被认为是大功一件,但主体为了表达相反的见解,使用了副词"只"降低了单元的意义能量,从而凸显"岂得虚当第一功"的观点。

3. 反问句的使用

（30）兴尽方下山,<u>何必</u>待之子。（邱为《寻西山隐者不遇》）

（31）<u>孰</u>云网恢恢,将老身反累。（杜甫《梦李白》）

在诗歌语篇中使用反问句,可以增强单元的意义能量。上面两例中,"何必待之子"与"不必待之子"相比,"孰云网恢恢"与"不云网恢恢"相较,前者所携带的情感力度更大,意义更为凸显。因此使用反问句式表征意义单元也具有增强单元意义能量的功能。

6.3.1.3　关联语篇单元的整合手段

诗性语篇相对于日常语篇,较少使用关联类整合手段,单元间的语义关联更多依赖读者自行领悟。不过,唐诗语篇中使用整合手段关联意义单元的案例也不少见,主要有照应、衔接语的使用、框架标记的使用、省略等。

1. 照应

语篇用代词将诗句联系起来就是照应。请看例（32）、（33）:

（32）兰叶春葳蕤,桂华秋皎洁。欣欣<u>此</u>生意,自尔为佳节。（张九龄《感遇》）

（33）梧桐相待老,鸳鸯会双死。贞妇贵殉夫,舍身亦如<u>此</u>。（孟郊《烈女操》）

上面两例都用"此"指代上文内容,关联意义单元。"兰叶春葳蕤""桂华秋皎洁"并置,本来可以形成多种意义核心,比如幽香袭人、品格高华、花开易落的悲凉,等等,但语篇用"此"将两者与"生意"关联,上述那些意义潜势就不再浮现,转而指向生机勃勃的评价意义了;"梧桐共生、鸳鸯同死"本来也可以自组织生成多种整体意义,比如颂扬爱情、岁月静好等,但语篇用"此"将其与"贞妇贵殉夫"关联起来,提前干涉语篇语义的自组织整合。

2. 衔接语

语篇利用关联性词语关联前后单元,使其形成整体的方式就是衔接语的使用。请看下面各例:

（34）<u>若非</u>巾柴车,<u>应是</u>钓秋水。（邱为《寻西山隐者不遇》）

（35）<u>虽</u>无宾主意,颇得清净理。（邱为《寻西山隐者不遇》）

（36）<u>是以</u>陷邻境,此州独得全。（元结《贼退示官吏》）

（37）刘郎已恨蓬山远,<u>更</u>隔蓬山一万重。（李商隐《无题》）

上述四例都使用了关联性词语,建构单元之间的逻辑语义关系。例（34）用"若非、应是"关联两个单元,明确两者之间的选择关系;例（15）用"虽",建构单元间的转折关系;例(36)用"是以",明确因果关系;例(37)则用"更"构建递进关系。这些关联词语使单元之间以特定的逻辑关系发生意义关联,限定单元意义的发展方向,以保证意义结构的明确稳定。

3. 框架标记

请看例(38):

> (38) 妾发初覆额,折花门前剧。郎骑竹马来,绕床弄青梅。同居长干里,两小无嫌猜。<u>十四</u>为君妇,羞颜未尝开。低头向暗壁,千唤不一回。<u>十五</u>始展眉,愿同尘与灰。常存抱柱信,岂上望夫台。<u>十六</u>君远行,瞿塘滟滪堆。五月不可触,猿声天上哀……(李白《长干行其一》)

例(38)"十四、十五、十六"连用,激活了一个时间线性推进的认知框架,使原本无序并置的语篇单元按时间顺序排列呈现。这里的"十四、十五、十六"具有意义框架的作用,可称为框架标记。

4. 省略

请看例(39):

> (39) 杨家有女初长成,<u>养在深闺人未识</u>。<u>天生丽质难自弃</u>,一朝选在君王侧。<u>回眸一笑百媚生</u>,六宫粉黛无颜色……(白居易《长恨歌》)

例(39)画线诗句均省略主语,共同指向第一句的杨家女。通过主语的省略和同指,多个语篇单元关联起来,形成有序整体而协同运作。由此,省略也是言者加强文本关联,调控意义整合的一种符号手段。

综上,在进入自组织整合之前,诗歌语篇常常使用一些语言手段,或限制意义单元的意义指向,或调节意义单元的能量高低,或以特定的方式将多个单元提前关联起来。如此,意义单元在参加自组织整合的时候,就会受到一定限制,能降低整合结果的不确定性,促进意义整合朝向更符合主体期待的方向发展。

6.3.2　意义核心与意义结构生成中的整合手段

在意义核心生成与意义结构生成阶段,加工过的意义单元相互吸引、自由交织,从零散到有序地整合生成意义结构。这一过程中,诗歌语篇也会采用一些语言手段"推波助澜",帮助自组织整合的顺利实现。这一阶段涉及的整合手段主要有:并置、对仗、语序调整、标记语的使用等。

6.3.2.1　并置

"只要两句话被放到一起,人们就会假设它们之间必然有联系……会设法找

到其间的内在意义关联。""句与句之间的语义联系或相关不必靠句法关联手段，
可以靠人的一般认知能力来推导。"(姜望琪 2005)在诗歌语篇中，单纯将具有一
定语义关联的单元并置连用，意义单元就可因为空间紧邻而交织互动，自动进行
意义整合。唐诗中，主要有同义单元并置、反义单元并置、象似单元并置等几种
类型。

1. 同义单元并置

请看例(40)、(41)：

(40) 马毛带雪汗气蒸，五花连钱旋作冰，幕中草席砚水凝。（岑参《走马川行
　　　奉送封大夫西出师》）

(41) 欲渡黄河冰塞川，将登太行雪满山。（李白《行路难》）

例(40)连用同样凸显寒冷义的意义单元，促使单元共鸣成义，浮现出边塞寒冷
的意义核心。例(41)则将两个隐喻"求而不得"的单元并置在一起，使其共鸣而增
强能量，凸显诗人求而不得的苦闷。这里的意义核心都是通过并置同义单元而自
组织生成的。

2. 反义单元并置

有时，诗歌语篇会将具有反义关系的单元并置在一起，强化其语义冲突，从而
帮助意义核心在单元的意义对立中互动生成。请看例(42)、(43)：

(42) 山中一夜雨，树杪百重泉。（王维《送梓州李使君》）

(43) 千秋万岁名，寂寞身后事。（杜甫《梦李白》）

例(42)让数量上表示极大和极小的反义结构"一夜雨、百重泉"同现，凸显了极
多和极少之间的强烈对比，从而在单元的意义对立中形成意义核心——强调大雨
过后的壮观景象。例(43)将具有强烈对比效果的生前盛名和身后孤寂并置同现，
强化两者的语义冲突，自组织形成意义核心——生死苍凉的悲情。这里对立巨涨
落的构建都是通过反义单元的并置实现的。

3. 象似单元并置

具有象似关系的意义单元并置，也可形成互动，浮现整体意义。请看例(44)、(45)：

(44) 抽刀断水水更流，借酒消愁愁更愁。（李白《宣州谢朓楼饯别校书叔云》）

(45) 浮云游子意，落日故人情。（李白《送友人》）

"抽刀断水水更流"和"借酒消愁愁更愁"并置，可激活其间的象似关系，形成跨
域映射，使整体意义在映射中对流加强。同样，"浮云"和"游子意""落日"和"故人
情"象似，将其并置，也可以激活了跨域映射，使单元互动浮现整体意义：游子像浮

云一样散漫不羁,故人像落日一样依依伤别。这里,意义单元通过并置,实现象似关联,推进整体意义的整合浮现。

6.3.2.2 对仗

诗歌语篇经常使用对仗的方式,通过语言形式的严整对应,凸显意义单元之间的语义对应,从而催化单元互动,实现意义整合。请看例(46)、(47):

(46) 谈笑有鸿儒,往来无白丁。(刘禹锡《陋室铭》)

(47) 得相能开国,生儿不象贤。(刘禹锡《蜀先生庙》)

例(46)的两个单元意义相同,例(47)则(评价)意义相反,两例在表达形式上都构成了工整的对仗。形式的平行、成分的照应,凸显单元之间的强关联性,催发单元之间的意义互动,从而生成意义核心。因此对仗经常被用作意义整合的手段,帮助诗歌语篇自组织成义。

6.3.2.3 标记语

诗歌语篇常常使用一些具有标记功能的词语,提示单元之间的意义关系。以此提醒读者关注单元互动,催化意义整合。请看例(48)、(49):

(48) 北土非吾愿,东林怀我师。(孟浩然《秦中寄远上人》)

(49) 罢归无旧业,老去恋明时。(刘长卿《送李中丞归汉阳别业》)

例中的“非”和“无”都是否定副词,可以引出预设,并在预设与意义单元的对立、互动之中,促使意义整合和新义生成。例(48)的“非”激活“我不愿去北土”与“我需要去北土”(预设)的对立,浮现出怅惘、无奈的情感评价。例(49)以“无”激活现实中的“无旧业”与预设中的“本该有旧业”,在两者的冲突中生成整体意义,使诗人对李中丞的怜悯、不平浮现出来。再如:

(50) 风头如刀面如割。(岑参《走马川行奉送封大夫西出师》)

(51) 嗟余听鼓应官去,走马兰台类转蓬。(李商隐《无题》)

上述两例用“如”“类”标记意义单元之间的像似关系,辅助意义整合。例(50)用两个“如”,构建“风”与“刀”“寒风吹面”与“刀割之痛”之间的像似关系,催化单元互动。例(51)将奔波仕途的情状比作漂泊无依的蒲公英,通过“类”,标记单元之间的像似关系,凸显孤单无依的伤感情思。如此,诗歌语篇除了单纯并置语篇单元,也会用一些具有语义标记功能的成分,强化单元之间的意义关联,辅助语篇意义的自组织整合。

综上,在意义核心与意义结构自组织整合的过程中,诗歌语篇也常常配套使用一些整合手段,凸显单元之间的意义互动,催化浮现意义的整合生成。

6.3.3　语境制约中的整合手段

　　诗歌语篇的整体意义形成之后,还要接受边界条件的审核、制约,只有符合边界条件要求的意义结构,才能真正稳固下来,实现为语篇的整体意义,而不符合要求的意义结构要么被放弃,要么做出调整。此外,当语篇中同时生成了多个意义结构而不易融合时,语境也可以提供条件,帮助意义结构整合统一。正因如此,主体常常会采取一些语言手段,明示语篇的语境信息。

6.3.3.1　标题

请看例(52):

(52) 洞房昨夜停红烛,待晓堂前拜舅姑。妆罢低声问夫婿,画眉深浅入时无。
　　　(朱庆馀《近试上张水部》)

　　若只看正文,此诗一般会解读成闺阁诗,整合生成描写新婚娘子化妆,初见公婆的紧张心情的整体意义。但这首诗的标题却是"近试上张水部",明示了语篇的语境信息:这首诗是诗人上呈给主考官的。这样原本整合出来的整体意义就无法成立了。在以标题明示的语境规约下,诗歌语篇的整体意义发生改变,调整为借新妇为见公婆询问妆容来隐喻考生向考官询问成绩。再如:

(53) 弃我去者,昨日之日不可留。乱我心者,今日之日多烦忧。长风万里送
　　　秋雁,对此可以酣高楼。蓬莱文章建安骨,中间小谢又清发。俱怀逸兴
　　　壮思飞,可上青天揽明月。抽刀断水水更流,借酒消愁愁更愁。人生在
　　　世不称意,明朝散发弄扁舟。(李白《宣州谢朓楼饯别校书叔云》)

　　此诗从正文看,至少生成了四个意义结构:a. 人生苦闷;b. 登高畅怀;c. 以文会友的豪情;d. 隐逸之志。这些意义结构很难在同一认知框架内共存,又不能相互取消,因此若只读正文,语篇的整体意义很难整合统一。但诗歌标题明示了语篇的发生语境:李白在宣州谢朓楼为校书李云饯别。如此,上述意义结构就都能包容到统一的情景之中了。由此,诗歌语篇的标题,经常具有明示边界条件,参与意义整合的功能。

6.3.3.2　序言

　　除了标题,诗歌语篇还可通过加序,明示语篇语境,辅助语义整合。请看例(54):

(54) **贼退示官吏·并序(元结)**

　　　癸卯岁,西原贼入道州,焚烧杀掠,几尽而去。明年,贼又攻永破邵,不犯
　　　此州边鄙而退。岂力能制敌与?盖蒙其伤怜而已。诸使何为忍苦征敛,

故作诗一篇以示官吏。

昔岁逢太平，山林二十年。泉源在庭户，洞壑当门前。井税有常期，日晏犹得眠。忽然遭世变，数岁亲戎旃。今来典斯郡，山夷又纷然。城小贼不屠，人贫伤可怜。是以陷邻境，此州独见全。使臣将王命，岂不如贼焉？今彼征敛者，迫之如火煎。谁能绝人命，以作时世贤！思欲委符节，引竿自刺船。将家就鱼麦，归老江湖边。

此诗在正文前以诗序明示了诗歌的发生语境。在序言的明示下，纵然语篇中整合生成的意义结构比较复杂（有对太平生活的怀念、对民众动乱求生的哀怜、对使臣不如贼的怨愤、隐逸山林之志等），但都能容纳到统一的事件情境中，整体意义不显混乱，反而统一有序。由此，序言也是帮助诗歌梳理整体语义的一种整合手段。

6.3.3.3　格律

古典诗歌讲究格律，尤其是近体律诗，对相邻两句的押韵、平仄、语义关系、语法结构等都有要求。格律本是为了便于吟诵而作，但一旦成形，也具有了整合功能。请看下例：

(55) 锦瑟无端五十弦，一弦一柱思华年。庄生晓梦迷蝴蝶，望帝春心托杜鹃。沧海月明珠有泪，蓝田日暖玉生烟。此情可待成追忆，只是当时已惘然。
（李商隐《锦瑟》）

此诗涉及众多典故，如庄周梦蝶、杜鹃啼血、鲛人泣泪、良玉生烟……这些典故单元之间，以及典故单元与诗歌的标题"锦瑟"之间，都很难找到确定的意义关联。因此千百年来，关于《锦瑟》的多元释读层出不穷，莫衷一是。但即使古今文人都无法妥当地概括诗歌的整体意义，也很少有人怀疑这些诗句是不是属于同一语篇。意义的统一性得不到保证的若干诗句，是如何被众多读者认同，而实现语篇整体性的呢？在这首诗中，格律上的一致性（押韵、平仄、结构的工整严谨）充当了整合手段，将意义离散的诗句整合成统一整体。由此，格律，也是诗歌语篇用以整合意义单元，构建语篇统一性的语言手段之一。

6.3.4　小结

本节以诗歌语篇自组织整合的几个步骤为纲，例析语篇在符号表征阶段使用的整合手段。诗歌语篇的意义整合手段总体上可分为两类，一类是主体呈现离散单元，邀请解读者自组织整合语篇意义时，会采用一些符号手段催化意义单元的自组织整合，或限制意义单元发生整合的方向，以保证言者希望表达的整体意义能顺利整合出来；另一类是诗歌语篇也会采用一些直接干预的他组织整合手段，通过"从外部下命令"的方式传达整体意义，维持语篇意义的明确稳定。

6.4　本 章 小 结

诗性语言与日常语言的关系在哲学、文学、语言学研究中都曾得到关注。概括来说，诗性语言以体验性、审美性为特征，日常语言以概念性、信息性为特征。本维尼斯特认为，诗性语言与日常语言的上述区别，主要在于符号指意方式和语篇组织方式上的差异。我们将其溯源到两类语篇转写方式的差异，由此提出诗性语篇和日常语篇的区分。诗性语篇主要采用自组织方式转写，在一定程度上保留了意义整合前符号阶段的原生面貌，可用于管窥语篇意义自组织整合的模式与路径；日常语篇主要采用他组织方式转写，能集中体现言者对语篇整合过程进行有意识调控的努力，可用于研究语篇意义他组织整合的模式和方法。

有鉴于此，本章以《唐诗三百首》中的诗歌语篇为例，描写诗性语篇意义自组织整合的过程、特征和介入手段，尝试管窥语篇意义自组织整合的大体面貌。下一章，我们将以论述类语篇、散文语篇、会话语篇等为例，分析语篇意义他组织整合的具体运作。

第七章 语篇意义的他组织整合
——以日常语篇为例

我们尝试以论述类语篇、散文语篇等作为日常语篇的代表,分析语篇意义他组织整合的过程、模式,及言者为将意义结构转写成结构有序、内容完整、可在主体间进行意义交流的线性语篇,所做出的诸般努力。

7.1 语篇意义他组织整合的基本内容

7.1.1 意义结构的符号转写

为分析方便,本书总体上以诗性语篇与日常语篇的划分对应自组织转写与他组织转写的区别。但大部分语篇选用转写方式的时候,其实并不是那么明确的非此即彼。语篇完全可以综合使用两种转写方式,使其协同运作,共同实现意义整合。请看下例:

(56) 早知道我就不投这家公司了,只面试了一次就发 offer 了,工资还是我预想的两倍。大厂这么容易进的吗,我还想面面别家呢!(百度网《经典凡尔赛语录》)

近年来,网络语言中流行一种"凡尔赛文学",据百度词条定义:通过反向的表述,来不经意地透露出自己的高贵、奢华、优越的生活,是一种以低调方式进行自我炫耀的话语模式。比如例(56),语篇中实际上表达了两层意义,或者用我们的术语说,整合生成了两个意义结构。

意义结构 a
意义核心:懊恼不该投这家公司
响应单元:早知道我就不投这家公司了;只面试了一次就发 offer 了;我还想面面别家呢

意义结构 b
意义核心:我很幸运,轻轻松松找到好工作
响应单元:只面试了一次就发 offer 了;找工作一般要面试很多次(社会

认知常规）；工资是预想的两倍；市场上实际工资很难满足预期（社会认知常规）；大厂竟然这么容易进；大厂不容易进（社会认知常规）

在符号转写的过程中，意义结构 a 的意义核心基本是通过语篇单元明示的，另外几个响应单元与意义核心紧邻，逐一陈述理由，来响应意义核心，彼此根据可推导的逻辑关联形成稳定的意义结构；意义结构 b 的核心在语篇中没有明示，也不能依据语篇单元，通过简单的推导得出，它采取的是自组织转写方式，意义核心是浮现出来的。具体来说，语篇中的三个语篇单元"只面试了一次就发 offer 了；工资还是我预想的两倍；大厂这么容易进的吗"都是不符合社会认知常规的。语篇中呈现这三个语篇单元，就会激活三条与之相反的认知常规：找工作一般会面试很多次；工资一般不会比求职者的预期高很多；越是大厂越难进。三个语篇单元分别与这三条认知常规互动，形成非常规巨涨落，各自生成："我"找工作很轻松、"我"很幸运、"我"很厉害等意义核心。此后，三对单元互动产生的意义核心再次发生共鸣整合，加强核心能量，意义结构 b 由此诞生。

因此，"凡尔赛文学""以低调方式进行自我炫耀"的模式化特征是如何实现的呢？正是通过在符号表征阶段综合运用自组织转写和他组织转写的方式，使两者协调合作而实现的。如此，在解读过程中，听读者以他组织整合生成的意义结构为表，自组织整合生成的意义结构为里，才能全面理解低调与炫耀表里分明的双重含义，由此得出凡尔赛语篇把炫耀表现得若有若无，朴实无华的结论。

其实，不只是"凡尔赛"等特殊类型的语篇，任何类型的语篇中都可能存在综合使用两种转写方式的情况。如上一章分析的中国古典诗歌语篇中，马戴《宿阳台观》、王维《酬张少府》[参见上一章对例(10)、(18)的分析]就是一面使用自组织方式促发意义浮现，一面又明示意义核心，使自组织整合的浮现意义更加明确。如此一方面保留了语篇意义的灵动多元，一方面又避免了意义含混不定的问题。再如本章即将分析的散文语篇。请看例(57)：

(57) 我爱月夜,但我也爱星天。从前在家乡,七、八月的夜晚,在庭院里纳凉的时候,我最爱看天上密密麻麻的繁星。望着星天,我就会忘记一切,仿佛回到了母亲的怀里似的。

三年前在南京,我住的地方有一道后门,每晚我打开后门,便看见一个静寂的夜。下面是一片菜园,上面是星群密布的蓝天。星光在我们的肉眼里虽然微小,然而它使我们觉得光明无处不在。那时候我正在读一些关于天文学的书,也认得一些星星,好像它们就是我的朋友,它们常常在和我谈话一样。

如今在海上，每晚和繁星相对，我把它们认得很熟了。我躺在舱面上，仰望天空。深蓝色的天空里悬着无数半明半昧的星。船在动，星也在动，它们是这样低，真是摇摇欲坠呢！渐渐地我的眼睛模糊了，我好像看见无数萤火虫在我的周围飞舞。

海上的夜是柔和的，是静寂的，是梦幻的。我望着那许多认识的星，我仿佛看见它们在对我眨眼，我仿佛听见它们在小声说话。这时我忘记了一切。在星的怀抱中我微笑着，我沉睡着。我觉得自己是一个小孩子，现在睡在母亲的怀里了。

有一夜，那个在哥伦波上船的英国人指给我看天上的巨人。他用手指着：那四颗明亮的星是头，下面的几颗是身子，这几颗是手，那几颗是腿和脚，还有三颗星算是腰带。经他这一番指点，我果然看清楚了那个天上的巨人。看，那个巨人还在跑呢！（巴金《繁星》）

巴金的《繁星》全文 500 余字，却第一句话就明确给出了意义核心。且全文结构严谨，还使用了不少用于连缀语篇单元、构建语篇结构或对单元进行精制加工的整合手段（下划直线部分标记了部分这样的整合手段）。可见语篇整体上是采用他组织方式转写的，通过明示性语言和严谨的表述传递给读者明确清晰的整体意义。正如袁晖、李熙宗（2005）所说，散文语篇"结构严谨……是文艺语体中语篇结构最完整的语体形式。"但同时，散文语篇需要构建体验性而非概念性的意义，以引起听读者的审美体验，因而它又经常使用自组织转写的方式，邀请读者参与意义建构，从而体验到语篇意义的丰富灵动。如例(57)中，言者用"深蓝色的天空里悬着无数半明半昧的星。船在动，星也在动，它们是这样低，真是摇摇欲坠呢！"并置呈现了多个事件单元，言者没有明示他呈现这些单元是想表达什么，但听读者通过重历自组织整合的过程，可以体验到星空下静穆而壮观的美。因此，散文语篇也常常综合使用自组织和他组织方式转写意义结构，它整体上通常是他组织的，却又用局部的自组织转写，增加语篇意义的灵动与丰富。

因此，符号转写的两种方式不是非此即彼，具体语篇实践中，言者完全可以根据题旨情境的不同需要，交替选择转写方式，在两者的协同合作中实现语篇意义的整合构建。

7.1.2　意义结构的精制加工

前符号阶段的意义结构自组织生成，往往只具雏形，不够稳定，容易产生多歧的解读，需要在符号表征阶段，经过语篇主体有意识的精制加工，才能明晰。意义结构的精制加工包括以下几个方面的内容：

7.1.2.1　凸显意义核心

意义核心由前符号阶段言者认知世界中的意义单元交织互动,形成随机涨落而来。由于涨落具有随机性,且系统中还可以同时生成多个意义核心,因此前符号意义结构中的意义核心通常并不稳定。为保证语篇意义的统一稳定,主体常常运用符号资源,将尚不明晰的意义核心强化、凸显出来。请看例(58):

> (58) 在谈到知识时,罗素使用的是追求(seek)。他曾说过有三种激情主宰着他的一生,对爱的渴望,对知识的追求,以及对人类苦难的无休止的同情心。这里很明显,他把对知识的追求看成充实人生的一个很重要的部分,须臾不可离的。知识是高高在上的,罗素何从关怀起? 所以我想说的是,"知识关怀"至少是一个概念不清的说法。(CCL 语料库)

例(58)中,无论是罗素的追求,还是言者随后的话语,都可以随机形成多种解读和评价。这些不同的解读和评价都有可能成为语段的意义核心,使语段的整体意义变化多歧。为了稳固语篇的意义结构,言者使用"所以我想说的是",提示下面出现的内容就是整个语段的意义核心,从而起到凸显核心,引导接受者解读,巩固语篇的意义结构的作用。

7.1.2.2　对意义单元进行能量调节

意义结构中往往同时存在众多的意义单元。要形成统一有序的意义结构,这些单元一方面要能响应意义核心,不能与之冲突,一方面不同单元之间也要彼此和谐,既不相互矛盾,又能主次有序。正因如此,主体在符号表征阶段,需要采用一定的语言策略,对语篇中的意义单元进行能量调节,加强其中一部分单元的语势,而减弱另一些,以保证意义单元彼此和谐有序,拱卫核心。这类精制加工可以从增强单元能量、减弱单元能量、设定单元间的能量秩序、激活/抑制能量扩散等方面展开。

1. 增强能量

主体常常通过添加一些修饰性词语增强意义单元的意义能量(语势)。如:

> (59) 传统的"粉丝"群体和社团要获得有关"粉丝"客体的信息,通常需由第三方提供,例如借助电视娱乐节目、广播和报纸的娱乐板块,或者是"粉丝"团能够接触到的明星的领导层提供的消息。微博的产生无疑舍弃了第三方这一环节,"粉丝"只需通过关注名人微博,就可以即时接收明星发布的所有消息,甚至可以在明星微博下进行"评论",这就给"粉丝"创造出一种与名人直接互动交流的错觉。"粉丝"在这种错觉之下认为自己与名人多了一层社会关系,是熟悉的双方的彼此关注。(靖鸣、王瑞《微博"粉丝":虚拟公共领域的舆论新军》)

例(59)的意义核心可推导为微博的产生让"粉丝"与名人距离更近。在符号表征阶段,言者为了建构以此为核心的意义结构,一方面呈现意义单元(或下层意义结构),如微博的产生舍弃第三方环节;微博"粉丝"关注名人微博可以得到明星信息;微博"粉丝"可以对明星微博评论;微博"粉丝"与传统"粉丝"与名人互动的方式不同等等。一方面运用符号手段对这些意义单元进行精制加工,运用"无疑""只需……就……""甚至"等加强单元意义能量,从而更有力地支持意义核心,建构稳定的意义结构。

2. 减弱能量

有时,语篇中需要呈现意义上有冲突,或不契合的多个意义单元。这时言者就需要降低其中一部分单元的意义能量,确保文中呈现的意义单元强弱有序,主次分明。如:

(60) 这两条大道各有利弊,主要的差异在于功业如过眼烟云,而著作却永垂不朽。极为高贵的功勋事迹也只能影响一时,然而一部光芒四射的名著却是活生生的灵感源泉,可历千秋而长新……举例来说,亚历山大大帝所留在我们心中的只是他的盛名和事迹,然而柏拉图、亚里士多德、荷马等人依然活跃在每个学子的头脑中,其影响一如他们生时。(叔本华《论名声》)

例(60)的意义核心是:功业如过眼烟云,著作却永垂不朽。为了响应这一核心,语篇呈现了两个意义单元:a. 亚历山大大帝的盛名和事迹;b. 柏拉图等人的历史功绩。这两个单元本来相互独立,能量相当,不存在明显的强弱区别。但在语篇中,言者为了响应意义核心,需要人为地加强 b 而削弱 a,使两者有明显的强弱区别。为了达到这一目的,主体一方面将亚里士多德等人的功绩置于尾焦点位置,并用"然而、依然"等加强 b 的意义能量,一方面又用"只是"削弱亚历山大的历史功绩,降低 a 的能量,使其不至于喧宾夺主。由此,减弱部分单元的意义能量,也是语篇主体在意义整合的符号表征阶段,为精制意义结构而采用的整合策略。

3. 设定能量秩序

当语篇中多个意义单元同时出现,为使其强弱有序,主体除了单独使用加强或减弱意义能量的整合手段之外,还可以成套使用语言资源,设定单元之间的能量秩序,保证意义结构的有序、清晰。请看例(61):

(61) 当然,话还得说回来,上述观点和解释只是克罗宁博格的一家之言,它为我们思考气候变化提供了一个新的视角,这是本书的价值所在。但同时,我们也应该意识到,即使人类的活动对于全球气候变暖的作用微不足道，我们也不能从此以后就不加节制地去排放温室气体，大量地消耗资源和排放二氧化碳已经严重地破坏了自然生态和人类的生存环境。所以，克罗宁博格也表示，"我们应该节约能源"以保护有限的资源。（俞京尧《全球气候变暖与人类的活动无关吗?》）

例(61)是一个完整语篇的最后一段。语篇整体是论证一个观点：全球变暖不是人类活动造成的，而是大自然周期性发展的客观规律。上例（语篇的最后一段）中的两个意义单元：a. 人类的活动对全球变暖的作用微不足；b. 我们不能不加节制地排放温室气体，意义上有所冲突。由于 a 是符合整个语篇的核心意义的，能得到整个语篇的意义支持，它的意义能量明显比 b 大。但在这一段，言者希望凸显 b，提醒人们仍然要有加强生态保护的意识。为了将意义能量更低的单元 b 凸显出来，语篇使用关联词组"即使……也"，设定 a、b 之间的能量秩序(b>a)，成功实现两者意义能量的逆转。

4. 激活/抑制意义能量的扩散

前符号阶段的意义单元，会根据象似、相关等原则，与主体认知世界中的其他意义片段相互关联。在符号表征阶段，主体需要对这些连带的"其他意义片段"进行处理。这种处理包括两个方面，一是激活有利于完善意义结构的连带意义单元，将其纳入语篇中呈现；二是抑制不利于稳定、完善意义结构的连带单元，在语篇中不予呈现。请看例(62)：

(62) 盐城郊区人民政府办的并不是一件什么大事，但却是一件实事，因而受到广大棉农的欢迎。说到为民办实事，有些基层领导往往只想到上大工程，似乎唯有大事才是实事。至于从当地实际出发，某件大事该不该办、能不能办好，则很少考虑。(CCL 语料库，《人民日报》1997)

上例中，盐城政府"为民办实事"的语篇单元，连带着"有些基层领导"想法等意义片段。主体用"说到"，激活这些连带片段，将其纳入语篇之中进行呈现，从而从正反两面支持意义核心，稳固意义结构。再如例(63)：

(63) （德玛里）曾在捷克斯洛伐克作家出版社工作，担任过捷克《文学报》杂志副主编。苏联入侵捷克后，生活和创作均受到严重干扰，作品在捷克遭禁。迫于生计，当过急救站护理员、土地测量员、小商贩等等。1969 年，应邀到美国当访问教授，第二年，他重回祖国，从此一直生活在布拉格。（贾佳《阅读德玛里，走进德玛里》）

上例介绍德玛里的人生经历，本来讲德玛里从事过的职业时，前符号意义结构中出现的意义单元,除了"急救站护理员、土地测量员、小商贩",应该还有其他职业。但若将这些连带单元一个一个全都列举出来,会因为内容太多,而拖慢语篇进程,不利于核心意义的凸显(因为语段的核心意义显然不是列举德玛里的种种职业,而是全面介绍他的整个人生经历),因此言者使用"等等",抑制了对职业的继续列举,将语篇的内容拉回到主线上来。

例(62)、(63)体现了语篇主体在符号表征阶段,运用必要的整合手段促进或抑制意义能量向关联单元扩散的努力。

7.1.2.3　限定意义单元的意义指向

单元在进入语篇之前,可能本身携带多种意义潜势。进入语篇之后,主体为保证单元的意义能有效响应意义核心,形成稳定的意义结构,常常采取符号手段,限定单元的语义指向,使其优先实现与核心契合的潜势,而放弃其他指意可能,从而加固语篇的意义结构。请看例(64):

(64) 柯彼德(2003)说:"为了在全球更有效地推广汉语教学,可以按照不同的学习要求和目的设立不同类型的汉语课程。在维持'语'和'文'并行的传统教学方法的同时,应该为时间有限,只需口语交际的人开设专门的汉语听说课程,汉字可以不教或者有限度地教,基本上用汉语拼音来尽快提高口语能力。"他又特别强调了汉语拼音的作用:"外国人学习和使用汉语时,汉语拼音除了其重要的辅助作用外,早已具有了文字的性质和价值。"结论虽还可商榷,却应引起我们的思考。这从另一个侧面反映出学习者对汉字的畏难情绪。(赵金铭《跨越与会通——论对外汉语教材研究与开发》)

例(64)中柯比德的观点,从其自身来看,优先指向汉语作为第二语言教学的课程设计问题和汉语拼音的重要性/文字属性问题。但主体使用"从另一个侧面反映……"引出意义核心,使其优先响应"学习者对汉语有畏难情绪"的观点。这里,主体通过使用明示性的语言手段,限定了单元的意义指向,使本来并不是优先支持意义核心的单元优先激活支持核心的意义潜势,加固了意义结构的稳定性。

7.1.2.4　精确度调控

前符号阶段生成的意义结构常常还只是模糊的雏形,符号表征阶段,言者会对将要呈现的意义单元进行审查和加工,确保它们以最符合事实/表达意图的方式表征出来。这类整合操作包括增强意义表述的精确性和减弱意义表述的精确性两个方面。请看例(65):

(65) 20 世纪后期,陕西凤雏村出土了刻有"凤"字的甲骨四片,这些"凤"字的形体大致相同,均为头上带有象征神权或王权的抽象化了的毛角的短尾鸟。<u>东汉许慎《说文解字》云</u>:"鹭鹭,凤属,神鸟也。……江中有鹭鹭,似凫而大,赤目。"据此,古代传说中鸣于岐山、兆示周王朝兴起的神鸟凤凰,其原型<u>应该是</u>一种形象普通、类似水鸭的短尾水鸟。(何丹《试论中国凤文化的"历史素地"及其在文化类型学上的深层涵义》)

例(65)中,主体使用"东汉许慎《说文解字》云"交代后面引言的具体来源,标记语篇单元的明确出处,增加了表意的精确性;同时,主体推测凤凰原型的时候,使用模糊标记"应该是",减弱意义表达的精确性。这种减弱为表意留下空间,使语篇单元可以包容凤凰原型是其他物种的可能性,从而使意义表达不至于过于绝对,更加可信。

7.1.3　意义结构的线控表达

前符号意义结构要转写为现实的符号语篇,就必须接受符号表意的线性化压制,将多维立体的空间结构压缩为一维线性的符号序列。在这样的压缩中,主体需要使用各种整合手段,一方面保证线性连缀的意义单元可以在解读中被顺利还原为具有空间性的多维语义关系;一方面解决意义结构之间因线性表征而产生的表述上的断裂与杂呈。符号表征阶段的这类操作,即线控整合操作,主要可以分为连缀意义单元、提供意义框架、明示意义关系三类。

7.1.3.1　连缀意义单元

多维意义结构接受线性压制后,原本意义单元之间立体多向的意义关联,必须以前后相续的线性顺序呈现。这样立体意义关系就很难直观体现,意义结构之间也容易出现断裂,而造成符号表达的不连贯。为使立体意义结构顺利转写为连贯的线性语篇,并引导接受者通过线性符号序列,顺利重构立体多维的意义关系,言者需要使用一些符号手段,调控线性表达,引导接受者进行线性语篇的非线性解读。请看例(66):

(66)"我心里有猛虎在细嗅蔷薇。"人生原是战场,有猛虎才能在逆流里立定脚跟,在逆风里把握方向,做暴风雨中的海燕,做不改颜色的孤星。有猛虎,才能创造慷慨悲歌的英雄事业,才能涵蕴耿介拔俗的志士胸怀,才能做到孟郊所谓的"镜破不改光,兰死不改香"!同时人生又是幽谷,有蔷薇才能烛隐显幽,体贴入微;有蔷薇才能看到苍蝇控脚,蜘蛛吐丝,才能听到暮色潜动,春草萌芽,才能做到"一沙一世界,一花一天国"。(余光中《猛虎与蔷薇》)

(67) 在回国的前夜,她突然告诉我她是张东荪的女儿。"你这搞哲学的,知道张东荪吗?"在别处,问一个专业人员是否知道一个去世不到二十年的知名前辈,可以看作含有轻蔑和挑衅意味。但对一个现代中国人来说,这种问题往往是一个实实在在的问题。许多人物和作品被历史断然拒绝,似乎从未存在过。读哲学的没有读过张东荪就像学音乐的没有听过黄自一样不是什么新鲜事。一部三大卷介绍五四时期期刊的书可以收入浙江某县中学几个学生办的只出了两三期的刊物,却没有关于《东方杂志》的片言只字,遑论《学衡》或《甲寅》……胡适说历史是一个任人打扮的小姑娘,的确还不得要领;倒是法国佬福柯用权力来解读历史似乎更能"还历史的本来面目"。<u>闲话少说,言归正传</u>。"张东荪是谁"对我也真是个问题。从我拥有他译的那本《柏拉图五大对话集》起,这个问题便出现了……(CCL 语料库)

例(66)从"人生当如猛虎"和"人生当如幽谷"两个方面展开论述。这两个方面应是并列的平行关系,不存在时间或重要性上的先后顺序。但是,由于符号表征的线性压制,本应并行展开的两个意义结构必须分出先后。为了引导读者将线性呈现的语义内容重构为立体空间的并列关系,语篇主体使用"同时"连缀两者,一方面弥合了两个意义结构之间表述上的断裂,一方面引导接受者解读出两个意义结构之间的关系模式。例(67)中,从"在别处"到"还历史本来面目"的一长段,都是从"你这搞哲学的,知道张东荪吗?"延展而来,是游离于主线之外的链接结构(刘大为《自然语篇的链接结构》)。在意义结构的空间关系中,它们只是从"知道张东荪吗"衍生出来的,与语篇中其他的意义单元都不直接关联。但在线性序列中,我们无法直接表征这样的空间结构关系,主体只好使用"闲话少说,言归正传"提示读者,在解读中跳出语篇单元的线性连缀,还原立体空间的意义结构。

7.1.3.2　提供意义框架

当语篇需要同时呈现多个没有直接意义关联的意义单元或下层意义结构时,它们在线性表达中的意义关系就会显得混乱。言者在转写中,会为它们赋予一个整体的结构框架,为其分配一定的秩序,保证意义单元和下层意义结构能够井然有序地呈现。请看例(68)、(69):

(68) 乔姆斯基提出了语言的<u>两个术语</u>:Ⅰ-语言(内在化语言)和 E-语言(外在化语言)。(曾丹《乔姆斯基内/外主义语言观解析》)

(69) A:我说一下这个北京市的这个排水啊,<u>有两个</u>。在这个大雨之前就已经把所有的河道都给排干了,<u>这是一个</u>。我不知道大家关注到没有,排干了河道,即使排干了河道仍然这个河道的洪水量已经超过了历史上最大的。就比如说广渠门那个,已经超过了历史上最高的洪水位,造成了这个灾难就是当时的积水。那么另外一个,在设计排水系统的时候,我们可以参照这些东京,这些地方的,但是呢,我们要理性地看到,这些地方的地形、地理环境,还有入海口和北京是不尽相同的。所以要专业地去分析,来解决这个问题。(凤凰卫视"一虎一席谈"2012-8-4)

例(68)中出现了总括性框架成分"提出……两个术语",将"I-语言"和"E-语言"囊括到统一的框架之中;例(69)中,由"一个""另外一个"引导的意义结构是言者要分别表达的关于北京排水问题的两点看法。这两点看法彼此之间并不发生直接意义关系,它们都只是与语段的话题"北京市的排水"有关而已。为了清晰表征这种意义关系,言者建构了一个意义框架:"我说一下这个北京市的这个排水啊,有两个",将两者统括起来,再用"一个""另外一个"对两者进行标记和连缀。如此在意义框架的整合下,原本因线性表征而语义关系不显的两个下层意义结构,得以在明示性语义框架之下清晰建构。

7.1.3.3　明示语义关系

语篇中出现的多个意义单元之间,可以以各种各样的语义逻辑关系相互关联。如果单纯并置,很可能因彼此之间语义关系的不清晰而影响语篇的整体表意。在符号表征的过程中,言者时常需要使用一些符号手段,明示意义单元之间的语义逻辑关系,保证意义结构的清晰表征。请看例(70)、(71):

(70) 主位推进理论还可用于分析同一类型的语篇,需要找出同类语篇主位推进模式的共性,得出其一般规律。例如,报道医学发展的医学类语篇在不同的体裁中应用的主位推进模式各有侧重,报刊杂志主要选择延续型主位推进模式,医学论文主要选择平行型模式,论文摘要则平行型、延续性兼有。(曾宜玲《论主谓推进理论在语篇中的应用》)

(71) 为了澄清内在主义方法论的本质,科斯特提出外在主义根植于内在主义的非内在主义,相当于泰耶和成田广树提出的能够产生无限语句的生物生成系统。而乔姆斯基的内在主义并不否认外在主义本质。如此,科斯特的外在主义与乔姆斯基的内在主义是可以合并统一的。(曾丹《乔姆斯基内/外在主义语言观解析》)

上面两例中,"例如"明示前后单元之间的例示关系;"则"明示前后单元之间的对比关系。"为了"标记目的关系;"相当于"标记等同关系;"而"表明转折关系;"如此"明示因果关系。在这一系列专职明示语义关系的语言单位的使用中,单元之间复杂的关联方式得到了确定,在线性表征中实现更加有序的关联。

7.1.4　符号序列的交互主观化处理

我们对意义结构进行精制加工和线控表达,最终是为了将其置于主体间的符号交际之中,进行意义交流。因此,主体在语言表征阶段还需对符号序列进行交互主观化处理,提高语篇的可接受程度,使其更能得到接受者认同。这方面的调控主要从以下几个方面展开。

7.1.4.1　引起关注

为帮助语篇的接受者高效理解语篇,主体常常在需要特别关注的地方,运用特定的整合手段,提醒接受者注意。请看例(72):

(72) 请注意,这里把"三十六字母"分为六行并不是随意的。中国古代的音韵学者在提及声类时,一般将其分为五类,即唇、舌、齿、牙、喉。这大体说的是发音部位,不过,也有一些其他的音素在里面。为什么要分为五类呢?这个是因为音韵学家非要把它和五音,商、宫、角、徵、羽什么的牵扯起来,此例一开,后来什么不搭界的东西都凑了上来。什么五行金木水火土,四方东西南北中,五脏肝脾心肺肾。这个也是音韵学令人敬而远之的原因之一。(CCL 语料库)

通常,接受者更关心的是"三十六字母"的内容,而非分成几行排列。然而排列方式才是语篇要重点关注的内容。为了凸显这一重点,言者使用提示话语"请注意",让读者关注本来不太容易关注的字母排列问题。同样,接受者看到"一般将其分为五类,即唇、舌、齿、牙、喉"的时候,更容易关心分类的内容,而非分成了几类。于是言者运用设问,提醒接受者将注意力放到"五类"上。在主体的不断提示和调控之下,语篇接受者得以将注意力集中于主体希望的方面,高效解读语篇意义。

7.1.4.2　引导理解

在符号表征的过程中,言者有时需要对听读者进行解读方式的引导,帮助其顺利解读语篇意义。请看例(73):

(73) 现在我们虽然是下了不少工夫,但在忙活的主要是专业人士。如果专业人士一开始不够忙,就折腾整个全社会。你想,4 400 多所学校,以后还可能再扩大。100 多万学生停课,涉及到 100 多万学生的家长,对整个社会的冲击非常大。我们中国立足于预防为主,早期预防的效率非常高,早期预防 1 个,就等于预防了 10 个、100 个、1 000 个、10 000 个,它就是这种效果。(BCC 语料库)

例(73)中,"如果专业人士一开始不够忙,就折腾整个全社会"这句话,原本有多种意义推导路径。在此处,言者在语篇中使用"你想"与读者互动,将单元的指意引向受影响的学校、学生、家长较多,因此对社会影响非常大上面,邀请读者按照言者预设的方向解读语篇。

7.1.4.3　投注情感

语篇中,言者除了要建构概念意义,传递客观信息,还要借助这些客观信息与读者展开意义交流。因此言者经常在语篇的表述中投注自己的情感、立场、态度,留下自我的痕迹,并与听读者互动。请看例(74):

(74) 一位艺术家要想取得成功,某种意义上要看他是否生逢其时。梅兰芳的师傅陈德霖,是上一代的风范,喜欢"抱着肚子唱",扮相上也不改革,很快就不是梅的对手了。与梅"半师半友"的王瑶卿是一个厉害的革新家,他企图把昔日严格区分的花旦和青衣加以融会,创造出一个新的"花衫"行当,可惜42岁那年嗓子"塌中"。梅兰芳正是从陈、王那里继承了现时观众所需要的东西,并以自己的形体和嗓音条件,完成了陈、王未竟之志。(王磊、徐城北《生逢其时》)

例(74)的意义核心是,"一位艺术家要想取得成功,某种意义上要看他是否生逢其时。"言者用陈德霖、王瑶卿的例子来论述这一核心。论述中,言者并不是只关注对概念意义的表征,还在其中投射了自己的情感,用"可惜"表示对王瑶卿嗓子"塌中"的惋惜,从而与读者进行情感互动。

7.1.4.4　建构人际关系

语篇的意义要顺利地传达给听读者,除了要求语篇承载的意义结构清晰、完整,语言表达流畅、自然,还要考虑接受者的接受心理。当接受者与言者之间形成良好和谐的人际关系,可以助益语篇的交际效果。相反,如果接受者与言者之间未能形成良好的人际关系,就会抵触语篇,从而降低交际效果。这就是为什么语篇接受中存在"名人效应"的原因。正因如此,语篇的言者在表征意义结构、建构语篇意义的同时,也要考虑与听读者人际关系的建构。比如通过提及听读者(如在语篇中使用"亲爱的读者""各位看官"等表达自己对听读者的关注)或与听读者对话(比如在语篇中插入针对读者的提问等)的方式,来建立良好的人际关系,又比如使用一些规避性话语来减少语篇内容对听读者的冒犯,等等。请看例(75):

(75) 我们还必须意识到,在对付一种"解释"的终极状态时必须处理的若干危险:一种是新时代变种的"万事皆相关"论,另一种是在不适当的组构层次做还原论的解释(恕我直言,这正是从事意识研究的物理学家们和埃

克尔斯学派的神经科学家们所为）。（德里克·比克顿《语言和物种》）

例(75)中,语篇主体不仅客观阐述对付一种解释时需要处理的危险,还发表了主观评价:"从事意识研究的物理学家们和埃克尔斯学派的神经科学家们"正面临其中这种危险。但是,这一评价显然对部分听读者来说是不礼貌的,不利于主体间和谐关系的构建。言者为了尽量避免冒犯和冲突,在语篇中使用"恕我直言",表现出他积极建构良好人际关系,避免主体间关系受损的努力。

7.1.5　小结

本节以日常语篇为例,探讨言者在符号表征阶段,对前符号意义结构进行干预调控、加工整合的具体内容,我们从意义结构的符号转写、意义结构的精制加工、意义结构的线控表达、符号序列的交互主观化处理四个方面进行讨论。通过这样的整合加工,言者得以将前符号阶段自组织整合形成的意义结构转写为统一完整、自然连贯、可在主体间进行意义交流的线性语篇。

7.2　日常语篇的整合手段

符号表征阶段,言者从意义结构的符号转写、意义结构的精制加工、意义结构的线控表达、符号序列的交际主观化处理四个方面,对语篇进行意义整合,使前符号阶段自组织整合生成的意义结构得以实现为统一完整,表述明晰,能在主体间进行意义交流的符号语篇。日常语篇中,言者更多采用他组织方式转写语篇,有意识地介入和调控整合过程。本节即从意义结构的精制加工、意义结构的线控表达、符号序列的交互主观化处理三个方面,对语篇中的他组织整合手段进行尽量系统的描写。

7.2.1　精制加工类整合手段

符号表征阶段,言者为了对意义结构的雏形进行精制加工,使其以更加稳定、完整、明确、有序的方式呈现在语篇中,常使用以下一些整合手段。

7.2.1.1　明示、凸显意义核心的手段

1. 辖群句

请看下例:

(76) 八大山人就说自己是世界的一个点。他早年就有号"雪箇""雪個""雪个""箇山""个山",自称"个山人",这个"个"是天地之一"个"、乾坤中之一

"个"。个,也可解释为竹,雪个,即皑皑白雪中的一枝竹,白色天地中的一点青绿,八大山人喜欢这样的意象。1674 年八大山人的友人曾为其画《个山小像》,这是研究八大山人的重要史料。《个山小像》上有多人之跋,其中蔡受题跋前有一圆圈,圆圈中有一点,此即所谓圆中一点。圆中一点,则为"个"。此像中并有八大山人录其友人刘恸城的赞语:"个,个,无多,独大,美事抛,名理唾……大莫载兮小莫破。"<u>八大山人告诉人们的是</u>:我山人是天地之中的一个点,虽然是一点,却是大全,一个世界,我是世界的一个点,我的生命可以齐同世界,我独立,抛弃追求的欲望,唾弃名理的缠绕,我便拥有了世界。他笔下的一朵小花,一枝菡萏,一羽孤鸟,都是一"个",一点,一个充满圆足的生命。八大的自尊缘此而出。(朱良志《乾坤草亭》)

上例呈现了很多离散的意义单元,如八大山人的字号、对"个"的解释、《个山小像》的跋文、友人赞语,等等。言者希望通过这些意义单元,整合出对"点、个"的充实圆足意义的理解,并由此解读八大山人的艺术境界。但艺术境界玄妙难于理解,语篇呈现的意义单元很难精准地浮现意义核心,因此这里的意义结构是不够稳定的。主体为明示意义核心,加固意义结构,使用专职的辖群句(范晓 2020)"八大山人告诉人们的是",帮助读者建构语篇意义。

2. 序列位置

请看例(77):

(77) <u>在对外来事物或饮食方式的同化过程中,中华饮食凸显出"本土化"的内在机制与运作模式,而本土性是始终坚持的首要原则。</u>中国南方多水田,北方多旱地。米和面成为中国人的主食,水、旱地中生长的瓜果蔬菜成为与主食相伴的事物,家畜、水产品及野猎的动物大多成为改善人们生活的佳肴。尽管这种饮食结构及生活方式在物质极大丰富后发生了巨大变化,但中华饮食最根本的本土性特质却仍以不同形式存在,且构成中华饮食文化体系最为坚实的基础。在世界上任何一个提供"中式餐饮"的餐馆与酒店中,中国本土化饮食要素不可或缺。只有中国本土性的饮食原料与中国厨艺有机结合,人们才能真正品尝到中华美食的滋味。(肖向东《论全球化视野中的中国饮食》)

上例属于论述类语篇。论述类语篇旨在"运用事实和事理材料进行逻辑推理,从而辨明是非,证明自己的见解和主张。"(何永康 2002:140)在语篇布局上,这类语篇也有自己的组织模式,主要有开章明义和卒章显志两种,即将意义核心置于语篇/段的开头或结尾。久而久之,读者也形成固定的解读模式,阅读中习惯在语篇首尾寻找意义核心,帮助建构语篇意义。由此,将意义核心置于语篇/语段序列的开头或结尾,具有明示意义核心的功能,是论述类语篇常常使用的意义整合手段。

　　3. 语篇副文本

　　日常语篇中,大部分书面语篇都有标题,特定类型的语篇,如学术论文、新闻语篇、散文等,还有摘要、题记等其他类型的副文本。这些副文本附着于语篇正文,其基本功能就是提炼、明示复杂语篇的意义核心,方便读者解读。如:

（78）

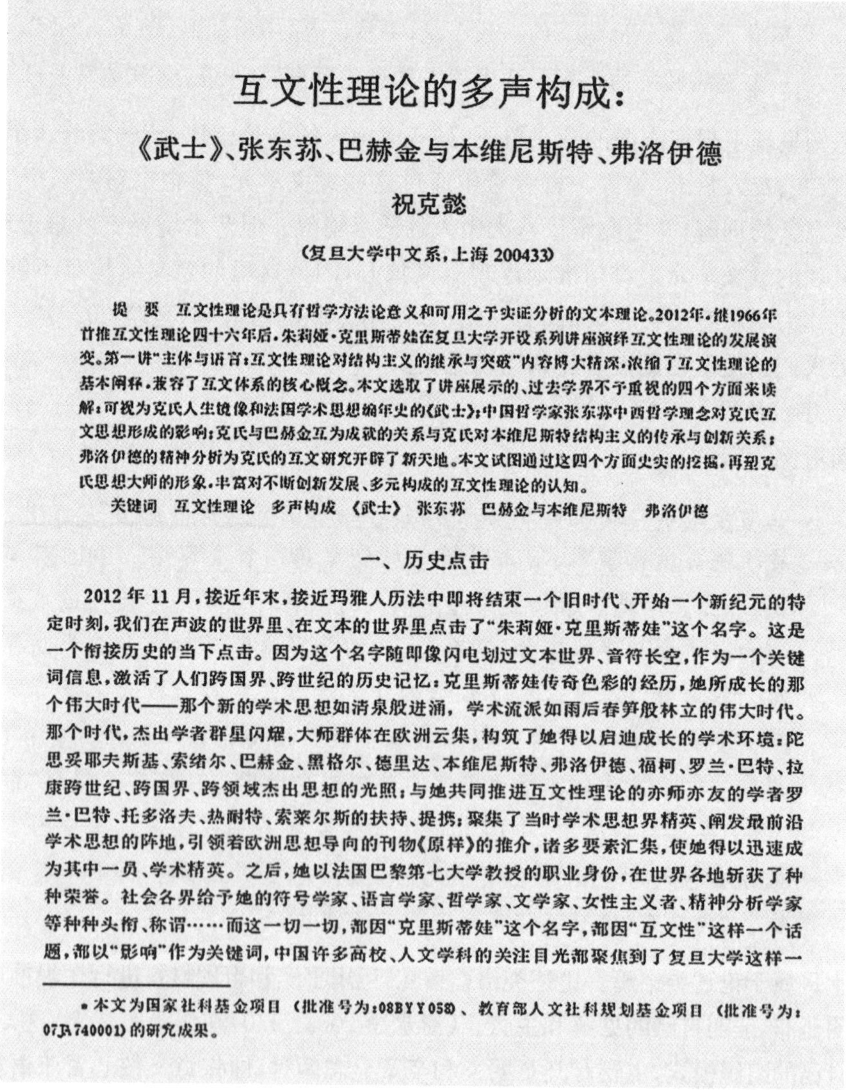

互文性理论的多声构成:
《武士》、张东荪、巴赫金与本维尼斯特、弗洛伊德

祝克懿

（复旦大学中文系,上海 200433）

　　提　要　互文性理论是具有哲学方法论意义和可用之于实证分析的文本理论。2012年,继1966年首推互文性理论四十六年后,朱莉娅·克里斯蒂娃在复旦大学开设系列讲座演绎互文性理论的发展演变。第一讲"主体与语音:互文性理论对结构主义的继承与突破"内容博大精深,浓缩了互文性理论的基本阐释,蕴容了互文体系的核心概念。本文选取了讲座展示的、过去学界不予重视的四个方面来读解:可视为克氏人生镜像和法国学术思想缩年史的《武士》;中国哲学家张东荪中西哲学理念对克氏互文思想形成的影响;克氏与巴赫金互为成就的关系与克氏对本维尼斯特结构主义的传承与创新关系;弗洛伊德的精神分析为克氏的互文研究开辟了新天地。本文试图通过这四个方面史实的挖掘,再现克氏思想大师的形象,丰富对不断创新发展、多元构成的互文性理论的认知。

　　关键词　互文性理论　多声构成　《武士》　张东荪　巴赫金与本维尼斯特　弗洛伊德

一、历史点击

　　2012 年 11 月,按近年末,按近玛雅人历法中即将结束一个旧时代、开始一个新纪元的特定时刻,我们在声波的世界里、在文本的世界里点击了"朱莉娅·克里斯蒂娃"这个名字。这是一个衔接历史的当下点击。因为这个名字随即像闪电划过文本世界、音符长空,作为一个关键词信息,激活了人们跨国界、跨世纪的历史记忆:克里斯蒂娃传奇色彩的经历,她所成长的那个伟大时代——那个新的学术思想如清泉般进涌,学术流派如雨后春笋般林立的伟大时代。那个时代,杰出学者群星闪耀,大师群体在欧洲云集,构筑了她得以启迪成长的学术环境:陀思妥耶夫斯基、索绪尔、巴赫金、黑格尔、德里达、本维尼斯特、弗洛伊德、福柯、罗兰·巴特、拉康跨世纪、跨国界、跨领域迸出思想的光照;与她共同推进互文性理论的亦师亦友的学者罗兰·巴特、托多洛夫、热耐特、索莱尔斯的扶持、提携;聚集了当时学术思想界精英、阐发最前沿学术思想的阵地,引领着欧洲思想导向的刊物《原样》的推介,诸多要素汇集,使她得以迅速成为其中一员、学术精英。之后,她以法国巴黎第七大学教授的职业身份,在世界各地斩获了种种荣誉。社会各界给予她的符号学家、语言学家、哲学家、文学家、女性主义者、精神分析学家等种种头衔、称谓⋯⋯而这一切一切,都因"克里斯蒂娃"这个名字,都因"互文性"这样一个话题,都以"影响"作为关键词,中国许多高校、人文学科的关注目光都聚焦到了复旦大学这样一

　　• 本文为国家社科基金项目（批准号为:08BYY050）、教育部人文社科规划基金项目（批准号为:07JA740001）的研究成果。

图 7-1　学术论文语篇的副文本

学术论文内容丰富,论证复杂。为帮助读者顺利解读,语篇归纳出高度凝缩的意义核心,将其以标题、副标题、摘要等副文本形式呈现。这些副文本高度概括了语篇的整体意义,语篇正文则以它们为意义核心展开论述。由此,语篇的标题、摘要、题记等副文本,也是其进行意义整合的独特手段之一。

7.2.1.2　能量调控手段

1. 副词

日常语篇常常使用评注性副词,增强或减弱意义单元的意义能量,从而使语篇中的意义单元能量有序、强弱适宜。如:

(79)《老子》和《黄帝书》是道家的经典,在汉初被抄写在《老子》前面的《黄帝书》<u>显然</u>在当时公众心目中已具有崇高的位置,不会是刚刚撰就的作品。(李学勤《〈老子〉的年代》)

(80)中国古代的社会文化与教育是拿诗书礼乐做根基的。教育的主要工具、门径和方法是艺术文学。艺术的作用是能以感情动人,潜移默化培养社会民众的性格品德于不知不觉之中,深刻而普遍。<u>尤</u>以诗和乐能直接打动人心,陶冶人的性灵人格。(宗白华《艺术与中国社会》)

例(79)通过使用评注性副词"显然",表明《皇帝书》"有崇高的位置"是显而易见的事,从而加强这一单元的意义能量;而例(80)中,程度副词"尤"的使用同样具有强调功能。这两个副词若从句中删除,并不会影响单元意义的表达,但加上副词,作者对单元语势的强调和凸显则更为明显。由此,运用副词增加或减弱单元的意义能量,是常用的意义整合手段。

2. 关联词语

语篇中的关联词语,除了能以特定的语义关系将不同的意义单元连缀起来之外,还具有调节单元意义能量的功能。请看例(81)、(82):

(81)管理者<u>一</u>见残破的废墟<u>就</u>觉得碍眼,不惜工本修葺一新,这在某种意义上是缺乏文化素养的表现。(叶廷芳《废墟之美》)

(82)所以雕刻家在工作中,<u>虽然</u>有相当的自由,可以发挥个人才华,<u>但</u>无论在内容上,还是在形式上,还要首先服从一个社会群体意识长期约定俗成的需求。(熊秉明《罗丹的雕刻》)

例(81)中,如果我们将表述转换为:管理者见到残破的废墟觉得碍眼,不惜工本修葺一新……单元的概念意义不变。"一……就……"的使用强调了管理者的反应速度之快,似乎见到废墟就条件反射地想要修葺。如此,意义单元的意义能量就在关联词语的加持下得到加强。例(82)中,"雕刻家的工作相当自由,可以发挥个人才华",相比"首先服从一个社会群体意识长期约定俗成的需求"来说,意义能量是不相上下的,但语篇为了凸显后者,使用"虽然……但是……",设定单元之间的能量秩序,在凸显后者的同时压抑前者,使两个意义单元强弱有序,语篇的整体意义更加和谐。由此,关联性词语的使用也是语篇调节单元意义能量,进行精制加工的常用策略之一。

3. 否定

否定表达总是先预设一个命题,再去否定它,从而形成预设命题与否定表达之间的意义能量差,以此实现强调的语用效果。请看例(83)—(85):

(83) 我们提倡阅读,并非为了闭门不出、与世隔绝。阅读不是为了逃避世界,而是为了更好地拥抱世界、热爱他人。(白龙《阅读,是对精神的刷新》)

(84) 在全球化时代,中华饮食文化不会失去自我,而将在日益普遍的文化价值认同之下,进一步为世界各国所认可。(肖向东《论全球化视野中的中国饮食》)

(85) 说到底,艺术之所以为艺术,不在于认识,不在于教化,而在于给人想象的空间和情感的慰藉,是对遭受异化痛苦的人们所进行的精神关怀。(陈望衡《艺术是什么》)

上面几例中,本来直接提出"阅读是为了更好地拥抱世界","中华饮食将在日益普遍的文化价值认同之下,进一步为世界各国认可","艺术之所以为艺术,在于给人想象的空间和情感的慰藉"就实现明确表义了,但言者没有直接抛出观点,而是运用否定策略,先激活与之对立的说法"阅读是为了闭门不出、逃避世界","中华饮食文化会失去自我","艺术之所以为艺术在于认识、教化",使之与否定它们的观点形成对立,从而在能量对流中,加强否定单元的意义能量。

4. 语序

有时,主体不必使用明确、专职的符号标记,仅仅通过语序,就能调节意义单元间的能量关系。请看例(86):

(86) 常识教育的命意和专业化教育不一样,后者主要着意于培养专业技术人才和职业个体,乃至于螺丝钉似的现代"部件人"(工具主义个体),或为学术而学术,为科技而科技,专意在促进专业学术发展和科技进步(有时甚至可能忽略对科学技术的价值判断和伦理反思)。常识教育则着眼于人的全面发展,培育具有独立思考能力和道德判断的自由个体,以及随之而来的普遍的人文精神氛围和社会公共生活,抵御知识的异化、人的

异化、制度的异化与社会的异化,增进社会的共同福祉。(罗云峰《常识教育的意义》)

上例可分为两个下位意义结构,一个是对专业化教育的阐述,一个是对常识教育的阐述。这两种教育彼此不同,本来能量平衡,同等重要。不过,语篇主要阐述的是常识教育的意义和价值,因此需要加强常识教育部分的意义能量。为达到这一目的,语篇没有使用专职语言标记,仅仅是将阐述常识教育的语篇单元置于尾焦点位置,读者在阅读中,就能解读出两者之间的能量差,知道常识教育是被语篇凸显的对象。由此,利用语篇中的焦点位置,也是提升单元意义能量的整合手段之一。

5. 话语标记

为了调节意义单元的意义能量,保证整体意义结构完整,重心突出,有些语篇还会在符号表征的时候加入具有特定功能的话语标记,以近乎明示的方式提醒读者意义单元之间的能量差异。请看例(87):

(87) 追求真理的科学家,他内心受到像清教徒一样的那种约束:他不能任性或感情用事。附带地说,这个特点是慢慢发展起来的,而且是现代西方思想所特有的。(选自许良英等编《爱因斯坦文集》第三卷)

上例"附带地说"就是这样的话语标记。语段中,"这个特点慢慢发展起来,而且是现代西方思想所特有的"本来占据焦点位置,应该是语篇强调的重点。但言者论述的重点并不在此,为了保证语篇意义结构的能量和谐,言者使用"附带地说",减弱后面单元的意义能量,取消其表意重心的地位,从而调整语段的表意重心,保证意义结构的顺利建构。

7.2.1.3　指意调控手段

当言者在表述过程中,需要限制意义单元的指意范围,或干涉意义单元的解读方向时,常常使用一些固化或半固化的小句,明示单元的指意视角、指意范围,或解读方式。如:

(88) 他是用听雨这一件事来概括自己的一生的,从少年、壮年一直到老年,达到了"悲欢离合总无情"的境界……他是"鬓已星星也",有一些白发,看来最老也不过五十岁左右。用今天的眼光看,他不过是介乎中老之间,用我自己比起来,我已经到了望九之年,鬓边早已不是"星星也",顶上已是"童山濯濯"了。(季羡林《听雨》)

(89) 那个出租车他到去那种水深或者是人多的地方的话,他自己本身也有危险。所以说他要高价的时候,可能人都是自私的,<u>遇到这种情况的时候</u>。所以说我们也要考虑到他们方面的问题。可能人<u>在这种危险的情况下</u>第一时间考虑的都是自己。(凤凰卫视"一虎一席谈"2012 - 8 - 4)

(90) 据教育部 2007 年对特殊教育学校教师特殊教育培训的统计数据显示,在 34 990 位特殊教育学校的教师中,只有 18 976 位教师接受过特殊教育专业的培训,仅占 54%,<u>换句话说</u>,目前在特殊学校工作的教师中有 46% 的人从来没有接受过任何特殊教育知识和技能的培训。(CCL 语料库)

例(88)中,"他不过介于中老年之间"是从今天人的寿命出发得出的结论,在古代,五十多岁是确定无疑的老年。若没有"从……的眼光看"来限定指意视角,"他不过介于中老年之间"就与前文"从少年、壮年一直到老年"的表意冲突,不利于语篇意义的建构。因此,言者在此使用"从……的眼光看",有效限定了单元的表意范围,使单元意义的表达更加清晰。例(89)中,"人都是自私的""第一时间考虑的都是自己"这些命题在我们熟悉的社会认知模式中,是被排斥和批判的对象,很容易激活消极评价。可是言者在这里却是要表达对这些观点的理解与包容。言者赋予的评价意义与社会认知模式冲突,不利于语篇的意义建构,因此言者反复使用"……的时候""在……情况下",限定单元的指意范围,声明单元表意只在这一特殊情况的狭小范围内成立;例(90)中,"换句话说"前面的意义单元具有多种表意可能:有超过一半的教师接受过特殊教育培训,比例很高,比例太高,还是比例太低?言者为消除单元表意的不确定,使用"换句话说",引导解读,从而实现单元意义的明确表征。

由此,即使是在遵循他组织机制的日常语篇中,语篇单元也常常存在多种解读可能,而不利于语篇整体意义的明晰建构。这种时候,言者可使用一些提示性或标记性手段,明确限定单元指意的视角、范围、解读方式,帮助实现意义整合。

7.2.1.4　精确度调控手段

当语篇需要调控表意精确度,即基于一定的语篇意图有意识地模糊或明晰单元意义的时候,也会使用一些整合手段,包括话语标记、引语、模糊语等。

1. 模糊限制语

"模糊限制语是一些把事物弄得模模糊糊的词语""是指那些从逻辑推断上语义含糊、在真假值之间界定不清的词语",如"有一些(kind of)""我想/我认为(I think)""我猜(I guess)"等。(Lakoff 1973)在表征意义单元的时候,言者有时会插入一些模糊限制语(包括词、短语、小句形式的模糊限制语),限制意义单元的表义范围或程度,调控意义表达的精确度。如:

(91) 我们在阅读中学着和自己对话,正如我们在终极意义上独自面对人生一样。<u>在某种意义上</u>,阅读是对庸常生活的救赎,让我们得以暂时跳脱出琐碎的眼前之事,对永恒之物进行片刻的凝望。(白龙《阅读,是对精神的刷新》)

(92) "多行不义必自毙",在揭示事物发展规律的意义上讲,是对的,但对照法理社会依法治国这一点去看,却是有偏颇的,或者说,<u>某种程度上</u>不可行的。(《文汇报》2002-8-27)

(93) 这话对于高水平的艺术欣赏<u>或许</u>是真的,但对于自然美,尤其是山水美的感受,也<u>未必</u>尽然。(郁达夫《山水及自然景物的欣赏》)

　　例(91)的"在某种意义上",例(92)的"某种程度上",例(93)的"或许、未必"都是这样的模糊限制语。限定性成分的添加,模糊了本来表意精确的意义单元,使"阅读是对庸常生活的救赎""(用'多行不义必自毙'来治国是)不可行的""这话对于高水平的艺术欣赏是真的、对于自然美的感受不尽然"这三个命题,从完全确定变成了部分确定。这样的模糊处理有利于降低命题表达的绝对性,使其包容性更强而适用面更广,有利于增强单元表意的可信度。由此,运用限定性成分调整单元表意的精确度,是语篇意义精制整合的重要手段之一。

　　2. 引用

　　引用,即在语篇中引述他人话语来辅助意义建构。直接引语,或明确标明出处的间接引语,既可以明示话语来源,增强意义单元的精确性,又可以表明他人(有时是权威)对观点的支持,提升观点的说服力和交际效果。请看例(94)、(95):

(94)《人类尺度:一万年后的地球》这本书的观点有助于提升人类面对气候变暖、海平面上升所带来的挑战的勇气,<u>正像作者所说的那样:穿着熊皮、拿着石斧的石器时代的人类尚且知道如何在冰川期生存下来,我们难道无法运用现代高科技去解决海平面上升一米带来的后果吗?</u>(俞金尧《全球气候变暖与人类的活动无关吗?》)

(95) 它(古典建筑)现在的贫乏并不致命,并不意味着会被永远拒之门外。它自身的没落为其正本清源和准备改进创造了必要条件。在古典柱式中,建筑找到了它的最高表达方式:即使天才们也不能再对它做进一步的改进,就如同无法再改进人类的身体和骨骼一样。<u>辛克尔宣称:"建筑的进化在过去很显著,现在只有受过训练的眼睛才能觉察到古典柱式中所需要的改进。"</u>(莱昂·克里尔《社会建筑》)

　　上面两例都使用了引语。这些引语的使用一方面由言据标记引导,明示了语篇单元的来源,从而增强了意义单元表意的精确性。另一方面,引语的使用还表明:除了言者,还有其他人(甚至还是大人物)也如此说过,以此加强单元的可信度。如此,引用行为有利于增强意义结构的可信度,具有精制调控功能,是语篇意义整合的精制手段之一。

7.2.2　线控加工类整合手段

为了将立体多维的意义结构转写为线性规约的符号序列,言者需要采取一系列线控整合手段,帮助实现意义表达的连贯流畅。

7.2.2.1　明示语义关系的手段

意义单元之间产生语义关联的方式可以是多样的,多样的语义关系会带来对整体意义的不同解读,影响意义结构的稳定性。在符号表征阶段,言者可以选择并置意义单元,促使单元之间自组织整合浮现语义关系,也可以选择使用语言手段,规定意义单元之间发生语义关系的方式和类型。前者容易产生丰富多歧的语义解读,后者则容易产生明确稳定的语义解读。这类明示单元间语义关系的符号手段主要有:

1. 关联词语

为了明确单元之间的意义关系,引导听读者进行确定无误的语篇解读,言者常常在语篇中使用关联性连词或副词,明示意义单元之间的逻辑关系。请看下例:

(96) 如果我们仅仅从满足身体的、物质的欲望层面来理解的话,幸福确实是不可能的。但是如果我们超越欲望层面来看幸福,这个观点就不成立了。比如你非常喜爱读书,你渴望去读那些好书,你知道一些好书在等着你读,那个时候你会痛苦吗? 你不会。读完了以后你会无聊吗? 不会。你感到丰富了自己的精神,你会因此快乐。这就进一步说明,我们谈幸福问题,一定要超越纯粹欲望的层面,要从价值角度去谈。(赵迎晖《阅历与读书》)

(97) 功业留给人的是回忆,而且很快就成为陈年旧物了;然而有价值的著作,除非有散失的章页,否则总是历久弥新,永远以刚出版的生动面目出现。所以,著作不会长久被误解的,即使最初可能遭到偏见的笼罩,在长远的时光之流中,终会还其庐山真面目。(叔本华《论名声》)

上面两例连用多重关联词语,明示单元之间的语义关系。如"但是、然而"明示转折关系,"如果、即使"明示假设关系,"所以"明示因果关系,"比如"明示例举关系等等。我们以例(97)下划双行线的句子为例。句中的两个意义单元:(著作)最初遭到偏见;在长远的时光中还其庐山真面目。如果不加关联词语,它们之间的意义关系可以是著作已经遭到了偏见,后来还其庐山真面目,也可以是著作目前没有遭到偏见,但我们假设,如果著作受到偏见,也可以还庐山真面目。因此不使用关联词语的时候,单元之间究竟以哪种方式实现意义联系是不明确的。而使用了"即使",这种不确定性就消失了。由此,使用关联性连词/副词,可以明确单元之间发生意义关联的方式,从而实现明晰表意。

2. 话语标记

除了关联性连词/副词,还有一类话语标记,也可以帮助言者明确意义单元之间的语义关系。请看例(98):

(98) 另外,专业化教育往往着眼于知识的精深,常识教育则着眼于知识的基本、根本与全面,一为专家之学,一为通人之学⋯⋯此处所谓的通人并非意味着博闻广识、无所不通⋯⋯而在于对涉及人与自己、与他人、与社会、与世界之间关系的基本常识的了解,尤其是涉及个体心灵生活和现代公共生活的最基本相关知识的掌握。换言之,常识教育或通识教育永远是与人类知识水平和智力水平相对而言的,是对最核心、最重要的基本常识的教育。(罗云峰《常识教育的意义》)

上例中的"另外、换言之",同样具有以特定方式关联意义单元的功能。我们以"换言之"为例解析。"换言之"前后各表征了一个意义结构:前面的意义结构可标记为 a,"专业化教育往往着眼于知识的精深⋯⋯最基本相关知识的掌握";后面的意义结构我们标记为 b,"尝试教育或通识教育⋯⋯基本常识的教育。"两者之间可以是因果关系(以 a 推导得出 b),可以是总括关系(a 说了很多,总括为 b),可以是并列关系(b 与 a 同等重要,合并构成整体意义),可以是换言关系(a=b)⋯⋯在其间不使用任何整合手段的时候,上述解读都可以成立。语篇使用"换言之"明示了ab 之间的换言关系(说 a 就是想说 b),两者之间语义关系的不确定性就由此取消,语段的整体意义更加明晰。

7.2.2.2　连缀语篇单元的手段

当主体将立体多维的意义结构转写为线性语篇,在线控压缩的强制性规约之下,语篇单元彼此之间容易形成断裂,不利于语篇的连贯表达。为了将意义单元连缀起来,形成连贯表达,言者常常采用一些整合手段。这些整合手段既包括在语篇研究中广泛涉及的衔接手段,也包括通过语义关联和篇章布局形成的连缀手段。

1. 照应

语篇利用人称代词、指示代词等成分,将前后小句连缀起来,这种整合方式就是照应。如：

（99）波兰尼的隐性知识是存在于个体中的、私人的、有特殊背景的知识，隐性知识以个体内在携带的"意会模型"为中心，这些意会模型是概念、形象、信仰、观点、价值体系以及帮助人们定义自己的世界的指导原则。（2014年天津语文高考试题论述文阅读材料）

（100）双语者与只使用一种语言的人之间的另一种关键区别可能更为重要：前者具有更加突出的监控环境的能力。（2012年重庆高考语文试题论述文阅读材料）

例中，"这些"指代前面出现的"意会模型"，"前者"指代"双语者"。这些代词的指称对象，需要依靠上下文的照应才能实现解读，它们由此将不同的意义单元系连到一起，形成连贯表达。

2. 省略

语篇为实现经济高效的表达，时常进行承前或承后的省略。此时对省略小句的解读，就需要参照上下文才能明确。由此将前后意义单元连缀起来。请看例（101）：

（101）穿着熊皮、拿着石斧的石器时代的人类尚且知道如何在冰川期生存下来，难道我们就不能吗？（俞京尧《全球气候变暖和人类的活动无关吗？》）

此例中，"难道我们就不能吗"，"不能"后面应补充"生存下来"，表意才算完整。而此处承接上文省略。读者要实现完整解读，就需要参照上文，如此前后两个单元就在读者的参照解读中关联起来，实现了语篇单元的线性连缀。

3. 连接语

词语连接主要是运用关联性词语和话语标记等，明示单元间的语义关系，将不同的意义单元连系起来。因此上文所举明示语义关联的整合手段，大部分也同时具有线性关联功能。

4. 词汇衔接

在不同的意义单元中，运用词语复现和相同义场词语的共现，可以将不同的语篇单元关联起来，实现单元衔接。请看例（102）、（103）：

（102）明代王世祯家有弇山园，园中有一小亭，小亭坐落在丛树之中。四面花草铺地，绿茵参差，匾额上书"乾坤一草亭"。（朱良志《乾坤草亭》）

（103）宋代在信用形式和信用工具方面都呈现出新的特点。信用形式表现为借贷、质、押、典、赊买赊卖等多种形式。借贷分为政府借贷和私人借贷。<u>政府借贷</u>主要表现为赈贷的形式,在紧急情况下通过贷给百姓粮食和种子的方式,帮助他们度过困境。<u>私人借贷</u>多为高利贷,它可以解决社会的分化和"钱荒"带来的平民百姓资金严重不足的问题,满足特殊支付和燃眉之急的需要。<u>质</u>、<u>押</u>是借贷担保的形式,由质库、解库、普惠库、长生库等机构经营。<u>质</u>属动产担保,它必须转移动产的占有;<u>押</u>属不动产担保,通常将抵押物的契约交付债权人即可。债务人违约时,债权人可用变卖价款优先受偿。<u>典</u>作为不动产转移的一种形式是在宋代形成和发展起来的,其特点是典权人向出典人支付典价后,就典期内占有了出典人典产的使用权和收益支配权,出典人也不必向典权人支付利息。宋代的商业贸易非常发达,但存在着通货紧缩现象,故<u>赊买赊卖</u>行为也很普及,几乎生产、流通、消费领域的所有物品都能进行<u>赊买赊卖</u>。从其实际效果看,它解决了军需、加强了流通,更重要的一点,它对束缚生产流通扩大和发展的高利贷构成了冲击。(王芳《宋代信用的特点与影响》)

上例综合使用了词语复现和同一义场中的词语共现等方法,实现词汇衔接。词语复现如例(102)的"园、小亭",例(103)的"借贷、质、押、典、赊买赊卖"等,同一义场词语的共现如"丛树"和"花草、绿荫","小亭"和"匾额"等。由于这些词语在语义上彼此紧密关联,使由各小句表征的意义单元得以彼此连缀。这就是词汇衔接的整合手段。

5.同构单元并置

除了使用专职语言手段,言者还可以将具有同义、反义、类义关系的意义单元用相似的语言结构进行表征,将其并置在一起。由相似的形式激活单元之间的意义联系,从而将多个意义单元关联起来,形成整体。请看例(104)—(107):

(104) 中国画家不是<u>看一只鸟就画这只鸟</u>、<u>有一朵花就画这朵花</u>的人。中国画的主流不是将画作为写实的工具,而是当作表达内在生命体验的工具。(朱承志《乾坤草亭》)

(105) 无边的世界就在高台玩月的灵境中荡漾。那小舟也是如此,<u>它在小河中荡漾</u>,<u>在开阔的湖面荡漾</u>,<u>在茫茫的大海中荡漾</u>,<u>在无形的宇宙中荡漾</u>。(朱承志《乾坤草亭》)

(106) <u>宇宙、乾坤,说其大</u>;<u>小亭、小舟言其小</u>。在小亭中有囊括乾坤的期望,在小舟中有包裹江海的运思。<u>小,是外在的物</u>;<u>大,是内在的心</u>。(朱承志《乾坤草亭》)

(107) <u>说他的雕刻是最雕刻的雕刻是可以的,因为雕刻本身取得意义</u>;<u>说他的</u>

<u>雕刻破坏雕刻的定义</u>，已经不是雕刻，<u>也是可以的</u>，因为雕刻不仅仅具有坚实的三度实体的造型美，而且侵入诗，侵入哲学。<u>说在他的作品里，我们看见雕刻的起源是可以的</u>，<u>说在他的作品里，我们看到雕刻的消亡也是可以的</u>。因为他的雕刻在生命的波澜中浮现凝定，生命啄破雕刻的外壳又一次诞生。（熊秉明《罗丹的雕刻》）

上述各例中，例（104）、（105）的画线部分用相同的结构表征同义或类义单元，例（106）、（107）的画线部分用相同结构表征反义单元。言者运用同构的符号序列表征具有同义、反义、类义关系的意义单元，可加强单元之间的共鸣。在形式同构和单元并置的催化下，单元间的意义互动被迅速激活，从而形成协同运作的整体。因而同构单元的并置也具有整合功能。

7.2.2.3 赋予框架

有时，前符号意义结构中包含较多错综复杂、零散异质的意义单元，若仅仅通过线性连缀、明示关系等手段整合，线性语篇还是难免凌乱。为避免凌乱，言者会为语篇赋予一个整体的意义框架，使得众多离散无序的意义单元得以有序共存。言者为语篇赋予的意义框架有时序框架、空间框架、逻辑框架、句法框架等。

1. 时序框架

语篇以意义单元（事件等）发生的时间为序结构语篇，将零散的意义单元整合起来，使其连缀有序，即赋予时序框架的整合策略。如：

（108）<u>周代</u>，尽管囿于技术落后及交通不便，食品安全事件似乎不多，但由于食品安全关系重大，统治者还是非常重视并作出了特别规定。周代的食品交易主要是以初级农产品的直接采摘、捕捞为主，所以对农产品的成熟度十分关注。据《礼记》记载……

<u>汉唐时期</u>，食品交易活动非常频繁，交易品种十分丰富。为杜绝有毒有害食品流入市场，国家在法律上作出了相应的规定。汉朝《二年律令》规定……

<u>宋代</u>，饮食市场空前繁荣。孟元老在其所著《东京梦华录》中，追述了北宋都城开封府的城市风貌，并且以大量笔墨写到饮食业的繁荣……

从上述朝代对食品流通的安全管理及其有关法律举措来看，我们可以得到以下几点启示……（摘自张炜达《古代食品安全监管述略》）

例（108）的语篇包含了大量有关食品安全的事件、记录、评价、观点。言者为了让这些内容庞杂的意义单元在语篇中条理清晰地呈现，为其赋予时序框架。言者将一系列意义单元依据朝代分类，按照时序分段阐述，并且每一段都以朝代的名称开头。如此,语篇中数量众多、关系繁复的意义单元就可以在统一的时序框架中有序呈现了。所以为意义单元赋予时序框架是语篇经常使用的一种整合手段。

2. 空间框架

言者以意义单元的空间位置为依据设立转写顺序,连缀语篇单元,使其整合统一,即赋予空间框架的整合策略。如:

(109) 维也纳的城市布局层次分明,415 平方千米的市区,分为"三环一带",即<u>内城、外城、郊区</u>和一条玉带般的多瑙河。<u>内城</u>街道狭窄,有许多政府机关和历史建筑物。19 世纪在拆除城墙的基础上建设起来的环形马路(<u>内环路</u>),宽 50 米,长 4 千米,沿街分布着现代化建筑群。<u>外城</u>是维也纳最繁华的商业区和主要的住宅区。<u>外环路</u>的南面和东面是工业区;<u>西郊</u>一直伸展到森林边缘,有众多的公园、宫殿和别墅,参天的山毛榉环绕城市,构成了闻名世界的"维也纳森林"。(摘自《中国儿童百科全书》)

例(109)介绍维也纳的城市布局,涉及街道、机关、历史建筑、城墙、道路,现代化建筑、商业区、住宅区、工业区等。若言者只是将这些异质零散的表述对象转写成文字堆砌到一起,语篇会显得非常凌乱。为了整合语篇,实现有序表征,言者以空间位置为序,遵循内城、外城、郊区的顺序,对意义单元进行排列,并用"内城、内环路、外城、外环路、西郊"等语言形式明示其空间顺序,由此实现语篇意义的有序整合。

3. 逻辑框架

请看例(110):

(110) 清初诗人张潮将人的境界分为<u>三个层次</u>。<u>第一个层次</u>是牖中窥月,这是一般的境界,没有改变山里人只知道山里事的看世界方式;<u>第二个层次</u>是亭中望月,看到的世界不再是洞中之天,而是较为广阔的天地;<u>第三个层次</u>是台上玩月,则有"君问穷通理,渔歌入浦深"的悠然,有包裹八极,囊括乾坤的境界,它是在世界的高台之上。(朱承志《乾坤草亭》)

例(110)中,人的不同境界在前符号意义结构中本是平行分布的,不会一个接着一个线性出现。为了实现立体意义结构的线性表达,言者首先为其设立一个整体框架"将人的境界分为三个层次",然后以"第一个层次、第二个层次、第三个层次"分别引导三种境界,对其进行线性连缀,实现立体意义结构向线性语篇表达的转化。这样,即使读者接收的是线性连缀的意义单元,也能通过对逻辑框架的解读还原意义结构:三个境界分别与"将人的境界分为三个层次"关联,而彼此之间不是必然存在线性次序(倒过来排序也可以)。

4. 句法框架

当意义结构中的意义单元数量较多，层次关系比较复杂时，若仅用简单句转写，就很难展现不同意义单元之间错综复杂的层次关系。言者为了展现不同单元之间复杂的意义层次关系，可以为它们设立一个统一的句法框架，将不同的意义单元置于句法框架的不同槽孔中，使众多意义单元得以容纳到一个统一完整的句法结构中，实现层次分明的意义表达(参见曹秀玲 2018)。请看例(111)：

(111) 如果说，为了保护珍贵的历史古迹而拆迁周围的旧楼房还比较容易做<u>到的话，在兴建现代化景观时遇到"挡道"的历史建筑，问题就有点棘</u><u>手</u>。作为上海四大历史文化名镇之一，嘉定积聚了丰富的历史人文遗存，历史上曾出过 3 位金榜题名的状元，他们的故居被当地人称之为"状元府"。其中两座因历史原因已被拆除，目前只存留下的这位清朝状元的故居，被区政府列为保护对象。但是，绿地的建设工作也迫在眉睫，如何处置这个位于绿化带中的硕果仅存的"状元府"，成了摆在决策者眼前的难题。(《文汇报》2000 - 8 - 14)

请看例中的画线部分。其中至少包含以下几个意义单元：

a. 为了保护珍贵的历史古迹而拆迁周围的旧楼房

b. 以 a 为理由拆除历史建筑比较容易做到

c. 兴建现代化景观时遇到"挡道"的历史建筑

d. 以 c 为理由拆除历史建筑很难

e. 如果 a、b，那么 c、d

这五个意义单元彼此之间关系复杂，首先 a、b 发生意义互动，c、d 发生意义互动，然后 a、b 结合起来与 c、d 发生意义互动。在前符号意义结构中，这样错综复杂的关系是以非线性方式关联起来的，但在符号转写的过程中，这些立体复杂的非线性关联需要强制压缩为线性表征的符号序列，就很有难度了。于是言者尝试建构能容纳这些意义关系的统一句法框架，以实现复杂意义的清晰表达：首先，言者将 a、b和 c、d 统一纳入"如果……那么……"的复句框架中；其次将 a、b 纳入一个主谓结构，使事件 a 降级成为句法结构的主语，b 为谓语；最后将 c、d 纳入另一个主谓结构，c 降级作主语，d 作谓语。通过设置这样层次分明的三个句法框架，言者成功将关系复杂的五个意义单元，转写为条分缕析层次分明的线性符号序列，帮助实现意义整合。

7.2.3　交互加工类整合手段

语篇是意义单元交织整合，从混乱到有序形成的意义整体，最终呈现为可在主体间进行意义交际的符号序列。因此,作为语篇意义整合的最终成品,语篇的首要功能是在主体间进行意义交际。为了更好地实现这一职能,言者在整合过程中,还需要关注交际者,采取一些整合手段,帮助语篇更好地实现主体间的意义交流。这些手段的整合功能可以从提醒接受者注意、引导接受者解读、投射言者评价、构建交际双方的人际关系几个方面分析。

7.2.3.1　引起关注类整合手段

1. 设问

语篇常常通过设置自问自答,将意义结构中需要接受者重点关注的内容标记出来,引起接受者注意。请看例(112):

> (112) 如果我们超越现阶段人类思考问题的尺度,观察一个漫长的周期,情形也许就不会那么令人沮丧了——那就是一万年的时间尺度。为什么要一万年的时间尺度? 因为人类现在所处的地质时代开始于一万年以前……(俞京尧《全球气候变暖与人类的活动无关吗?》)

在例(112)中,主体提出超越人类思考问题的尺度,从一万年的时间来观察气候。在尾焦原则的引导下,读者很可能将注意力放在气候观察的结果上,即从一万年的时间来看气候,与现在有什么不同,而不会去关注是看一万年还是两万年的问题。言者为了突出意义重点,通过设置设问:"为什么要一万年的时间尺度",引发接受者的好奇,关注时间尺度的设置本身。在设问的提醒下,接受者调整解读路径,关注言者强调的内容,才有利于语篇意义的顺利建构。

2. 记号

言者为吸引接受者的关注,还可以采用一些非语言模态的记号手段,在需要引起关注的地方进行标记。如本书绝大多数的例证中,都将后文要着重分析的部分用下划线标注出来,就是一种吸引读者注意的手段。除了下画线,语篇还可以采用重点号、文字加粗、字号变化、特殊的版面安排等多模态方式,吸引接受者的注意,促使语篇意义能够更加高效地传递给接受者。这些非语言模态的记号也是语篇中常常使用的意义整合手段。

3. 话语标记

语篇中的凝固小句——话语标记是他组织语篇中系统使用的意义整合手段,言者也经常用以与听读者互动,提请对方关注。请看例(113):

> (113) 从市场走势技术面来看,周一沪市正好跌到前期低点 1980 点附近,明显遇到了较强的支撑,之后一路震荡上行,抛空者不断回补,加快了反弹的速度。值得一提的是,B 股市场经过连续多日的震荡下挫之后,周

一反弹力度比较大，直接刺激了 A 股市场出现反弹，从均线系统来看，中线走势一时难以扭转，但是短期确实有进一步反弹的可能性，而且目标位可能会达到 30 天均线附近，所以投资者在目前位置暂时不宜盲目割肉，而是应该继续等待反弹。（《文汇报》2000 - 9 - 5）

例(113)中，"值得一提的是"与概念意义无关，删除也不影响语篇整体意义的推进，其主要作用是提示读者注意，后面即将出现的内容比较重要，需要特别关注。因此它是游离于意义单元之外的专职整合手段。语篇中，言者经常使用这类话语标记，与听读者展开互动，提请其关注需要强调的内容。

7.2.3.2　引导解读类整合手段

当语篇中呈现的意义单元存在多种解读方式，容易产生误解和歧解的时候，言者需要介入，通过使用一些符号整合手段，引导读者往特定的方向解读，从而保证语篇意义按照言者期待的方向顺利建构。这类整合手段主要有：话语标记、设问、多模态手段等。

1. 话语标记

引导解读类整合手段中，最常用的就是话语标记了。如：

(114) 明天早晨你醒来的时候，如果发现了满窗盛开的小雏菊，千万不要怀疑我在外面又做了什么必须赎罪的事。你想，一切都和以往没什么两样。美好的阳光，芬芳的花朵，永恒不变的爱情——只是，那个爱你爱得紧却又有点不得已的老公已经上班去了。（候文咏《亲爱的老婆》）

例(114)中，丈夫因为预设妻子会怀疑他"在外面又做了什么必须赎罪的事"而给妻子写信。写信的目的就是防止妻子误解。因此，他在语篇中使用规约化的小句"你想"，引导妻子以特定的方式解读和思考：生活中有阳光，有花朵，有爱情，有美好生活，不要怀疑和伤心，以此达到说服的目的。因此，话语标记是引导读者以特定方式解读，与言者共建语篇意义的一种比较经济而常用的整合手段。

2. 设问

在独白类日常语篇中，当言者意识到听读者可能会对语篇单元的指意产生误解，就可以通过自问自答的方式，构建虚拟对话来引导听读者解读。如：

(115) 教师最多的是哪所学校？你是不是以为奉贤中学一定会是所有学校中教师人数最多的学校呢？那么我们现在告诉你：答案错了。根据数据显示，育秀学校以 240 名教师数排在第一，而奉贤中学则以 215 名教师

数位列第二……（CCL 语料库·《奉贤的家长看过来，大数据告诉你孩子就读学校的师资情况》）

例(115)中，言者预设听读者一定认为奉贤中学的教师最多，这样听读者的解读预期就与言者不同，不利于双方的互动交流和语篇意义的整合构建。于是，言者设置一个提问，构建虚拟对话，点出听读者预期，再通过自问自答的方式引导读者放弃先前的解读预期，顺应言者的期待解读语篇。通过设问构建虚拟对话，言者与想象中的听读者进行了跨越时空的交流，从而引导听读者按照自己预设的路径解读语篇，整合语篇的整体意义。

3. 多模态手段

在特定的语境中，语篇仅使用语言模态的符号资源，无法顺利转写意义结构。语篇的意义结构未能妥善建构，不利于主体间的意义交流。这时，言者还可以动用多模态资源，使多种资源联合表意，给接受者提供更多的解读线索，引导接受者解读。请看例(116)：

(116)

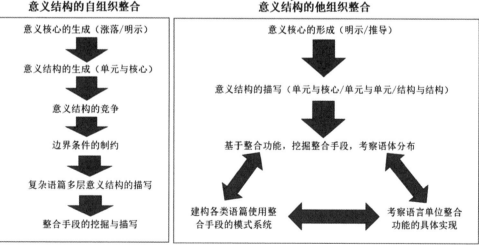

图 7-2　语篇意义整合的分析程序

上图选自本书第五章,是对语篇意义整合分析程序的图示。这一分析程序路径复杂,步骤众多,如果单用线性语言符号表征,听读者需要经过非常复杂的认知加工,才能勉强重构分析程序的意义结构(参阅5.3节)。而采用多模态方式,图示这一分析程序,能有效减小听读者的加工难度,引导其更加直观地重构意义结构。因此多模态方法也是语篇意义他组织整合的一种有效手段。

7.2.3.3 评价投注类整合手段

符号表征阶段,言者不仅对已成形的意义结构进行加工转写,还会一边转写,一边在语篇中投注自己的情感、态度、立场、观点,此即近年来语言学界非常关注的语言主观性问题。言者在语篇意义整合的过程中彰显主观性,投注个性化的情态和评价,也需要采用一些语言手段,此即评价投注类整合手段。

1. 词语附加义

请看例(117)—(120):

(117) 如果说和他人相处是一项必备的社会能力,那么与自己相处则体现一种<u>可贵</u>的精神定力。太多人习惯了众声喧哗,却无法和自己平静地相处片刻。只有阅读才能给人这种能力。(白龙《阅读,是对精神的刷新》)

(118) 这一历史时期,欧洲工业化运动的<u>弊端</u>已开始显现出来。加上启蒙运动中提出的返归自然的主张,这些都在浪漫主义运动中引起强烈的反响。(叶廷芳《废墟之美》)

(119) 宁静本身就是<u>道</u>,是宇宙之<u>本</u>。宇宙生命之秘密就在宁静中跃然显露。(朱良志《一丸冷月的韵味》)

(120) (专业化教育)主要措意于培养专业技术人才和职业个体,乃至于螺丝钉似的现代"<u>部件人</u>"(<u>工具主义</u>个体),或为学术而学术,为科技而科技,专意在促进专业学术发展和科技进步(有时甚至可能<u>忽略</u>对科学技术的价值判断和伦理反思)。(罗云峰《常识教育的意义》)

例(117)、(118)、(120)中的"可贵、弊端、忽略"在词汇意义中就有明显的评价倾向。主体利用词语的色彩义,在语篇中投注自己的评价;例(119)、(120)中,"道、本、部件人、工具主义"虽然没有明确的褒贬色彩,但词语的联想意义、搭配意义中,也带有积极或消极的评价倾向。如"道、本"是传统文化中推崇的概念,"部件人和工具主义"常常在我们批判功利主义思想的时候使用。借用这些带有联想意义和搭配习惯的词语,言者在语篇中投射自己的主观评价。

2. 反问

反问不是有疑而问,更多用来表达言者强烈的主观情感和态度,因此也常常用

来作为语篇意义整合的手段,用于在语篇中投注主观评价。如:

> (121) 目前,社会主义精神文明建设正在全国如火如荼地展开,文明城市、文明社区、文明路、文明村、文明家庭、文明市民和文明工作者等,一批又一批地涌现出来。我们应主动投入,积极地参与精神文明建设的工作,<u>这难道不是良机么?</u>(BCC 科技文献)

例中画线部分虽是疑问句的形式,但言者在此并非真的询问这是不是良机,相反他非常肯定这就是良机。在意义整合过程中,言者用反问句的形式,不仅明确表述了自己的观点,还在其中投注了非常强烈的主观情感。

3. 对话

言者还可以在语篇中引入他者声音(引语),与之展开对话,在对话中投射自己的评价态度。请看例(122)、(123):

> (122) <u>有人说</u>,幸福这个东西很难说,好像是很主观的感觉,很难有统一的标准。<u>确实是这样</u>,每个人对幸福的理解是不一样的。(周国平《幸福的哲学》)

> (123) <u>有人说</u>,武侠小说腐蚀人心,为害青少年甚巨,<u>我认为不然</u>。多元化的社会原本就需要多元性的滋养,单一思维的结果,将很难应付未来的变化。天下没有一件事是绝对的,也没有一个人是完美的。多方面的发展探试,人们才会有全方位的认识。(朱邦复《智慧之旅》)

例(122)、(123)中,言者首先引入他者话语,再以引语为基础,发表自己针对引语的个性化评价。这种通过制造对话来投射主观评价的表达比单纯的陈述更为有力,因为能与他者的声音发生交集,言者主观上的赞同或反驳都变得更有针对性,能与读者进行更为高效的意义交流。因此,在语篇意义整合的过程中,言者引入对话来投射主观评价,也是一种常用的整合手段。

4. 话语标记

语篇中,言者除了直接表达自己的情感、态度、立场、观点,还会运用一些话语标记,提示听读者他即将要表达自己的个性化见解。这些话语标记虽然自身并不承载主观性意义,但依然是语篇中帮助言者投注主观情态的整合手段。请看例(124):

> (124) 虽然在情感上我当然喜欢看别人夸赞我的家乡,但粗暴的否定和盲目的赞美一样让人不安,因为它们本质上都仅仅是一种情绪宣泄,也都暴露出其实对中国的认识仍然处于浅层次。<u>要我说</u>,和世界上所有地方一样,中国社会有很多可爱之处,但也存在问题,所以在我看来,向他们

讲授中国社会学的目的就是,学期结束之后,他们对中国的评价能在"点"上。(《人民日报·海外版》2017-6-19)

例中,"要我说"主要用于引导言者的主观评价。删除之后不影响语篇的意义表达,但加上它,听读者就知道,后面的话是言者要表达自己个性化的观点和看法了,并且这个观点和看法极有可能与前面已经出现的他人看法不一样,从而调整预期,配合言者建构语篇意义。这就是通过话语标记投注言者主观评价的整合手段。

7.2.3.4　关系建构类整合手段

语篇构建的终极目的,在于言者和接受者利用语篇,展开人际意义交流。因此语篇不仅传达意义信息,更是建构和维持主体间关系的重要载体。言者在语篇中,也会采取一些语言手段,帮助交际主体改进人际关系,促进意义交流。请看下例:

1. 对话

言者在语篇中直接与接受者展开对话,除了可以引起接受者对特定问题的关注外,也具有建构和维持主体间关系的功能。请看下例:

(125) 比如你非常爱读书你渴望去读那些好书,你知道一些好书在等着你读,那个时候你会痛苦吗? 你不会。读完了之后你会无聊吗? 不会。你感到丰富了自己的精神,你会因此快乐。(周国平《幸福的哲学》)

例(125)中,言者通过提及接受者"你",并与其展开直接对话,询问接受者在假设情景下可能出现的情感反应。这样的表达方式比直接陈述("你知道一些好书在等着你读,你不会痛苦,不会无聊")更有吸引力。因为通过设置与接受者的对话,言者可将接受者和自己同时吸纳到语篇之中,共同参与意义的建构与交流,从而不仅传递信息,也建立了与语篇言者之间的交流关系。由此,在语篇中直接设置听说双方之间的对话,有利于建立和维持主体间关系,具有语篇意义的整合功能。

2. 提及

语篇邀请接受者参与意义建构,进行意义交流的方式,还有提及。如:

(126) 讨论会结束后,记者很想听听大家对叶老这一番话有些什么感想,可是没有来得及作个别的采访。我想这样也好,深沉的思索还是留给亲爱的读者自己去做吧。(CCL 语料库)

例(126)虽没有直接与接受者对话,但通过"亲爱的读者"提及和称呼接受者,语篇预设了与读者之间良好的主体间关系。因此,提及也是言者在语篇意义整合的符号表征阶段,构建和维持主体间关系的一种整合手段。

3. 话语标记

作为系统性运作的语篇整合手段,话语标记在言者想要构建、维持主体间关系时,也会经常使用。请看例(127):

(127) 夏红不解地说:"我看他俩挺合适的呀,怎么就不行呢?"夏先生说:"<u>不是我说</u>,程辉那人,看着好像挺会体贴人,其实一个铜板看得比天大!我觉着呀,他跟葛朗台有得一拼,谁要想嫁给他得有吃面包干的思想准备。再说拉拉呢,吃穿不愁,有房有钱,昨晚我看她拎的是 GUCCI 的包,穿的是 JESSICA 的外套。她哪里能咽得下面包干?"(李可《杜拉拉升职记3》)

例(127)中,夏红认为"他俩挺合适的",夏先生的观点却正好与之相反。夏红提问之后,夏先生如果直接长篇大论地提出意见反对夏红的观点,很容易引起夏红的不快,甚至造成两人之间的冲突。为了不损害双方良好的互动关系,让自己的观点更容易被接受,夏先生用"不是我说"引导反对观点,标记下面要说反对意见了,但"我"并非有意针对你,只是阐述事实而已,以此预防夏红可能产生的反感。

7.2.4　小结

本节从精制整合、线控整合、交互整合三个方面,描写语篇意义他组织转写中经常使用的整合手段。这些整合手段有的利用具有专职整合功能的语言单位,有的是谋篇布局方面的策略。每一种整合手段,在不同类型的语篇中都可能表现出不同的意义整合价值,其分布和运用规律,需要进行更加微观、精细的分析。同时,本节对日常语篇中整合手段的描写主要采取例举方式进行,目的在于构建意义整合手段的系统,以完善语篇意义整合的分析框架。而实际上,不同语体、不同意图、不同类型的语篇在使用这些意义整合手段时,会表现出鲜明的选择倾向和模式化特征。也需要我们结合语篇分析实践,进行更加深入地调研和思考。

7.3　本章小结

本章以论述类语篇、散文语篇等日常语篇为例,分析语篇意义他组织整合的基本过程与具体运作。符号表征阶段,言者有意识介入语篇的意义整合,对其进行调控和干预。这种调控和干预可以从意义结构的符号转写、意义结构的精制加工、意义结构的线控表达、意义结构的交互主观化处理四个方面进行描写。本章致力于介绍言者对语篇的意义整合进行有意识干预、调控的种种努力,并尝试对言者经常使用的他组织整合手段进行系统梳理。

第八章 诗歌语篇意义样态的复杂性

本书建构了语篇整体意义从离散到统一,从混乱到有序的整合过程,并对制导语篇意义整合的自组织机制、他组织机制及其运作模式、符号手段进行梳理和解析,尝试构拟同样适合诗性语篇和日常语篇的意义整合分析框架,为解决语篇整体性的实现提供参考。从本章开始,我们将在语篇意义整合分析的视角下,对语篇意义样态的复杂性、元话语功能分类体系的建构等问题进行专题研究。本章以整体意义最为复杂的中国古典诗歌语篇为例,讨论诗歌中简单与复杂、明晰与含混的整体意义是如何整合形成的,以此建构语篇意义整合过程与语篇意义整体样态之间的模式化关联,对语篇整体意义样态的复杂性作出描写和解释。

8.1 引 言

请看例(128)—(131):

(128) 梧桐相待老,鸳鸯会双死。贞妇贵殉夫,舍身亦如此。波澜誓不起,妾心古井水。(孟郊《烈女操》)

(129) 弃我去者,昨日之日不可留。乱我心者,今日之日多烦忧。长风万里送秋雁,对此可以酣高楼。蓬莱文章建安骨,中间小谢又清发。俱怀逸兴壮思飞,可上青天揽明月。抽刀断水水更流,借酒消愁愁更愁。人生在世不称意,明朝散发弄扁舟(李白《宣州谢朓楼饯别校书叔云》)

(130) 木落雁南渡,北风江上寒。我家襄水曲,遥隔楚云端。乡泪客中尽,孤帆天际看。迷津欲有问,平海夕漫漫。(孟浩然《早寒有怀》)

(131) 锦瑟无端五十弦,一弦一柱思华年。庄生晓梦迷蝴蝶,望帝春心托杜鹃。沧海月明珠有泪,蓝田日暖玉生烟。此情可待成追忆,只是当时已惘然。(李商隐《锦瑟》)

例(128)以"贞妇贵殉夫"为意义核心,表达对妇女守节观念的赞同。全诗语义明确简单,既没有丰富的层次,也不容易形成不同理解。例(129)既写离别伤怀,又写登高雅兴,既颂扬先贤才思,又吐槽人生不平,最后还寄托了隐逸之志。语篇意义层次非常丰富,但多种意义边界明晰,可做明确切分,又都能统筹在登高饯别的语境之中,获得统一性。例(130)呈列了大量意象,彼此构成整体和谐的诗歌意境。它同样有层次丰富的多重意义,如旅人思乡、客居孤寂、人生迷惘等。这些丰富多层的意义彼此缠绕,难以分割,整体意义丰满浑融,言不尽意,但不太容易产生歧义。例(131)与例(130)一样意象众多,但与例(130)不同,这些意象很难整合到明确统一的诗歌情境之中,形成统一有序的整体意义,相反这首诗的整体意义很不确定,在不同读者那里会形成不同解读。比如历代点评中,有的说《锦瑟》是情诗,有的说是悼亡诗,有的说写音乐,有的说写政治……争执数百年而未能达成共识。

由此,虽然同样出自《唐诗三百首》,不同诗歌语篇表现出的意义效果却是不一样的:例(128)意义简单明确;例(129)意义层次较多,但分界清晰;例(130)意义复杂浑融,言不尽意;例(131)意义变幻莫测,在不同读者那里容易形成不同解读。

诗歌语篇整体意义的上述区别非常重要,诗人常常根据不同题旨而作不同选择。比如题旨严肃(道德、情操、个人志向、抨击/赞颂时事等主题)的语篇往往意义简单,而抒发个人情感的诗歌,比如送别、思乡、感怀、田园山水主题的诗歌往往意义丰赡,意境浑融。诗人基于写作经验,就能为不同题旨的诗歌建构不同样态的整体意义,但作为研究者,我们好奇语篇意义整体样态的简单与复杂,明确与浑融,确定与多歧是如何在语篇单元的彼此组配间实现的。现有研究对这一问题关注较少,尚未给出系统的分析和学理的解释。

本章尝试运用语篇意义整合分析的方法,探寻语篇不同意义样态的实现路径,对《唐诗三百首》中诗歌语篇的不同意义样态进行分析。

8.2 诗歌语篇意义样态的分析框架

我们首先运用第五章建构的意义整合分析方法,对上文的例(128)、(130)进行整合分析。

(128)梧桐相待老,鸳鸯会双死。贞妇贵殉夫,舍身亦如此。波澜誓不起,妾心古井水。(孟郊《烈女操》)

意义单元:梧桐相待老、鸳鸯会双死、贞妇贵舍身殉夫、古井波澜不惊、贞妇心似古井

意义结构 a:

意义核心:贞妇贵殉夫(明示核心)

响应单元:梧桐相待老、鸳鸯会双死、贞妇贵舍身殉夫、古井波澜不惊、贞妇心似古井

意义结构的竞争：无

边界条件的制约：契合

整体意义：赞美贞妇守节殉夫的品德。

(130) 木落雁南渡,北风江上寒。我家襄水曲,遥隔楚云端。乡泪客中尽,孤帆天际看。迷津欲有问,平海夕漫漫。（孟浩然《早寒有怀》）

意义单元：木落、雁南渡、北风、江上寒、我家襄水曲、遥隔楚云端、旅居客乡、思乡泪尽、孤帆天际、迷津欲问、平海漫漫、日暮

意义结构 a：

意义核心：思乡（明示核心）

响应单元：我家襄水曲、遥隔楚云端、旅居客乡、思乡泪尽、孤帆天际

意义结构 b：

意义核心：客旅孤寂凄凉（共鸣巨涨落）

响应单元：木落、雁南渡、北风、江上寒、思乡泪尽、孤帆天际、日暮、平海漫漫

意义结构 c：

意义核心：人生迷惘（共鸣巨涨落）

响应单元：迷津欲问、平海漫漫、孤帆天际

边界条件的制约：弱制约

意义结构的竞争：三个意义结构无语义冲突,可共存;意义结构 b 得到响应最多,能量最强;不同结构响应单元各异,不能取消

整体意义：表达诗人客旅在外的孤寂凄凉,抒发由此引发的思乡之情和对人生迷惘的慨叹

通过对例(128)、(130)进行意义整合分析,我们发现,例(128)中只生成了一个意义结构,所有意义单元响应同一个意义核心;而例(130)中同时生成了多个意义结构,不同的意义单元响应不同核心,甚至同一个意义单元可以同时实现多个意义潜势,对不同的意义核心进行响应。例(130)的三个意义结构既不相同,又相互关联,彼此并不冲突,可同时存在于语篇之中。这样,例(128)的整体意义只存在一个层次,例(130)则同时存在多个相互牵连,又彼此不同的意义层级,且这些意义层级还能由相同的意义单元激活。语篇整体意义的灵动丰赡就在三个意义结构,和同一单元对不同意义核心的多重响应中实现。

受此启发,语篇整体意义样态的简单与复杂,似乎真的可以从意义整合的过程中得到解释和分析。我们可以从意义核心的生成、意义结构的生成、意义结构的竞争、边界条件的制约四个方面,分析不同诗歌在整合过程的不同阶段体现出来的模

式化特征。在对《唐诗三百首》中所有诗歌语篇进行意义整合分析之中,我们得以设置参数、建构框架,为语篇意义整体样态的简单与复杂提供统一的参数系统。参数系统可设置如下:

意义核心的生成:

a. 语篇空间中生成意义核心的数量:零个/一个/多个

b. 意义核心之间的意义关系:无/冲突/分离/交融

c. 意义核心之间的能量关系[①]:能量平衡/主次分明

意义结构的生成:

a. 意义单元的意义指向[②]:存在游离单元/更多单向单元/更多多向单元

b. 响应不同核心的意义单元在语篇中的序列分布[③]:无/同一/交融/分离

意义结构的竞争:

a. 多个意义结构是否可共现:无[④]/都不可共现/部分可共现/全部可共现

b. 冲突结构中的意义单元:无/只响应当前结构/还可响应其他不冲突的意义结构

边界条件制约:

a. 边界条件与意义结构的关系[⑤]:契合/建构/弱制约/冲突

8.3　诗歌语篇整体意义的简单与复杂

我们将根据上文所归结的参数系统,对诗歌语篇的意义样态进行描写和分析。

---

① 意义核心之间的能量关系,可通过意义核心响应单元的数量判断。若语篇中同时生成多个意义结构,彼此响应单元的数量大致相同,则能量平衡;若数量相差大于总量的50%,则主次分明。

② 在特定的语篇中,有时一个单元只响应一个意义核心,参与一个意义结构;有时一个单元可同时响应多个意义核心,参与多个意义结构;而有些特殊情况下(诗歌歧义),语篇中有些意义单元无法与其他单元互动整合出意义核心,也无法响应已经形成的意义核心,致使单元无所归属,游离于意义结构之外。

③ 同一,即一个意义单元在语篇中可同时响应多个意义核心,参与多个意义结构的构建;交融指响应不同意义核心的意义单元,在线性语篇中交错分布;分离指响应不同意义核心的单元在线性语篇中离散分布,比如一联诗句中的所有意义单元响应一个意义核心,下一联诗句中的单元全都响应另一个核心,彼此不会交错出现。

④ 无,指语篇中不存在多个意义结构。

⑤ 契合即语篇中整合生成的整体意义与边界条件一致,获得语境支持;建构指语篇中整合生成的多个意义结构本来较难整合,但由于边界条件提供特定的语境框架,使它们得以合理整合到一起;弱制约指较难看出边界条件与整合生成的整体意义之间的关系,语境既不支持,也不阻碍语篇意义的整合生成;冲突指语篇的边界条件与语篇中整合生成的整体意义相互冲突,使得整体意义不能成立,只能根据语境要求重新整合。

8.3.1　意义简单的诗歌语篇

意义简单的诗歌语篇中,全篇仅生成一个意义结构,由单一的意义核心统摄所有意义单元组成。这样的语篇意义明晰确定,较少容许读者进行自主性解读。请看例(132):

(132) 击石乃有火,不击元无烟。人学始知道,不学非自然。万事须己运,他得非我贤。青春须早为,岂能长少年。(孟郊《劝学》)

此诗的意义结构可分析如下:

意义结构 a:

意义核心:劝学(明示核心)

响应单元:击石有火、不击无烟、人学知道、不学非自然、万事须己运、他得非我贤、青春须早为、岂能长少年

意义结构的竞争: 无

边界条件的制约: 契合

整合意义: 劝学

此诗意义简单干脆,意义核心由标题明示,全部的意义单元响应意义核心。并且意义单元之间语义关系明确,甚至使用了专职整合手段,如"乃""元""始"等,投射言者评价,提示逻辑关系,保证语篇单元之间逻辑清晰相互关联,语篇基本不存在不同解读的可能。同时,语篇的整体意义与边界条件完全契合,标题直接明示语篇的意义核心。这个语篇中,意义核心对意义单元的统摄力极强,意义结构稳定明晰,语义效果简单明确。

例(128)与此类同。在上文给出的参数系统中,以例(128)、(132)为代表的这类意义简单的诗歌语篇,参数分布[①]如下:

意义核心的生成:

a. 语篇空间中生成意义核心的数量:零个/**一个**/多个

b. 意义核心之间的意义关系:**无**/冲突/分离/交融

c. 意义核心之间的能量关系:能量平衡/**主次分明**

意义结构的生成:

a. 意义单元的意义指向:存在游离单元/更多多向单元/**更多单向单元**

---

① 本节对各类诗歌语篇意义样态在参数分布中的特点进行描写,通过加粗和下画线的形式在参数列表中标记呈现。

b. 响应不同核心的意义单元在语篇中的序列分布：**无**/同一/交融/分离

意义结构的竞争：

a. 多个意义结构是否可共现：**无**/都不可共现/部分可共现/全部可共现

b. 冲突结构中的意义单元：**无**/只响应当前结构/还可响应其他不冲突的意义结构

边界条件制约：

a. 边界条件与意义结构的关系：**契合**/建构/弱关联/冲突

8.3.2 意义复杂的诗歌语篇

意义复杂的诗歌语篇中，会同时生成多个意义结构，这些意义结构在语篇空间中相互关联，交织整合，使整体意义呈现复杂样态。意义复杂的诗歌语篇根据多项意义之间的相互关系，又可分为交义、合义、歧义三种。下面将逐一分析。

8.3.2.1 交义

语篇交义指语篇在意义自组织整合的过程中，同时浮现出多个意义结构。这些意义结构相互兼容、关联密切，彼此交织缠绕，无法清晰区分。语篇的整体意义通常以其一为主，其他的意义结构附着其上，整体意义丰满、充实，常常具有言不尽意的语义效果。交义语篇一般是多核的，因此并非所有意义单元都指向同一核心。由于多核之间通常主次分明、交织成一体，因此，整体意义虽然层次丰富，但还比较明确、清晰，较少产生歧义。请看例(133)：

(133) 细草微风岸，危樯独夜舟。星垂平野阔，月涌大江流。名岂文章著，官应老病休。飘飘何所似，天地一沙鸥。（杜甫《旅夜书怀》）

例(133)的语篇语义可分析为：

意义单元：细草、微风、河岸、夜晚、有高高桅杆的独舟、星垂平野阔，月涌大江流、名岂文章著、官应老病休、天地、飘飘似沙鸥

意义结构 a：

意义核心：渺小孤独（共鸣巨涨落）

响应单元：细草、微风、有高高桅杆的独舟、飘飘似沙鸥

意义结构 b：

意义核心：天地阔大（共鸣巨涨落）

响应单元：星垂平野阔、月涌大江流、天地

意义结构 c：

意义核心：人生不得志的无奈（共鸣巨涨落）

响应单元：名岂文章著、官应老病休

意义结构 d：

意义核心：渺小个人在浩大天地面前的无力和无奈（对立巨涨落）

响应单元：意义结构 a、b

意义结构的竞争： a、b 对立成义，再次整合形成 d；c、d 相关，可以共存；d 响应单元最多，成为主体

边界条件的制约： 契合

整体意义： 诗人因人生不得志，漂泊天地间而产生孤独、渺小、无奈等复杂的情感体验

此例经历了两个层级的意义整合。首先，语篇中的意义单元通过共鸣响应浮现出意义结构 a、b、c，意义结构 a、b 再次对立成义，浮现意义结构 d，意义结构 d 得到 a、b 及其下辖的意义单元的响应，且与意义结构 c 相互契合，可以共存。语篇的整体意义以意义结构 d 为主，结构 c 融于其中。语篇整体意义立体丰赡，主次分明，形成言不尽意的语义效果。

上文分析的例（130）与此情况类似。这类语篇生成多个意义结构，彼此交融不能分割，整体意义确定丰赡，言不尽意，我们称为交义语篇。交义语篇的意义样态在分析框架中，参数分布如下：

意义核心的生成：

a. 语篇中生成意义核心的数量：零个/一个/**多个**

b. 意义核心之间的意义关系：无/冲突/分离/**交融**

c. 意义核心之间的能量关系：能量平衡/**主次分明**

意义结构的生成：

a. 意义单元的意义指向：存在游离单元/**更多多向单元**/更多单向单元

b. 响应不同核心的意义单元在语篇中的序列分布：无/同一/**交融**/分离

意义结构的竞争：

a. 多个意义结构是否可共现：无/都不可共现/**部分可共现**/**全部可共现**

b. 冲突结构中的意义单元：无/只响应当前结构/**还可响应其他不冲突的意义结构**

边界条件制约：

a. 边界条件与意义结构的关系：**契合**/建构/弱关联/冲突

8.3.2.2　合义

语篇合义指意义复杂的语篇中,多个意义结构关系疏远,因为共处于边界条件(如情境语境等)提供的统一框架之中,才能形成松散的整体性而共存一篇。如此,语篇的整体意义不再是浮现、浑融的,而是由诸意义结构加合而成。合义语篇中,语篇的多个意义结构"各自为政",彼此能量相对平衡。读者有可能依据自己的经验做出带有个性化倾向的解读,因而也有产生歧义的可能。请看例(129):

(129)　弃我去者,昨日之日不可留。乱我心者,今日之日多烦忧。长风万里送秋雁,对此可以酣高楼。蓬莱文章建安骨,中间小谢又清发。俱怀逸兴壮思飞,可上青天揽明月。抽刀断水水更流,借酒消愁愁更愁。人生在世不称意,明朝散发弄扁舟。(李白《宣州谢朓楼饯别校书叔云》)

语篇可分析如下:

意义单元: 弃我去者昨日之日不可留、乱我心者今日之日多烦忧、长风万里送秋雁、对景酣高楼、蓬莱文章、建安风骨、小谢清发、俱怀逸兴、壮思齐飞、上青天、揽明月、抽刀断水水更流、借酒消愁愁更愁、人生在世不称意、明朝散发弄扁舟

意义结构 a:

意义核心:人生在世不称意(明示核心)

响应单元:弃我去者昨日之日不可留、乱我心者今日之日多烦忧、抽刀断水水更流、借酒消愁愁更愁、人生在世不称意

意义结构 b:

意义核心:登高畅怀(共鸣巨涨落)

响应单元:长风万里送秋雁、对景酣高楼、宣州谢朓楼饯别校书叔云

意义结构 c:

意义核心:以文会友的豪兴(共鸣巨涨落)

响应单元:蓬莱文章、建安骨、小谢清发、俱怀逸兴、壮思齐飞、上青天、揽明月

意义结构 d:

意义核心:隐逸之志(明示核心)

响应单元:明朝散发弄扁舟

意义结构的竞争: a、d 可形成逻辑关联,a、d 与 b、c 彼此之间关联性不强;a、c 能量最强,为主体;响应单元各异,无法取消

边界条件的制约: 提供情境框架

整体意义: 诗人因登高送友而引发复杂的情感

　　此诗共形成四个意义结构,但这些意义彼此离散,结构 a、d 与 b、c 在评价基调上还相互冲突。除了 d,每个意义结构都有较为均衡的响应单元,彼此不能取消。既不能相互取消,又不能相互融合,语篇的意义整合出现困难。好在诗歌标题明示了情境语境:这首诗是在宣州谢朓楼上为叔叔饯行所作,在登高送别的情境中,上述四个意义结构得以共存。相互加合,形成语篇的整体意义——叔侄送别而聚,登高饮酒作诗抒怀,吐槽境遇向往隐逸。与交义语篇相比,此诗缺少了意境浑融的语义效果,表现出发散、多元的语义样态。再看例(134):

(134) 高卧南斋时,开帷月初吐。清辉淡水木,演漾在窗户。荏苒几盈虚,澄澄变今古。美人清江畔,是夜越吟苦。千里其如何,微风吹兰杜。(王昌龄《与从弟南斋玩月忆山阴崔少府》)

　　意义单元:高卧南斋、开帷、月初吐、清辉淡水木、演漾在窗户、荏苒几盈虚、澄澄变今古、《春江花月夜》、美人清江畔、是夜越吟苦、《越女吟》、与友人相隔千里、微风吹兰杜

　　意义结构 a:

　　意义核心:月色温柔(像似巨涨落)

　　响应单元:清辉淡水木、演漾在窗户

　　意义结构 b:

　　意义核心:岁月沧桑(典故巨涨落)

　　响应单元:荏苒几盈虚、澄澄变今古、张若虚《春江花月夜》

　　意义结构 c:

　　意义核心:异地相思之情(典故巨涨落)

　　响应单元:美人清江畔、是夜越吟苦、李白《越女吟》

　　意义结构 d:

　　意义核心:怀念好友(明示核心)

　　响应单元:千里其如何、微风吹兰杜、忆山阴崔少府

　　意义结构的竞争:a—d 以"月"为话题形成松散关联;意义能量相对平衡;响应单元各异,无法取消

　　边界条件的制约:提供情境框架

　　整体意义:诗人兄弟玩月联诗,以此怀念远方好友

　　此诗中生成的四个意义结构,虽都围绕意象"月"展开,但四个结构意义相关性较弱,更像是咏月诗句的大串联。同时,四个意义结构的响应单元基本一样多,能量相当,不分主次。这四个意义结构既彼此离散无法融合,又能量相当不能相互取

消,语篇整体意义整合出现困难。由语篇标题提示的边界条件为整合赋予了统一的情境框架——这首诗是诗人与弟弟"玩月"所作,并以此怀念好友。这一情境语境使难于整合的众多意义结构得以建构统一,成全了语篇意义的整体性。

综上,合义语篇的整体意义是多个意义结构彼此加合而成,其意义样态在分析框架中的参数分布如下:

意义核心的生成

a. 语篇空间中生成意义核心的数量:零个/一个/**多个**

b. 意义核心之间的意义关系:无/冲突/**分离**/交融

c. 意义核心之间的能量关系:**能量平衡**/主次分明

意义结构的生成

a. 意义单元的意义指向:存在游离单元/更多多向单元/**更多单向单元**

b. 响应不同核心的意义单元在语篇中的序列分布:无/同一/交融/**分离**

意义结构的竞争

a. 多个意义结构是否可共现:无/都不可共现/**部分可共现**/**全部可共现**

b. 冲突结构中的意义单元:无/**只响应当前结构**/还可响应其他不冲突的意义结构

边界条件制约

a. 边界条件与意义结构的关系:契合/**建构**/弱关联/冲突

8.3.2.3　歧义

语篇歧义指意义复杂的语篇中,同时整合形成了多个意义结构。这些意义结构彼此冲突,却因为都有专属的响应单元而不能相互取消。于是形成多个意义结构既不能取消,又不能共存的局面。同时,语篇中还有可能存在不能形成或响应任何核心的游离性单元,使得统一性整体意义很难形成。最后,这类语篇的边界条件与诸意义结构无关甚至相互冲突,也无法引导语篇的意义整合。如此,仅从语篇线索来看,歧义语篇的意义整合是失败的,读者无法确定语篇的整体意义,只能根据自己的经验和猜测,主动参与意义建构。语篇的整体意义因读者的不同建构而产生较大差异。请看例(131):

(131) 锦瑟无端五十弦,一弦一柱思华年。庄生晓梦迷蝴蝶,望帝春心托杜鹃。沧海月明珠有泪,蓝田日暖玉生烟。此情可待成追忆,只是当时已惘然。(李商隐《锦瑟》)

语篇的意义结构如下:

意义单元：锦瑟五十弦、一弦一柱思华年、庄生梦蝶、望帝托鹃、沧海月明、明珠有泪、蓝田日暖、暖玉生烟、此情可待成追忆、只是当时已惘然

意义结构 a：

意义核心：思华年、忆旧情（明示核心）

响应单元：锦瑟五十弦、一弦一柱思华年、此情可待成追忆、只是当时已惘然

意义结构 b：

意义核心：人生如梦（典故巨涨落）

响应单元：庄生梦蝶、此情可待成追忆、只是当时已惘然

意义结构 c：

意义核心：感伤情思（共鸣巨涨落）

响应单元：一弦一柱思华年、庄生梦蝶、望帝托鹃、明珠有泪、此情可待成追忆、只是当时已惘然

游离单元：沧海月明、蓝田日暖、暖玉生烟

意义结构的竞争：a、b、c 相关，可以共存；a、c 能量较强，平衡，为主体

边界条件的制约：无关

整体意义：语义模糊，可作开放性解读

　　此诗近三分之一的意义单元难以纳入任何意义核心的统摄之中，已生成的意义结构虽然彼此相关，但都无法兼容游离单元。三个意义结构虽可彼此共存，但都没交代清楚整体意义的表述对象，语篇也没有提供边界条件，助益意义整合。因此语篇有序程度较低，未能实现统一整合，语义效果含混多歧。不同读者只能在解读中加入大量的个性化见解，形成多种独具特色的个性化解读。如有人认为这首诗是悼念妻子的悼亡诗，有的认为是爱情诗，有的认为是音乐鉴赏，有的认为它隐晦书写了政治抱负等等。这些多歧的解释不可通约，不可取消，不可证实，不可证伪，只能自圆其说各自为政。再如例（135）：

（135）紫府仙人号宝灯，云浆未饮结成冰。如何雪月交光夜，更在瑶台十二层。（李商隐《无题》）

意义单元：紫府仙人号宝灯、云浆未饮、云浆结成冰、雪月交光之夜、瑶台十二层

意义结构 a：

意义核心：仙人高远（明示核心）

响应单元：紫府仙人号宝灯、瑶台十二层

意义结构 b:

意义核心：雪夜寒冷(共鸣巨涨落)

响应单元：云浆结成冰、雪月交光之夜

意义结构的竞争：a、b 无关，难以共存；能量平衡，主次不明；响应单元各异，无法取消

边界条件的制约：无关

整体意义：语义模糊，可作开放性解读

此诗虽然勉强能形成两个意义结构，且基本把诗歌语篇中的意义单元都纳入进去，但首先这些意义单元本身意义含糊，指向不清，如紫府宝灯仙人是谁，云浆是什么，瑶台十二层又是什么，语篇中都未有提示；其次勉强形成的两个意义结构关联性不强，仙人高远、雪夜寒冷既不能再次整合，也很难放到一个统一情境中形成兼具对象信息和评价信息的整体意义。最后边界条件也未能为无法整合的诗歌意义塑形，语篇意义整合失败。读者为了实现诗歌解读，只能自主加入大量识解，进行个性化的联想和释读，形成对诗歌意义的多歧理解，如游仙、诉情、抒发怀才不遇的情感等，造成语篇歧义。

综上，歧义语篇的意义样态，在分析框架中的参数分布可总结如下：

意义核心的生成

a. 语篇空间中生成意义核心的数量：零个/一个/**多个**

b. 意义核心之间的意义关系：无/**冲突**/分离/交融

c. 意义核心之间的能量关系：**能量平衡**/主次分明

意义结构的生成

a. 意义单元的意义指向：**存在游离单元/更多多向单元/**更多单向单元

b. 响应不同核心的意义单元在语篇中的序列分布：无/**同一/ 交融**/分离

意义结构的竞争

a. 多个意义结构是否可共现：无/**都不可共现/ 部分可共现**/全部可共现

b. 冲突结构中的意义单元：无/只响应当前结构/**还可响应其他不冲突的意义结构**

边界条件制约

a. 边界条件与意义结构的关系：契合/建构/**弱关联**/冲突

歧义语篇与前面几种意义复杂的语篇有所不同。歧义语篇之所以产生歧义，是因为仅凭语篇中提供的线索，无法真正实现语篇意义从混乱到有序，从离散到统一的整合。因此解读者不得不补充自身的认知经验，推动意义整合。正因如此，由

于不同解读者认知经验的不同,介入后整合形成的语篇整体意义也会不同。因此,诗歌语篇整体意义的歧义,实际上是语篇意义整合不成功造成的。

不过,既然语篇的意义整合不成功,为什么我们还会将符号序列视为一个完整的语篇,而非零散句子的堆砌呢?从语篇本身来看,这大约有两个原因:一是并置效应。"只要两句话被放到一起,人们就会假设它们之间必然有联系……会设法找到其间的内在意义关联。"(转引自姜望琪 2005)这种并置性在汉语传统的语篇形式,如诗歌、四言格、联语等中得到充分体现。(沈家煊 2016)诗句虽然无法整合,但并置共现,使我们倾向于将它们视为一个整体;二是韵律统一。歧义诗歌虽然语义离散,但韵律上却很工整。尤其是本书所举的两个例子,无论是押韵还是平仄,都很符合要求,因此即使意义含混,读者也会产生进行整体解读的内驱力,维持语篇的统一性。

8.4　语篇意义结构的稳定性

通过上文对诗歌语篇四种意义样态的分析,我们不仅可以在意义整合的过程中找到形成语篇意义不同样态的原因,还可以更深一层,思考语篇意义结构的稳定性问题。殷祯岑(2014)曾结合巴特对"可读性文本"和"可写性文本"的区分,讨论意义结构的稳定性。

可读性文本与可写性文本的区别在于是否允许读者参与语篇的意义建构,进行多元解读。可读性文本意义明确简单,自成体系,一般只允许接受或反驳,不允许多元解读;可写性文本意义朦胧多歧,需要读者主动参与意义建构才能确定,会产生多种解读的可能。这种区别在语篇层面,表现为意义结构稳定性的差异:语篇的意义结构是意义核心统摄众多意义单元形成的能量耗散结构,意义核心获得的能量越多,意义单元对核心的响应力度越强,意义核心对意义单元的统摄力就越强,结构就越稳定,整体意义就越清晰。

从意义整合的过程看,语篇意义结构稳定性的差异是在意义整合的过程中形成的,可以从意义核心的生成、意义结构的生成、意义结构的竞争和边界条件的规约几个方面描述。下面以本章区分的四类诗歌语篇说明。

意义简单的语篇全文只形成一个意义核心,主体投注的所有能量聚焦于此,意义核心的能量极大;同时这类语篇中的所有意义单元都只能响应唯一核心,没有其他选择,因而核心与单元之间联系紧密;同时语篇中意义单元之间关系和谐,语篇中也没有形成结构之间的竞争,对能量的损耗极小。因而在意义简单的语篇中,整体意义的意义核心接收到最多的能量投注,对意义单元的统摄力极强,语篇的意义结构极其稳定。

交义语篇全文形成多个意义核心,主体投注的意义能量和语篇中的意义单元都会分属其一,造成意义能量和响应单元的分流;同时由于一个意义单元可同时响应不同核心,语篇中的多个意义结构彼此竞争。这些不和谐因素造成意义能量的内耗;不过交义语篇中,由于意义结构之间的能量差较大,主次分明,上述问题不至于颠覆整体意义结构,多个意义结构虽然竞争,但最终得以统一,大部分分流的能量也最终合流。综合来看,交义语篇的整体意义结构对单元的统摄力虽不如意义简单的语篇,但仍然能凝聚系统中绝大部分的意义能量,统摄能力相对较强,语篇的意义结构比较稳定。

合义语篇同样形成了多个意义核心,造成系统中意义能量的分流。但不同于交义语篇,这些分流的能量最后未能会合到一起,语篇中的意义核心各自为政、彼此平衡,只是松散地关联起来而已。因此这类语篇中,意义能量因分流而损耗,未能形成合力,意义核心对单元的统摄能力较弱,多个意义结构彼此制衡,语篇的整体意义不够稳定。

歧义语篇对意义能量的损耗最大。它在语篇系统中形成多个不能兼容的意义结构,甚至还有游离于任何结构之外的意义单元。单元之间彼此冲突,结构之间彼此竞争,单元与核心关联多向,投注到语篇中的意义能量很难聚焦。语篇无法形成统一的整体意义结构,对意义单元的统摄力极弱。这类语篇意义最不稳定,必须在解读者的主动建构下,才可能实现解读。语篇的意义在不同解读者不同方式的参与中,不断被解构和重构。

综上,不同类型的语篇在意义整合的过程中具有不同的模式化特征,形成语篇整体意义结构稳定性的差异,造成语篇意义样态和解读方式的区别。

8.5　本　章　小　结

本章在语篇意义整合分析的框架中探讨诗歌语篇整体意义的复杂样态。我们尝试设计参数,分析不同类型的诗歌语篇在自组织整合过程中表现出的模式化特征,对诗歌语篇整体意义的简单与复杂、明确与含混进行解释与描写。我们发现:

首先,从语篇意义整合的角度切入,可以实现对语篇意义复杂样态的系统分析,对语篇意义的简单与复杂、明晰与含混作出解释;

其次,诗歌语篇的意义样态可分为意义简单和意义复杂两种,其中意义复杂的诗歌语篇又可根据多个意义结构之间的不同关系分为交义、合义、歧义三种类型;

最后,四类诗歌语篇存在意义稳定性上的差异,意义简单的语篇稳定性最强,最容易形成清晰、统一的意义解读；意义复杂的语篇中，交义语篇对意义单元的统摄力较强，结构相对稳定，表现出意旨丰赡、言不尽意的语义效果；合义语篇统摄力较弱，结构不够稳定，意义离散，读者可作有主观倾向的选择性解读；歧义语篇统摄力极弱，结构很不稳定。整体意义含混多歧，只能靠读者的主观建构才能成义。由此，诗歌语篇意义样态与整合模式之间可形成如下对应，见表 8-1：

表 8-1   诗歌语篇的意义样态与意义结构的稳定性

意义样态 / 整合过程	意义结构生成	意义结构竞争	边界条件制约	稳定性	复杂性
意义简单	单核	多单向单元；语篇中指向同一意义核心	契合	强	低
交义	多核；多核意义交融；主次分明	多多向单元；响应不同核心的单元语篇中交融分布	契合	较强	
合义	多核；多核意义分离；彼此平衡	多单向单元；响应不同核心的单元语篇中离散分布	提供框架	弱	
歧义	多核；多核意义分离或相互冲突；能量平衡	经常存在游离单元，多多向单元；响应不同核心的单元在语篇中彼此交融	无关或冲突	极弱	高

如此，在从意义简单语篇到交义语篇、合义语篇、歧义语篇的连续统中，语篇意义结构的稳定性递减，语篇允许读者参与意义建构的程度递增，语篇意义的复杂性程度逐步增加。

第九章　元话语的意义整合功能
及其语体分布

　　本书第七章描写了语篇意义他组织整合中经常使用的整合手段。细心的读者可能会发现,这些手段遍布从虚词使用到语用策略的所有层级,其中的许多类型,如关联性词语、评注性副词、话语标记,乃至非语言记号的使用等,其实都可以囊括到语篇元话语的范围之中。元话语成员众多,类型复杂,在语篇意义他组织整合的各个维度都有渗透,可视为系统运作的语篇整合资源,值得我们专题讨论。同时,元话语也是语篇语言学研究中一个广受关注,却分歧极大的"老大难"问题,需要引入新的研究视角,突破研究困境。有鉴于此,本章尝试从语篇意义整合的角度,探讨元话语的识别、功能、类型及其语篇分布等问题。

9.1　引　　言

　　元话语在各种语言的语篇中广泛存在。这些语言符号很少直指外部世界,而是掉头关涉语篇本身,组织话语信息、投射主体情态、实施人际交互。以元话语为切入点,我们可以在静态、线性的语言序列中开辟一个新层级,观察语篇主体如何运用语言资源,将离散多元的语义信息建构为结构完整、语义连贯、可在主体间进行意义交流的符号语篇。正因元话语具有如此重要的价值,从 20 世纪 80 年代至今,这一论题一直备受关注。

　　但 40 年过去,元话语仍是语言研究中分歧最大的术语之一。尽管学者们已设计了数十种分析框架,但现实语篇中哪些是元话语,哪些不是元话语,如何界定,如何分类等问题还是常常引发分歧。海兰德(Hyland 2005)说:"在元话语的问题上,学界至今未能达成多少共识。"请看例(136)—(140):

(136) 藻类植物的个体<u>虽然</u>一般较小,<u>但是</u>数量<u>却</u>极为庞大,分布<u>也</u>十分广泛。(李沧等《植物学》)

(137) 他<u>大概</u>觉着肚子饿了,又接着细嚼慢咽起来。(杨楠《小猪上学》)

(138) 我今天给大家讲的是,<u>呃</u>,我最喜欢的美食。<u>呃</u>,中国有八大菜系,<u>呃</u>,其中我最喜欢的,<u>呃</u>是川菜……(录音转写语料)

(139) <u>马克思说</u>，人的现实的自然界，就是"在人类历史中即在人类社会的产生过程中形成的自然界。"(肖箭《"实践唯物主义"是马克思主义哲学的确切表述》)

(140) <u>亲爱的读者</u>，当你眼前站出了这样一位女性时，你的心不为她而颤抖么？(陈吉蓉《二十四枚奖章获得者》)

上例画线部分是不是元话语，一直存在争议。早期元话语研究强调篇章组织功能，如此只有例(136)的画线部分是元话语；后来，元话语研究的广义模式和人际模式以"非命题性"为识别原则，以上五例就都是元话语；再后来，元话语研究诞生反身模式的新路径，他们严格把握"指涉当前语篇"的反身性原则，这样除了例(140)，上述各例就都不是元话语了。再看例(141)：

(141) <u>我在写这篇文章的时候</u>，脑中浮现出一幅生动的图画：若干年前，我在索赛克斯郡阿杜尔河畔已加旅馆吃早餐……(卡耐基《思想食谱》)

从功能上看，例(141)画线部分也具有语篇组织功能。但它不仅没有稳定的词汇形式，还携带了大量概念信息，它是不是元话语？再如：

(142) 我特别同情这位先生和这些工作人员。他们一定是在这一次水灾中尽了最大能力，<u>只不过</u>他们力不从心。(凤凰卫视"一虎一席谈"2012.8.4)

根据海兰德(Hyland 2005)的元话语分类体系，这里的"只不过"当属篇章元话语中的逻辑连接标记语，用于标记两个语篇单元之间的转折关系。但"只不过"与"但是"不同，它在表转折的同时，还附带了说话者的情感态度，同时具有态度标记语的功能。"只不过"到底是逻辑连接标记还是情感态度标记？具体语篇中，这样的兼类比比皆是，使研究者常常左右为难，元话语的分类和归类表现出较大的主观性。

理论体系对语篇分析的不适用吸引我们继续思考元话语问题。那么，从语篇意义整合的角度，我们是否可以对语篇中的元话语实现新的理解？符号表征阶段，言者介入语篇的意义整合，在他组织机制的作用下，将前符号意义结构转写为可在主体间进行意义交流的语篇。元话语正是在这一过程中出现的，它是主体介入语篇，进行他组织整合时系统运用的意义整合手段。因此，我们分析元话语，不能仅仅将其作为孤立的语篇现象，而应该深入语篇意义的整合过程进行思考，对元话语的产生、运作、体系、功能进行全面观察。

9.2　现有研究成果

元话语最早由哈里斯在 1959 年提出，用以指称对语篇自身的叙述过程进行指称的语言表达手段。此后,梅耶(Mayer)、希弗林(Schiffrin)、威廉(Williams)、库伯(Kopple)等人都关注了这一现象。70 年来,元话语研究一方面从宏观上建构理论体系,尝试对语篇中的所有元话语现象进行系统性的识别、分类和分析;一方面立足已有的理论视野和研究范式,对部分元话语或个案元话语进行解释和分析。

元话语研究关注度高,成果丰富,许多学者从不同角度对元话语理论研究的现有成果进行概括。影响比较大的是元话语理论研究的四分法。这种观点认为,元话语理论体系的构建主要经历了狭义模式、广义模式、人际模式和反身模式四个阶段。(参见冉志晗、冉永平 2015,付晓丽、徐赳赳 2012,王强、成晓光 2016 等)而贯穿其中的,是对元话语概念界定、识别原则、分类方法的不断补益和更新。

狭义模式只关注元话语的语篇组织功能,如梅耶、劳图马蒂(Lautumatti)、希弗林等,都强调元话语组织语篇信息、明示语义关系、引导阅读理解的语篇组织功能。广义模式同时强调元话语的语篇和人际功能。库伯(Kopple 1985)率先提出"非命题性"识别原则,并将元话语分为语篇元话语和人际元话语两类,开始系统研究元话语。克里斯莫尔(Crismore 1989)、海兰德(Hyland 1998)等遵此而行,元话语研究的理论体系和分析框架日趋稳定。但随着研究的深入,学者们[如毛履明(Mao 1993),海兰德等(Hyland & Tse 2004)等]发现,不少元话语实际上是具有真值意义的,非命题性原则不仅行不通,还使得元话语概念的外延急剧扩张,内涵不断虚化,概念统一性遭到分解。"很多时候,元话语更像是一个没有什么关系的语用标记的大杂烩。"(Hyland 1998)。海兰德(Hyland 2005)由此提出人际模式,试图用人际交互性概括元话语的本质功能,将元话语分为引导式和互动式两类,基本解决了概念分裂的问题。但引导式与互动式的区分实际上基本可与语篇和人际元话语相对应。因此广义模式所面临的许多问题,如概念模糊性,识别和分类困难等,依然没有解决。阿德尔(Ädel)提出反身模式,将元话语定义为"语篇中指涉当前语篇本身或当前语篇作者以及当前语篇受众的语言形式"(Ädel & Mauranen 2010)。她提出元话语识别的四项原则,全面取代非命题性原则,以明晰概念内涵,限制外延扩张,降低识别困难。但反身模式过于严苛的识别标准又将许多本该属于元话语的成员排除在外了。如"当前语篇原则"要求元话语明确指涉当前语篇及其交际过程,如此绝大部分的言据标记、篇章组织成分、模糊语等就被排除在外。而这些成分分明是在语篇层面发挥作用,对语篇及其交际过程进行操控调节的。因此,反身模式成功收缩了元话语的概念外延,却又因过于严苛而走向了另一极端。

海兰德(Hyland 2017)也提出了自己对 70 年来元话语研究整体趋势的看法,他将现有的元话语观点梳理为从狭义到广义的三级连续统:最狭义的元话语"仅仅指称语篇组织的特征",代表人物有哈里斯(Harris 1959)、莫兰恩(Mauranen 1993)等;相对广义的观点"将这种反身性扩展到包括作者如何指称自身、读者和语篇",代表学者有阿德尔(Ädel 2006)等;而最为广义的观点则将说写者在语篇展开的过程中使用的语篇组织材料和人际交互材料集合在一起,"元话语被理解为连贯的人际资源……不仅帮助读者连接和组织材料,而且帮助读者以作者喜欢的方式理解,考虑特定群体的理解和价值"(Hyland 2017)。

在国内,语用修辞视角的元话语研究将元话语作为写作和口语交际的策略,关注不同的题旨情境和语用原则对元话语使用的影响,以此构建和发展元话语的分类体系,如于国栋、吴亚欣(2003),侯国金(2005),李秀明(2006),徐赳赳(2006,2010),付晓丽(2010),辛志英(2011),陈新仁(2020),姜峰、K. Hyland(2020)等;认知心理视角的元话语研究将元话语看作语篇生成过程中主体进行元认知活动的产物,以元话语为契机研究主体对认知活动的在线调控机制,如李佐文(2001,2003)、刘大为(2008)、娄琦(2011)等;语言哲学视角的研究从语言哲学的相关理念出发,尝试在哲学理论的框架下对纷繁多歧的元话语现象进行统合梳理,如成晓光(1997)、马国彦(2010)、王强(2016)等;语法化视角关注个案元话语标记在语言演变中发生意义虚化,获得元话语功能的规律。他们通过大量的个案研究,深入探讨具有元话语功能的语言单位在语篇中的分布、功能、语义特征、语法化和词汇化路径及演变机制等问题。代表成果有张谊生(2004,2010),沈家煊(2009),曹秀玲(2016),方梅(2017,2018,2019)等。

元话语研究历70年而长葆活力,但即便经历了几代学人的探索,仍然存在不少问题。如海兰德(Hyland 2017)认为,元话语概念具有一定的模糊性,在学者之间容易形成较大分歧,是因为它是一个语用导向的范畴,需要在语境中识解,难以找到统一的形式标准。因而不同研究者出于不同的研究理念和需要,会对它进行个性化的阐释。然而,元话语这一概念在本体语言学和应用语言学中都具有十分重要的价值,概念上的分歧必然会限制我们对一系列相关问题的研究。由此,本章尝试跳出既有体系,从对元话语概念的语义分析入手,寻找元话语概念的共识性基础,重新定义元话语,并聚焦分类问题,尝试探索元话语功能体系的建构。

9.3　元话语概念的重新界定

由于不同理论范式对"元话语"的定义分歧极大,我们尝试追本溯源,从"元话语"的构成词缀"meta"的语义内涵入手,重新定义元话语。

"meta"本是希腊语前缀"μετά",意为"在……之后",《牛津高阶英汉双解词典》

（第 7 版）（2010：1264）将其解释为：a. 变化的；b. 高于、在上、在外。与"元话语"相关的显然是义项 b，但解释过于简单。《牛津语言学词典》（2000：223）将"meta-"解释成"用于在更高平台，或更抽象的层面进行组构和调查的前缀。元语言就是比它的对象语言更高阶（higher order）的语言，元规则是一种更高阶的规则……"这一解释要具体得多，但"更高平台"是什么样的平台？"组构和调查"如何具体操作？定义均未明确。由此，本章尝试对"维基百科"中收录的"meta-"词语进行语义分析，深入把握"meta-"的分布特征和语义属性。

我们在"维基百科"中搜索出含词缀"meta-"的词语 301 条，可分为四类，其中与 metadisocurce 同属一类的词条略举如下：①

　　Metaemotion：元情绪（关于某种情绪的一系列成系统的情绪和认知，指当我们引发一种特定的情绪时，我们也会引发用于体验这一初始情绪的一系列系统结构和其他情绪）。

　　Metalanguage：元语言（是把语言体系作为对象，对其本身进行讨论、审查和解释的语言）。

　　Meta-Object Facility（MOF）：元对象管理（是一个对象管理系统，它的目的在于为对象提供类型模型及创造和管理这些具体类型的方法）。

　　Metascience：元科学（以科学为研究对象，研究科学的形成、性质、特征、发展的一般规律，试图将不同时期建立的用以解释不同现象的各种理论综合概括为一个具有新原则的更为普遍的理论。元科学的构建一般要求把某种科学理论形式化，研究形式化理论的性质和结构）。

　　Metalogic：元逻辑（以形式化的逻辑系统为研究对象的理论，采取公理化的方法，研究形式语言、形式系统和逻辑演算的语法、语义）。

　　Metamathetics：元数学（以数学各分支学科作为研究对象，探究其可公理化问题或公理的协调性、可靠性、完全性、独立性和判定问题的学科）。

　　Metacommunication：元交际（关于交际的交际。研究交际中的所有信息及交际者之间的相互关系在信息理解中的价值。认为同样的信息在不同的元交际中可以形成完全不同、甚至截然相反的整体意义，比如反讽）。

　　Metaanalysis：元分析（统计学上来说，元分析是指将多个研究结果整合在一起的统计方法。元分析采用系统化的资料收集和数值分析，这些组合后

---

① 除此类之外，还有 a. 在……之后，如 Metaplasm（后生质）、Metazoan（后生动物）；b. 整体位移和变化，如 Metabolos（新陈代谢）、Metaphrase（翻译）、Metaphore（隐喻）；c. 连接，如 Metacarpus（连接腕骨和指骨的骨头）。

的结果会有助于以更加全面的证据观察来支持或拒绝某一主题研究的假设，发现该主题迄今研究的不足之处，发现各种可能影响效应量的中介因素）。

从这些词语中可概括学术语境中"meta-"的分布特征：

a. 后接词根是"meta"的操作对象，具有对离散现象进行体系化、过程化操作的意义。如"元数学"中，数学是对"现实世界的空间形式和数量关系"[《现代汉语词典》(第7版)：1219]进行研究的体系性科学；"元分析"中，"分析"是"把一件事物、一种现象、一个概念分成较简单的组成部分，找出这些部分的本质属性和彼此之间的关系"(同上：383)的过程和方法。

b. "meta X"本身具有X的性质，如元分析本身是一种分析方法，元数学本身是一种数学研究。

c. "meta X"采用外部视角，对X所指称的体系或过程进行一元化的整合观照。

d. 整合观照的具体操作方式可包括：整体体验、系统描写、评价阐释、抽象整合、形式化概括、调节操控、结构化加工、价值评估等。

由此，学术语境中的"meta"可定义为：从外部观照一个特定的体系或过程，对其进行一元统合的感知、认识和操作。具体包括：整体体验、系统描写、评价阐释、抽象整合、形式化概括、调节操控、结构化加工、价值评估等。

从概念上看，话语是"一些话段的集合，构成各种可识别的言语事件(无需参照其语言学上的结构，如果有这种结构的话)。例如一次会话、一个笑话、一次布道、一次采访等"。(克里斯特尔2000：111—112)因此，话语概念强调的是言语交际事件，即听说/读写双方在特定的题旨情境下运用语言，完成言语交际活动的全过程。而对话语进行"meta"操作，就是对言语交际的全过程及其各方面因素进行宏观整体性把握，可实施感知、描写、评价、阐释、整合、调控、结构化加工等具体操作。

综上，通过分析学术语境中"meta"词缀的分布特征和语义属性，我们发现，元话语也是一种话语资源，其基本功能是对话语交际过程(包括完整的言语交际事件及相关因素)进行一元整合性操作，使其彼此结合，成为整体，帮助主体实现话语交际。以这一观点看，现有研究中强调的语篇组织性、反身指涉性、人际交互性等功能，其实都是这种整合性操作在某一方面的具体体现，可以在语篇意义整合的概念之下得到统一。

正因如此，我们可以在语篇意义整合的研究视域中思考元话语问题。在语篇意义整合的研究视域中，元话语是符号表征阶段系统运作的意义整合手段。在符号表征阶段，主体调用"语言文字的一切可能性"(陈望道1932/2006：16)，对前语言意义结构进行符号转写和精制加工，将其转写为结构完整、意义明晰、可在主体间进行意义交流的线性语篇。这一过程从意义结构的符号转写、意义结构的精制加工、意义结构的线控表达、符号序列的交互主观化处理四方面展开。除了符号表征,元话语在精制加工、线性表达、交互处理三个方面都能发挥作用。据此,我们将元话语的整合功能分为:精制整合功能、线控整合功能和交互整合功能。

　　本章即以整合功能的实现为核心,构建元话语功能的分析框架,并结合散文语篇、学术论文语篇和电视辩论语篇,分析具有不同整合功能的元话语在各类语篇中的分布特征,以此验证基于语篇意义整合的元话语功能分类体系的合理性。

9.4　元话语功能及其分类

9.4.1　元话语与元话语功能

　　不少研究者指出:元话语是一个模糊的范畴。阿德尔(Ädel 2006:22)说:"这个概念缺乏定义的边界,很难在什么是元话语和什么不是元话语之间进行区分。"海兰德(Hyland 2017)归纳出元话语在成员识别、单位长度、形式一致性等方面的模糊性。"通常被界定为元话语的项目,比如 therefore(因此),in contrast(相比之下),as a result of(因为……的结果)等,可以身兼两种功能。它们在充当元话语(连接论点的步骤)的同时,命题性地连接语篇外世界的两个事件。""一个 quite(相当),可以是限制语(quite good[相当棒]),也可以是增强语势的表达(quite extraordinary[相当非凡]);一个 possible(有可能的),可以通过限制一个陈述或进行推理来表明主体态度(it's possible that he was drunk[他有可能醉了]),也可以指向现实世界的可能性(it's possible to catch a bus here[在这里有可能赶上公交车])。"

　　由于形式和功能的不对应,"定义元话语的首要因素是语言项目在语境中是否具有元话语功能"(Ädel 2006:22),仅以语言形式为依据的元话语研究并不可取。这一观念虽然很早就形成共识,但实际研究中,"研究者经常混淆形式与功能,或话语功能和句法功能的关系"(同上)。比如不少理论体系会将语法范畴(如逻辑连接词)与功能范畴(如告知、提醒等)混杂使用,但"它们是不等价的类别,也可能部分重叠"(参见 Ädel 2006:22—23)。

　　有鉴于此,本章仅讨论元话语功能的分类,而不以词形作为分类的依据。换言之,我们的分类只针对元话语在语篇中具体实现了哪种整合功能,而不针对语言单位本身。个案元话语在语篇中可以只实现一种功能,也可同时实现多种功能,同形的语言单位在不同语境中可以实现相同功能,也可分别实现不同功能。分类是功能的分类,而具体语言单位实现元话语功能的方式必然是复杂的。此外,虽然元话语可由从标点符号、视觉图形到词、短语、句子、语段等的一系列形式来充任(参见海兰德[Hyland 2017]),但考虑到具体分析的可操作性,本章暂只考虑以词和有标记化倾向的短语形式出现的元话语。

9.4.2　元话语功能的分类

本章收集学术论文语篇、电视辩论语篇和散文语篇共计约九万字的语料,从精制整合、线控整合、交互整合三个方面,考察语篇中元话语功能的具体实现,尝试建构语篇意义整合框架下的元话语功能分类体系。

9.4.2.1　精制整合功能

语言表征阶段,言者使用元话语资源,对前语言意义结构进行精制加工,使其更为完善、清晰,此即元话语的精制整合功能,主要包括能量调控、指意调控、精确度调控三个方面。

1. 能量调控

能量调控指主体使用元话语,调节语篇信息的意义强度,使其强弱有序、重心凸显。主要包括:增强/减弱意义能量、激活/抑制意义扩散、设置命题间的能量秩序。请看例(143)—(147):

(143) 将语料库融入功能语言学……无疑会给功能语言学研究带来极大的便利。(秦颖颖《语料库辅助功能语言学方法浅述》)

(144) 去年到现在做了很多工作,包括抢险队伍的能力建设,我们还有中小河流进行清淤啊……还有泵站的改造……当然大家提的这些……我们也会继续总结,把大家的意见吸纳到以后的工作中来提高。(凤凰卫视"一虎一席谈"2012-8-4)

(145) 中国乡下佬最大的毛病是"私"。说起"私",我们就会想到"各人自扫门前雪,莫管他人屋上霜"的俗语……(费孝通《乡土中国》)

(146) 我们在市场上看到的芭乐、莲雾、木瓜、杨桃、梨子、柚子、哈密瓜、荔枝、番茄等等,几乎没有一种不是改良的结果。(林清玄《小红西瓜》)

(147) 虽然是满月,天上却有一层淡淡的云,所以不能朗照;但我以为这恰是到了好处——酣眠固不可少,小睡也别有风味的(朱自清《荷塘月色》)

例(143)使用"无疑",加强了语篇单元的意义能量,使观点的呈现更为有力,具有加强能量的意义整合功能;例(144)有两层意思,一是"我们"已经做了很多工作;二是对于大家提出的问题"我们"会继续努力。这两层意思本来至少应该等重,但说话人使用"当然",降低后者的意义能量,营构出成就为主,问题为次的整体语义效果[①];例(145)的"说起"引出了以"私"为话题的另一个关联不甚紧密的话语单元,促进了意义的扩散;而例(146)本可列举出更多水果,但为了保障整体语义回到"改良"上,主体使用"等等",抑制了意义的继续发散;例(147)在"虽然……却"的调控下,"天上有一层淡淡的云"能量略高于"今晚是满月",在"固……也"的调控下,"小睡"事件的能量略高于"酣眠"。综上,通过综合使用元话语,言者可调节话语单元之间的意义能量,保证语篇意义轻重有序,重心突出。

2. 指意调控

有时,一个语篇单元兼具多种指意可能,主体需要借助元话语限制单元指意,确保语义明晰、没有歧义。元话语的指意调控功能主要从限定指意范围和限定释义方式两方面展开。请看例(148)、(149):

(148) 所以说,你如果是那个出租车司机,你要不然就是拒载,要不然你也会加价吗? <u>在那种情况之下</u>。(凤凰卫视"一虎一席谈"2012 - 8 - 4)

(149) 肾脏是人体最重要的排泄器官,我们生存必不可少的水在体内都是由肾脏领导调配的。<u>通俗一点来说</u>,肾脏就是专门"制尿"的。(李妍《脑洞大开的神奇知识》)

例(148)通过"在……情况之下"的调控,主持人将提问限定到一个非常特殊而明确的范围,避免产生误解,保证意义的顺利建构;例(149)通过使用元话语"通俗一点来说",明示特定的释义方式,确保语篇单元的指意准确。

3. 精确度调控

在精制加工方面,言者还常常使用元话语,调节语篇单元表意的精确程度。这类元话语功能包括提升语义精确度和降低语义精确度两类。请看例(150)、(151):

(150) <u>英国语言学家、哲学家</u>格莱斯(H. P. Grice)提出:会话应遵守合作原则……(苏雪莲《模糊语言交际功能及翻译浅析》)

(151) 儿童从出生到成熟<u>大约</u>经历了六个重大时期:乳儿期(出生到 1 岁)、婴儿期(1 到 3 岁)、学前期(3 到 6 岁)、学龄初期(6 到 9 岁)、少年期(9 到 12 岁)、青年初期(12 到 18 岁)。(张海钟、王莉、冉前林《中学班级管理》)

例(150)通过明确话语的信息来源,增加语篇单元表意的精确度,使表意更为严谨可信;例(151)则正好相反,通过使用"大约",使婴儿成长阶段的区分变得模

---

① 同一个词形"当然",在"这件事这样结束,我当然很高兴啦。"中,实现的就是增强意义能量的元话语功能。

糊,从而降低单元表意的精确度,使对婴儿成长阶段的分类得以涵盖更多的中间现象和非典型状态。

9.4.2.2　线控整合功能

在符号表征阶段,言者使用元话语对前符号阶段的意义结构进行线性压缩,实现多维意义结构和一维符号表征之间的对接,保障语篇的连贯、有序、衔接自然,此即元话语的线控整合功能,主要包括:赋予框架、线性连缀、明示关联三种。请看例(152)、(153):

> (152) 语言合作原则是人们在交流的过程中为了保证沟通顺畅而必须遵守的原则,其主要包括四个方面。第一,量的准则……第二,质的准则……第三,关系准则……第四,方式准则……(刘珂《合作原则下的模糊语言研究》)

> (153) 关键是我们的钱花在什么地方去了。如果是我们永远在投资,政府永远在投资,那个钱是永远不够的。但是你拿来改造下水道,而且真正地按照大城市的要求来建设一个城市的下水道,这是完全有可能的。(凤凰卫视"一虎一席谈"2012-8-4)

例(152)中,四个准则分别与会话合作原则的定义发生意义关系,四者之间则不存在必然的顺序。为了将这样的立体意义结构压缩成线性符号序列,言者一方面使用"……包括……个方面:"设置结构框架,将四者整合到一起;一方面使用"第一、第二、第三、第四",连缀语篇单元,赋予它们线性顺序,此即赋予框架和线性连缀的元话语功能。例(153)使用"如果"明示前后单元的假设关系;"但是"明示转折关系;"而且"明示递进关系。这些关联性词语虽然携带了一定的命题信息,但同时也是以特定的逻辑关系将命题系连起来,因而具有线控整合的元话语功能。

9.4.2.3　交互整合功能

语篇意义整合的最终目的是在主体间实现意义交流。因此言者对语篇交际过程的调控和整合还表现为言者对语篇信息进行主观评价与投射,或在语篇中与读者展开交互。此时使用的元话语即具有交互整合功能。具体可分为:引起读者注意、引导读者解读、投射主观评价、建构主体关系四类。请看例(154)—(157):

> (154) 宝儿,我跟你说,这棵榕树有一百多年历史了。我爷爷说,他小时候就在榕树下耕田,但现在那里现在就剩一棵树了,田都成了路。(BCC微博语料)

> (155) 如果你要指望政府,在那么短的时间内赶到现场去救,我个人觉得不太现实……他当时的水深差不多有四米深,你想一想。没有专业潜水知

识的人,他到了现场怎么救?(凤凰卫视"一虎一席谈"2012 - 8 - 4)

(156) 朋友说:"<u>可惜</u>你不是秋天来温哥华,否则就可以看到那壮丽的场面。"(林清玄《鲑鱼,归鱼》)

(157) 所以不是每一个人都能被孩子式的讨好哄好。<u>恕我直言</u>,土象星座的人是哄不好的!(微博语料)

例(154)的"我跟你说"直接提及受话人,引起对方对话语内容的特别关注,以实现意义的顺利传达;例(155)的"你想一想",引导读者思考水深四米的情景及救援的困难,从而理解和接受说话人的观点;例(156)的"可惜",通过直接在语篇中投射情感评价的方式,与读者进行情感交流;例(157)中,言者在表达对"作者"观点的不认同时,为了继续维系主体间的良好关系,使用"恕我直言"引导冲突性观点的呈现,尽量避免主体间的对抗和反感。

9.4.3　小结

综上,基于语篇意义整合的元话语功能分类体系可构建如下:

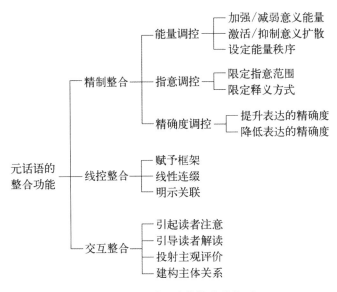

图 9 - 1　元话语功能的分类体系

9.5　元话语功能的语篇分布

不同类型的语篇由于交际目的、内容、语境的不同,在意义整合方面必然各有侧重。作为系统运作的意义整合资源,元话语理应能体现这样的不同。我们以学术论文语篇、电视辩论语篇、散文语篇为例,统计三类语篇中各类元话语功能的出现频率,以验证基于语篇意义整合的元话语功能分类体系对现实语篇分析的有效性。

9.5.1 统计方法

9.5.1.1 语料选取

本章随机选取《语文建设》中的学术论文(不同作者)10 篇,合计约 30 000 字;选取"东方直播室""一虎一席谈"电视辩论节目各一集,共计约 30 000 字;选取现当代名家散文 20 篇,合计约 30 000 字,本章的统计分析以上述材料为对象。

9.5.1.2 统计步骤

1. 在语料中识别出具有各类整合功能的语言单位,统计各类整合功能的出现频率。若同一语言单位在语境中实际兼具了多种整合功能,则记为多次。如:

(158) 为了准确理解篇章含义,我们<u>不仅</u>要理解话语的字面含义,<u>还</u>要仔细揣度说话人语言的隐含意义。(崔沙沙《系统功能语言学中的语篇分析探究》)

例中的"不仅……还……"同时兼具明示话语关联、设定能量秩序的功能,统计时,在两类之中各记一次。

2. 汇总三类语篇中各类元话语功能的出现频率,进行对比分析。

9.5.2 统计结果

请看表 9-1:

表 9-1 三类语篇元话语功能分布

功能类型			学术论文		电视辩论节目		散 文	
			数值(次)	比例(%)	数值(次)	比例(%)	数值(次)	比例(%)
精制整合功能	能量调控	加强能量	196	13.6	200	15.5	217	25.4
		减弱能量	36	2.5	18	1.3	18	2.1
		激活扩散	6	0.4	35	2.7	27	3.2
		抑制扩散	34	2.4	19	1.5	35	4.1
		设定秩序	69	4.8	16	1.2	23	2.6

（续表）

功能类型		语篇类型 频次与比例	学术论文		电视辩论节目		散　文	
			数值 （次）	比例 （%）	数值 （次）	比例 （%）	数值 （次）	比例 （%）
精制整合功能	指意调控	限定指意范围	141	9.7	58	4.4	17	2.0
		限定释义方式	71	4.9	38	2.9	21	2.5
	精确度调控	提升精确度	108	7.5	60	4.7	21	2.5
		降低精确度	85	5.9	24	2.0	22	2.6
	精制类总频次		746	51.7	468	36.3	401	47.0
线控整合功能		线性连缀	229	15.8	97	7.5	35	4.1
		赋予框架	40	2.8	28	2.2	6	0.7
		明示关联	351	24.2	274	21.2	136	16
		线控类总频次	620	42.8	399	30.9	177	20.8
交互整合功能		引起注意	2	0.1	40	3.2	47	5.5
		引导解读	23	1.5	23	1.8	38	4.5
		主观投射	49	3.3	158	12.2	161	18.9
		建构关系	9	0.6	202	15.7	29	3.4
		交互类总频次	83	5.5	423	32.8	275	32.2
总频次			1 449	100	1 290	100	853	100
元话语使用频次/语料总字数（%）			5.2		4.3		2.8	

　　从表9-1可知：a. 总量上，元话语在学术论文语篇中的出现频率最高，电视辩论语篇居中，散文语篇最低；b. 在小类对比（以所占比例为依据）中，学术论文语篇中具有精制和线控功能的元话语使用较多，交互类较少；电视辩论语篇中三类元话语的使用较为平均；散文语篇中线控类相对较少而精制类和交互类多。三类语篇元话语分布的对比情况如表9-2：

表9-2　三类语篇元话语功能的分布对比

语篇类型　　　　　　功能类型	精制类	线控类	交互类	总　量
学术论文语篇	多	多	少	
电视辩论语篇	平	平	平	↓
散文语篇	多	相对较少	多	

9.5.3　数据分析

元话语功能在三类语篇中的分布特征可在各类语篇的题旨情境和交际内容中得到解释:学术论文是典型的论证性语篇,讲求用详实、明确的证据逻辑严谨地论证学术观点,注重意义表达的客观性、确定性、逻辑性,较少允许主观随意的解读和个性化的情感交流。具有精制整合功能的元话语致力于完善、加工意义结构,增强表意的明晰性,因而使用频繁。具有线控整合功能的元话语用于增强表意逻辑性,因而也较常用。但是,学术语篇在大多数情况下是排斥个性化表达的。因而具有交互整合功能的元话语使用较少。

电视辩论语篇既有口语会话语篇的特点,又具有论辩性(逻辑性 + 冲突性)特征。典型的口语对话语篇是即时生成的,言者不太可能对意义结构做出如书面独白语篇一样的深度加工,因而精制整合功能的元话语使用较少;而论辩性语篇一方面强调逻辑严密的论证,精制整合和线控整合功能的元话语使用较多;另一方面又强调主体间的对立和冲突,故而交互整合类元话语的使用也会频繁。如此,在三种因素的合力作用下,电视辩论语篇中各类元话语的使用较为平均。

散文语篇一方面继承了文学语篇对语言表达主观性和交互主观性功能的强调,另一方面,"散文语篇虽然灵活多变,但结构严谨……是文艺语体中语篇结构最完整的语体形式。"(袁晖、李熙宗 2005)出于自然流畅、文气贯通的表达需要,散文语篇十分强调对意义结构的精制加工,对彰显逻辑性的线控整合也较其他文学类语篇更为关注。因此,散文语篇对精制整合类元话语和交互整合类元话语的使用都比较频繁,线控整合类元话语虽相对较少,也占有一定比例。

综上,不同的元话语功能在三类语篇中表现出鲜明的分布差异,形成独特的分布模式,且这些模式化的分布差异都可以在各类语篇的题旨情境中得到较为合理的解释。由此,本章以语篇意义整合为导向构拟的元话语功能分类方案,对现实语篇具有初步的分析效力。

9.6　本　章　小　结

　　本章对学术语境中的"meta"词缀进行分布分析,归结"meta"的分布特征和语义属性,将元话语重新定义为：对话语交际过程进行一元整合性操作的话语资源。元话语的基本属性是整合属性,现有研究强调的语篇组织性、反身指涉性、人际交互性等功能,都是整合性在某一方面的体现。

　　以此为基础,本章将元话语的整合功能分为精制整合功能、线控整合功能、交互整合功能三类,并通过对学术论文语篇、电视辩论语篇、散文语篇进行分析和统计,发掘具有不同整合功能的元话语资源在三类语篇中的分布差异。这样的分布差异可以在各类语篇的交际意图、题旨情境中得到解释。由此可初步验证基于语篇意义整合的元话语功能分类方案具有一定的语篇分析效力。语篇意义整合分析或可作为理论依据,推进元话语研究。

　　然而,分类是对功能的分类,具体语篇中出现的元话语成员异常复杂,语篇中的元话语成员,与元话语功能并不具有一一对应的关系。那么语篇中的具体元话语,它们如何调动自身在结构、功能、语义、语用等方面的特殊性实现语篇意义的整合,获得整合功能,多种整合功能是否可以同时体现在一个元话语成员之中,整合功能的叠加又会带来元话语成员在意义、功能、句法限制条件方面的哪些变化？ 这些都是我们需要继续思考的问题。

第十章　结　　语

　　本书尝试从意义整合的角度思考语篇整体性如何实现的问题。语篇的整体意义不是天然的"铁板"一块,而是异质离散的意义单元经历从混乱到有序,从离散到统一的整合过程而形成的。语篇意义的异质整合观在多学科视域的意义研究和语篇研究中已形成共识,同时得到个人语用经验和语篇分析实践的响应。互文性理论和解析符号学思想关注语篇意义异质整合的基本过程,并结合文学语篇对其进行了思辨式探究。遗憾的是,互文性理论未能对其中涉及的核心概念进行工作界定,也未能对异质离散的意义单元整合跃迁形成整体意义的具体过程进行系统描写。因此,我们要借鉴互文性理论思考语篇整体意义的实现,解决上述两个问题。

　　针对第一个问题,我们综述哲学、符号学、语言学各分支方向的既有研究成果,寻找学界对"语篇、意义、整合"等概念的研究共识,以此为基础对这些概念进行尽量可操作的界定,并尝试界定和切分语篇意义的分析单位。针对第二个问题,主体认知世界中离散异质的意义单元从无序到协同形成整体意义的过程,与系统中大量粒子从混乱到有序自组织生成耗散结构的过程极为类似。耗散结构理论实现了对自组织整合问题的数学运算,对宇宙中的各类自组织现象都具有一定的解释力,我们因此引入耗散结构理论,描述语篇意义的整合过程。

　　在耗散结构理论和解析符号学的双重视域下,语篇的意义整合分为前符号阶段和符号表征阶段。前符号阶段,异质离散的意义单元在言者的认知空间中交织互动,经历意义核心的生成、意义结构的生成、意义结构的竞争、边界条件的制约四个过程,从混乱到有序地逐层整合,形成前符号意义结构。前符号意义结构由意义核心统摄众多响应核心的意义单元构成。符号表征阶段,言者运用符号资源,对前符号阶段初步形成的意义结构进行加工和转写,使其最终实现为可在主体间进行意义交流的语篇。这一过程可从符号转写、精制加工、线控表达、交互主观化处理四个方面分析。前符号阶段的意义整合以自组织整合为机制,主体的有意识参与相对较少,符号表征阶段的意义整合本质上都是他组织的,主要在言者的有意识调控下发生。但是,言者可以选择对意义结构进行自组织转写或是他组织转写。转写方式的不同造成诗性语篇和日常语篇的分化,带来符号指意方式和语篇解读方式的差异。

　　以此,我们构拟了语篇意义整合的具体过程,揭示了制导整合的自组织机制和他组织机制,尝试对语篇整体意义的实现,亦即语篇整体性的实现问题作出回答。在此基础上,我们拟定了语篇意义整合分析的分析程序,希望以此实现对现实语篇意义整合的过程、机制、手段的分析。语篇意义整合的基本过程和分析程序可图示如下:

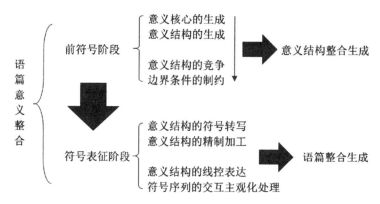

图 10 - 1   语篇意义的整合过程

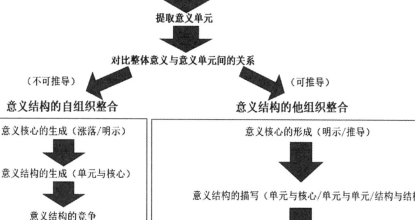

图 10 - 2   语篇意义整合的分析程序

　　本书在本维尼斯特研究的基础上，将诗性语言和日常语言的区分溯源到符号转写方式的差异，由此提出对日常语篇和诗性语篇的区分。我们分别以诗性语篇和日常语篇为抓手，对语篇意义的自组织整合和他组织整合进行系统考察，对意义整合两种机制的运作过程、模式特征、整合手段等进行尽可能详细的描写。在此基础上，我们对语篇意义复杂样态的实现问题和元话语功能体系的构建问题进行专题研究。结果表明，语篇意义整合分析对不同类型的语篇实践，对专题性的语篇现象和语篇问题具有初步的分析和解释能力。

　　然而，本书的研究只是初探，存在不少未尽之处。首先，我们对前符号阶段整合过程的构拟，是参照耗散结构理论，结合对诗性语篇的分析进行的。耗散结构理论用数学的方法描写耗散结构自组织生成的整合过程，具有普遍的合理性，因而对语篇意义的自组织整合必然具有解释和分析的能力。但以目前的研究条件，我们无法取得意义整合前符号阶段的实证材料，因而无法进行直观的实证研究。即便具备了合理性，终归只是构拟。同样，诗性语篇利用自组织机制转写意义结构，在一定程度上保留了前符号意义整合的原生面貌，很适合作为意义自组织浮现的研究材料，但不能完全等同于前符号阶段的意义整合。因此以诗性语篇为例进行的研究也只能象似，而无法还原意义整合前符号阶段的真实面貌。这是受当前研究条件限制的无奈之举。不过，我们还可以在大量语篇分析的实践中，验证理论假设，寻找分析漏洞，不断完善和更新理论框架，使我们的研究不断接近前符号阶段意义整合的真相。

　　其次，本书在理论建构之后，对诗性语篇和日常语篇的整合过程、整合机制、整合手段及相关的语篇现象进行了专题研究，初步验证了理论构建的合理性。然而，现实生活中的语篇实践丰富多样，各类语篇在意义整合方面都可能表现出超出我们预期的特殊性，生发出需要继续思考的论题。因此，我们还需要在大量的语篇分析实践中积累问题经验，完善理论构拟，反思分析方案，逐步提升理论框架的解释能力和分析能力。

附录：核心术语介绍与索引

边界条件(参见 5.1 节)

边界条件是系统的外部环境,为耗散结构的生成和维持提供能量,只有符合边界条件要求的巨涨落才能得到能量支持,不符合要求者则迅速消亡。在语篇意义的整合过程中,边界条件指语篇发生于其中的语境条件,包括上至文化语境,下至情境语境和上下文语境的全部内容。

耗散结构理论及耗散结构的生成原理(参见 5.1 节)

耗散结构理论(Dissipative Structure Theory)由比利时物理学家、诺贝尔奖获得者普里戈金于 1969 年提出,它研究系统在一定的条件下,通过不断地与外界交换物质与能量,自发地由原来的混沌无序状态,转变为一种在时间上、空间上或功能上的有序状态,从而形成新的有序结构的现象。这一新结构的生成和维持需要外界能量的持续投注,以能量的耗散为特征,故称耗散结构。

耗散结构的生成原理如下：在粒子间具有多种相互作用方式的开放系统中,若局部能量差巨大,能量就以粒子宏观运动的方式,固定地从高能粒子向低能粒子传递,引起粒子间的对流。与对流能量相契合的随机涨落可从中获得能量,吸引周围粒子与之一致运动而聚集更多能量,成为巨涨落。巨涨落不断吸引其他粒子扩大自身,最终遍及整个系统,形成自组织耗散结构。若系统同时出现多个巨涨落,能量增长最快的那个成为耗散结构的核心,其他涨落则融入或衰亡。此外,系统的边界条件也影响耗散结构的生成,只有满足边界条件要求的巨涨落才能获得能量而生存。

耗散结构的生成条件有：a. 开放系统,与外界交换物质或能量;b. 系统远离平衡态,粒子之间具有足够大的能量差;c. 粒子之间存在非线性相互作用关系;d. 巨涨落,由随机涨落在粒子对流中获得能量而生成;e. 响应,巨涨落吸引其他粒子,获得能量支持;f. 边界条件制约,巨涨落必须符合外部环境的要求以得到环境能量的支持。

互文性理论与解析符号学思想(参见 4.4.1 节)

互文性理论最早由法国符号学家克里斯蒂娃提出,通常被理解为"任何文本都处于与其他文本的相互关联之中……一个确定的文本中往往渗透了来自其他文本的话语",或"种种文本之间的相互转换关系"(克里斯蒂娃 2012)。但互文性概念的内涵不止于此,它还是克里斯蒂娃解析符号学思想的一部分,是作为符号成义的机制,在符号意义在线生成的过程中起作用的。解析符号学认为,符号的意义并非先验存在,而是在文本与文本的交互作用中,从无序到有序在线生成的。主体在外部世界遭遇各种文本,进入符号指意的前符号态空间。当主体产生表达需要时,最终能满足表达需要的文本活跃起来,它们相互作用、相互影响、求同存异、彼此结合,最终形成整体,呈现在符号象征态中,浮现出当下文本的整体意义。如此,来自外部世界的文本在当下语篇的空间中拼接、整合,形成清晰、一致的现象文本。但是,现象文本的一致性和稳定性只是暂时的,其中潜藏着很多异质性因素,这些因素随时准备着冲破整体,使表意重回混乱、多元的前符号态。符号的指意就在这种结构与解构的过程中周而复始,使每一个文本中都充满了异质的其他文本,同时又具有自己完整、一致的整体结构。互文性概念和解析符号学思想,实际上描写了语篇意义从异质离散的前符号意义要素,经过交织互动,从混乱到有序整合形成语篇整体意义的过程。

可读性文本与可写性文本·意义结构的稳定性(参见 8.4 节)

巴特曾区分"可读性文本"和"可写性文本",认为两者的区别在于是否允许读者参与语篇的意义建构,进行多元解读。可读性文本意义明确简单,自成体系,一般只允许接受或反驳,不允许多元解读;可写性文本意义复杂多歧,需要读者主动参与意义建构才能确定,会产生多种解读的可能。我们认为,这种区别在语篇层面,表现为语篇意义稳定性的差异:语篇的整体意义是由意义核心统摄众多意义单元和下层意义结构形成的能量耗散结构。意义核心对意义单元和下层意义结构的统摄力越强,意义单元及下层意义结构彼此之间关联越紧密,越是统一有序,语篇的意义结构就越稳定。可读性文本的意义核心通常明确表征,意义单元/下层意义结构充分响应意义核心,且彼此之间关联紧密,统一有序,因而稳定性强,表现出明确简单的语义效果;可写性文本意义核心通常不会明确表征,需要读者重历自组织过程整合出来;意义单元和下层意义结构与核心关系疏远,可以脱离核心,或同时响应多个意义核心;其彼此之间的语义关联也不紧密,甚至常常相互冲突,因而语篇的意义结构很不稳定,容易在不同听读者那里形成不同解读。由此,我们从语篇意义结构的角度看待巴特对"可读性文本"和"可写性文本"的区分,认为两种语义效果的实现是由语篇意义结构稳定性的差异造成的。

诗性语言/文学语言与日常语言·诗性语篇与日常语篇·诗歌语篇（参见第 6.1 节）

诗性语言又称文学语言，其与日常语言的关系在哲学、文学、语言学研究中都曾得到关注。概括来说，诗性语言以体验性、审美性为特征，日常语言以概念性、信息性为特征。本维尼斯特认为，诗性语言与日常语言的区别主要不在于语音、词汇、语法等语言系统方面，而是在于符号指意方式和语篇组织方式上的差异。我们将这种区别溯源到意义结构转写方式的差异，由此提出对诗性语篇和日常语篇的区分。诗性语篇主要采用自组织方式转写，言者如实呈现在前符号阶段参与意义整合的意义单元，引导读者重历意义整合的前符号阶段，自主浮现出意义核心，因此语篇整体意义灵动丰富，也容易造成含混多歧的语义效果，具有较强的体验性和审美性特征。日常语篇主要采用他组织方式转写，言者用简单明晰的符号表征已经形成的意义结构，明示意义核心和意义单元之间的相互关系，因而整体意义明确简单，不容易造成多元解读，具有概念性、信息性特征。诗性语篇以诗歌语篇为最典型的代表，日常语篇涵盖我们日常生活的使用的大部分语篇类型，如新闻语篇、散文语篇、学术论文语篇，等等。

随机涨落与巨涨落（参见 5.1 节）

涨落指单一粒子的运动状态对系统平均状态的偶然性偏离。这种偏离随时发生，通常很快消失，它们的出现和消失具有一定的随机性，因此称为随机涨落。当系统处于远离平衡态，而在能量差的作用下发生宏观对流时，一个与对流能量相契合的随机涨落就可能得到能量，吸引周围粒子与它一致运动，从而聚集能量，生成巨（能量）涨落。巨涨落若继续得到粒子响应而扩展到系统全域，就是自组织生成的耗散结构。在语篇意义的自组织生成中，巨涨落指的是在意义单元的互动、对流中随机生成的意义核心。

文本（参见 2.1 节，4.4 节）

"文本"通常与"语篇"同义，但在互文性理论中身兼两职。一个称为"当下文本"，与一般的"语篇"同义，一个称为"源文本"，指来自其他语篇，而参与当下语篇意义构建的意义片段。克里斯蒂娃说："文本$_1$即文本$_2$的集合"（克里斯蒂娃 2012，引文中的下标由笔者所加）。其中"文本$_1$"指的是当前被观察的语篇，而"文本$_2$"指来自其他语篇，而参与当前语篇意义建构的意义片段。因此这句话可以理解为：语篇是来自其他语篇的意义片段的集合。我们分化这两个概念，前者（文本$_1$）用"语篇"指称，后者（文本$_2$）用"意义单元、意义片段"指称。

主体·言者·接受者·听读者

语篇是发生在真实语境中的符号交际过程,交际双方是不可或缺的参与角色。符号交际遍及整个人类生活领域,是众多学科共同关注的问题,不同学科和流派用不同的术语称谓言语交际的参与者,使得学术语境中,指称交际双方的同义词汇非常丰富。这些术语由于使用语境的不同带来语义分化,在概念的内涵和外延上各有侧重。但随着跨学科研究的兴起,多视角研究合流,术语之间微观意义的分化走向中和,区分并不严格。本书为表述方便,在不同语境中交替使用各种术语,指称符号交际地说写者时,可能使用的术语有:言者、主体、说写者、作者、诗人等;指称符号交际的听读者时,可能使用的术语有:接受者、听读者、接受主体等。这些术语在本书中选用只作修辞考量,不作概念意义的区别。

意义·语篇单元·意义单元·符号单元(参见 3.4 节)

哲学、符号学、语言学等学科都很关注意义问题,但至今无法实现对"意义"概念的妥善界定。现有意义研究已形成一定的共识:语言的意义主要由表述对象(实体、事件、概念、命题等)和附着于表述对象的评价信息(情感、态度、意向等)构成,符号序列承载的意义是否完整,可从这两个方面分析。

为对语篇进行意义分析,我们设定语篇意义的分析单位——语篇单元。语篇单元由特定的符号形式(符号单元)表征具有独立价值的意义片段(意义单元)构成,内容上包括一个完整的表述对象,附着相应的评价信息(或潜势),可通过删除法验证。符号单元是用来表征意义单元的符号形式,在不同的语篇中可能有不同形态,可以是语言模态的词、短语、小句、句组,也可能是非语言模态的图形、音乐等。只要承载了一个意义单元的符号形式,就是符号单元。

语篇的整体意义是异质离散的意义单元交织互动,逐级整合,形成的统一意义结构。语篇中,实际参与意义整合的是意义单元。但意义整合分析作为一种语篇分析方法,必须从符号形式入手,分析才具有可操作性。因此我们需要首先切分语篇中表征独立意义单元的符号序列——语篇单元,再通过语篇单元,提取意义单元,进入意义整合分析。所以,语篇意义整合的单位和语篇意义整合分析的单位不一样。参与整合的是意义单元,而分析是从语篇单元入手的。

意义结构及语篇意义(参见 5.2 节)

意义结构是主体认知世界中的意义单元经过前符号阶段的自组织整合,从无序到有序形成的。它在内容上由表述对象(客观的实体、事件、命题、概念等)及相应的评价信息/潜势(主观的情感、判断、意向等)构成;结构上由意义核心(最主要表达的内容：对象＋评价)统摄能响应意义核心的众多意义单元集合而成；意义结构在空间上是立体向心结构(意义单元指向意义核心)，能量上是耗散结构(需要外部能量的持续投注形成和维持)。

语篇意义是由言者认知系统中的意义单元，在言者表述动机的驱动下，经过逐级自组织整合而形成的统一、完整的意义结构。这一整体意义结构中不仅包含众多的意义单元，也包含由这些意义单元逐级整合形成的下层意义结构。整体意义经由符号表征阶段的加工与转写，最终整合形成统一、完整，可在主体间进行意义交流的语篇。

异质性(参见 4.4.1 节)

异质性是克里斯蒂娃的符号学理论中的核心术语，也是法国当代哲学符号学理论中的重要概念。异质性与同一性相对，其基本含义是具有不同性质，甚至相互对立的要素共存于一个系统之中。这一概念在不同的理论视野中具有不同意义，在克里斯蒂娃的互文性理论中，异质性体现为当下语篇空间中渗透着来自其他语篇的意义片段。这些意义片段来源各异，意义不同，甚至彼此冲突，却共存于当下语篇之中。在解析符号学理论中，异质性在主体层面、符号成义过程层面、文本层面都有投射。在主体层面，异质性表现为理性主体与非理性主体的共存，强调多元、混乱、不稳定的非理性主体的存在；符号成义过程中，异质性体现为对前符号态与符号象征态的区分，前符号态先于符号象征态发生作用，它不具有稳定的意义结构，却是意义整合的母体和基础，意义的整合生成就是前符号态向符号象征态的转化过程；文本层面，异质性体现为生成文本与现象文本的区分：生成文本对应语篇的生成过程，是多层的、动态的、不稳定的，而现象文本对应符号表征的语篇实体，是相对单一的、静态的、稳定的。

语篇·话语·篇章·Text·Discourse(参见 2.1 节)

"语篇、话语、篇章"经常同义共现，指语境中承载完整意义的符号序列及其符号交际过程。从来源上讲，这些术语都由 text 和 discourse 译介而来。text 与 discourse 由于不同学派研究旨趣的不同，表现出细微的语义差别。相较而言，discourse 更强调语篇的动态过程属性和社会学特征，text 更强调静态成品属性和语言学特征。但目前的研究大多将两者融合起来，术语使用趋向中和。汉语术语中，"语篇、篇章"更为义近，关注语篇的语言学特征，"话语"更倾向于从交际过程的角度研究语篇，关注对语篇背后社会意义的建构。与 text 和 discourse 一样，三者的差异也逐渐淡化，使用趋向中和。不过，这些术语在使用上还存在搭配习惯的差异,如"语篇"和"篇章"大多可以同义互换,但"篇章语法"的搭配比较固定,较少替换为"语篇";"话语分析"也是惯常搭配,多指应用性的和社会科学取向的语篇研究。本文通用"语篇"指称语境中的连续话段。但在引用他人观点,涉及习惯搭配时,沿用原作者和符合学术习惯的术语指称。

语篇意义的整合过程(参见 5.1、5.2 节)

语篇意义整合的基本过程分为前符号阶段和符号表征阶段。

前符号阶段,主体认知中存在着数量庞大、散乱分布的意义单元。当主体出现言说动机,就向认知空间中投注能量。能量会优先激活与言说动机契合的单元。这部分意义单元得到能量,开始活跃,与其他意义单元形成能量差,并不断唤醒其他能与之契合的单元,实现能量传递。在主体交际动机的持续投注下,认知空间中意义单元之间的能量差越来越大,最终与动机契合而被激活的单元彼此互动,遵循自组织原则形成意义核心。意义核心统摄能响应核心的高能单元,形成意义结构。主体认知空间中,可同时存在多个这样的意义结构。意义结构形成后,可以作为要素,与其他意义结构/单元再度发生整合,形成更高层次的意义结构(纵向整合),也可以和其他意义结构竞争、交融,形成更优选的意义结构(横向整合)。主体认知空间中的意义单元和结构不断发生这样横向或纵向的整合,最终能量最强、规模最大、与主体动机及语境要求最为契合的意义结构凸显出来。若这一意义结构与主体的言说动机和当前的言说语境契合,主体就以它为蓝本,将意义整合推进到符号表征阶段。

符号表征阶段的意义整合在主体的有意识调控下展开。此时前符号意义结构已经初步形成,言者一面对其进行加工完善,一面对其进行符号转写,使意义结构最终实现为可在主体间进行意义交流的现实语篇。我们从言者介入意义整合的具体方式入手,将符号表征阶段的意义整合细分为符号转写、精制加工、线控表达、交互主观化处理四个方面。言者转写前语言意义结构,可选择采用自组织转写和他组织转写两种方式。运用自组织方式转写时,言者如实呈现前符号阶段参与整合的离散异质的意义单元,引导听读者重历语篇意义从混乱到有序自组织整合的前符号过程;运用他组织方式转写时,言者明确表征已经形成的意义核心,明示意义核心与意义单元,意义单元彼此之间的相互关系,并使用符号资源对意义结构进行精制加工、线控连缀、交互主观化处理,保证语篇意义明确、稳定、完整、统一地传达给听读者。

元话语(参见 9.3 节)

元话语是语篇语言学研究的重点课题之一,广受关注,但在定义、识别、分类、功能等方面分歧极大。本书通过对学术语境中"meta"词缀的语义分布进行统计，概括"meta"的基本含义，以此为基础重新定义元话语。学术语境中的"meta"可以定义为：从外部观照一个特定的体系或过程，对其进行一元整合的感知、认识和操作。具体包括：整体体验、系统描写、评价阐释、抽象整合、形式化概括、调节操控、结构化加工、价值评估等。由此推知，元话语是对话语交际过程（包括完整的言语交际事件及相关因素）进行一元整合性操作的话语资源，其功能是使异质离散的话语交际要素彼此结合，形成统一的语篇意义。

整合（参见 4.1 节）

多学科视域下的"整合"概念共同强调：a. 整合是一个过程，由多源异质的要素交互作用、影响，形成统一的结构整体；b. 整合形成的整体具有连续性、系统性、一致性、协同性、完整性特征。语言学中研究整合问题的，目前主要有概念整合研究、构式整合研究和小句整合研究三个路径。其中概念整合研究和构式整合研究都强调整合结果不可推导的浮现性特征，而小句整合研究并未凸显这一特征，认为不同要素交互影响形成整体，即使结果可以从组成成分推导出来，也是整合。因此总体而言，整合是由异质要素交互影响，形成统一协同的结构整体的过程；整合形成的整体具有连续性、系统性、一致性、协同性、完整性特征；整合结果可能具有浮现性和不可预测性特征，但也有可能是可推导、可预测的。只要系统体现了异质要素的协同运作，最终形成统一整体，就都在整合研究的论域之中。

自组织整合与他组织整合（参见 5.2 节）

语篇意义整合的两种机制。复杂性科学认为，秩序在离散的个体之间形成，主要有自组织与组织两种方式。如哈肯说："一群工人，如果在工头发出的外部命令下遵循完全确定的方式行动，称之为组织，或者更严格一点，称之为有组织的行为。如果没有外部命令，而是靠其默契，工人们协同工作，各尽职责来生产产品，则称此种过程为自组织。"（转引自苗东升 1988）苗东升（1988）认为，自组织也属于组织，将组织和自组织对立不合逻辑，因此提出"他组织"概念。自组织的组织力来自系统内部，他组织的组织力来自系统外部。

我们将语篇意义的整合机制归结为自组织机制和他组织机制。前符号阶段，语篇意义在离散、异质的意义单元之间从无序到有序自发地整合浮现，言者的有意识介入极少，语篇意义主要遵循自组织机制整合；符号表征阶段，言者介入语篇的意义整合，对其转写、加工进行有意识调控，是言者"从外部下命令"，促使前符号意义结构最终转写为可在主体之间进行意义交流的符号语篇。这一阶段的意义整合主要遵循他组织机制。

　　不过,符号表征阶段的意义整合依据转写方式的不同,可分为自组织转写和他组织转写。选用自组织方式转写时,言者直接呈现前符号阶段参与整合的离散异质的意义单元,引导听读者重历语篇意义从混乱到有序自组织整合的前符号过程,自主整合浮现语篇的意义结构。这样的语篇意义灵动,层次丰富,容易在读者之间形成不同解读。选用他组织方式转写时,言者明确表征在前符号阶段已经整合形成的意义核心,明示意义核心、意义单元彼此之间的语义关系,保证语篇意义明确、稳定、完整、统一地传达给听读者。

参 考 文 献

阿兰·巴迪乌　2008　当代法国哲学思潮,《国外理论动态》,陈杰、李谧译,中央编译出版社。

埃米尔·本维尼斯特　2008　《普通语言学问题》,王东亮等译,生活·读书·新知三联书店。

艾　柯　1990　《符号学理论》,卢德平译,中国人民大学出版社。

奥格登、理查兹　2013　《意义之意义:关于语言对思维的影响及记号使用理论科学的研究》,白人立等译,北京师范大学出版社。

巴赫金　1998　《巴赫金全集》(1—6卷),钱中文主编,河北教育出版社。

巴　特　2000　《S/Z》,屠友祥译,上海人民出版社。

巴　特　2008　《符号学历险》,李幼蒸译,中国人民大学出版社。

布龙菲尔德　2014　《语言论》,袁家骅等译,商务印书馆。

曹秀玲　2016　《汉语话语标记多视角研究》,中国社会科学出版社。

曹秀玲　2018　汉语小句降级与语篇整合效应——以"作为 NP,(S)VP"为例,《语文研究》第4期。

曹秀玲　2022　《汉语语篇连贯的句法机制研究》,上海教育出版社。

陈满华　2016　构式语法的方法论价值刍议,《东北师大学报(哲学社会科学版)》第4期。

陈满铭　2004　章法结构及其哲学义涵,《浙江师范大学学报》第2期。

陈满铭　2004　论意象与辞章,《毕节师范高等专科学校学报(综合版)》第1期。

陈满铭　2013　论篇、章的逻辑结构系统,《当代修辞学》第5期。

陈　平　1987a　话语分析说略,《语言教学与研究》第3期。

陈　平　1987b　描写与解释:论西方现代语言学研究的目的与方法,《外语教学与研究》第1期。

陈　平　2012　话语分析与语义研究,《当代修辞学》第4期。

陈　平　2017a　《汉语的形式、意义和功能》,商务印书馆。

陈　平　2017b　《引进·结合·创新:现代语言学理论与中国语言学研究》,商务印书馆。

陈　平　2017c　话语的结构与意义及话语分析的应用,《当代修辞学》第2期。

陈　琦　2013　建构与互动——德国当代篇章研究的社会学理据,《德语人文研究》第2期。

陈　曦　2020　国际元话语研究的多样化发展,《重庆交通大学学报(社会科学版)》第2期。

陈　勇　2010　《篇章符号学:理论与方法》,黑龙江大学出版社。

陈昌来　2000　《现代汉语句子》,华东师范大学出版社。

陈昌来　2002　《现代汉语动词的句法语义属性研究》,学林出版社。

陈昌来　2003　《现代汉语语义平面问题研究》,学林出版社。

陈昌来　2017　《汉语常用双音词汇化与语法化研究》,学林出版社。

陈海庆　2012　《理解与互动:语篇语用意义阐微》,世界图书出版公司。

陈嘉映　2003　《语言哲学》,北京大学出版社。

陈满华　2016　构式语法的方法论价值刍议,《东北师大学报(哲学社会科学版)》第4期。

陈望道　1922　《作文法讲义》,民智书局。

陈望道　1932/2008《修辞学发凡》，上海教育出版社。

陈新仁　2020　基于元语用的元话语分类新拟，《外语与外语教学》第 4 期。

成晓光　1997　《亚语言研究》，辽宁大学出版社。

成晓光　1999　亚言语的理论与应用，《外语与外语教学》第 9 期。

程锡麟　1996　互文性理论概述，《外国文学》第 1 期。

崔伟艳　2010　意义理论及其当代走向研究，燕山大学博士论文。

德比亚齐　2005　《文本发生学》，汪秀华译，天津人民出版社。

德里达　1999　《声音与现象：胡塞尔现象学中的符号问题导论》，杜小珍译，商务印书馆。

丁金国　2018　从语篇到语体——寻找回家的路，《当代修辞学》第 3 期。

丁金国　2019　语篇现象的多维考察，《当代修辞学》第 4 期。

丁　珊　2009　元话语研究综述，《当代教育理论与实践》第 2 期。

董保华、罗迪江　2011　论语言研究的涌现范式，《重庆科技学院学报(社会科学版)》第 13 期。

杜道流　2008　《西方语言学史概要》，北京交通大学出版社。

范琳、朱丽霞　2004　国外写作构思心理研究的进展，《外语教学》第 4 期。

范　晓　2020　补充句群及其"辖群句"，《上海师范大学学报(哲学社会科学版)》第 6 期。

方　梅　2000　自然口语中弱化连词的话语标记功能，《中国语文》第 5 期。

方　梅　2005　篇章语法与汉语研究，《语言学前沿与汉语研究》，刘丹青主编，上海教育出版社。

方　梅　2017　叙事语篇的衔接与视角表达——以"单说、但见"为例，《语言教学与研究》第 5 期。

方　梅　2018　《浮现语法：基于汉语口语和书面语的研究》，商务印书馆。

方　梅　2019a　话本小说的叙事传统对现代汉语语法的影响，《当代修辞学》第 1 期。

方　梅　2019b《汉语篇章语法研究》，社会科学文献出版社。

费尔克拉夫　2003　《话语与社会变迁》，殷晓蓉译，华夏出版社。

封宗信　2006　《现代语言学流派概论》，北京大学出版社。

冯志伟　1999　《现代语言学流派》，陕西人民出版社。

弗朗索瓦·多斯　2012a　《结构主义史》，季广茂译，金城出版社。

弗朗索瓦·多斯　2012b　《解构主义史》，季广茂译，金城出版社。

福　柯　2003　《知识考古学》，谢强等译，上海三联书店出版。

付晓丽　2010　基于语类的互动元话语研究，北京师范大学博士论文。

付晓丽、徐赳赳　2012　国际元话语研究新进展，《当代语言学》第 3 期。

傅修延　2004　《文本学：文本主义文论系统研究》，北京大学出版社。

伽达默尔　1999　《真理与方法(第一卷)》，洪汉鼎译，上海译文出版社。

盖拉茨　2012　《认知语言学基础》，邵军航、杨波译，上海译文出版社。

高　群　2017　广义修辞学副文本考察，《湖南科技大学学报(社会科学版)》第 1 期。

高　群　2021　结构性夸张：抒情诗语篇生成的修辞要素，《阜阳师范大学学报(社会科学版)》第 2 期。

高宣扬　2004　《当代法国哲学导论》，同济大学出版社。

郜元宝　1995　"语言的存在—存在的语言"——海德格尔论语言和存在的同一性关系，《天津社会科学》第 2 期。

格雷马斯　2001　《结构语义学》，蒋子骅译，百花文艺出版社。

龚兆华 2016 本维尼斯特论诗歌语言与日常语言之别,《当代修辞学》第 6 期。

管玉红 2006 洛特曼符号域边界理论研究,《洛特曼学术思想研究》,王立业主编,黑龙江人民出版社。

桂诗春 2000 《新编心理语言学》,上海外语教育出版社。

桂诗春 2001 《实验心理语言学》,湖南教育出版社。

桂诗春 2011 《什么是心理语言学》,上海外语教育出版社。

郭　鸿 2008 《现代西方符号学纲要》,复旦大学出版社。

郭　军 2003 克里斯蒂娃与诗歌语言革命,《外国文学研究》第 1 期。

韩礼德 2011 《功能语法导论》(第 2 版),彭宣维译,外语教学与研究出版社。

韩礼德、哈桑 2007 《英语的衔接》,张德禄译,外语教学与研究出版社。

何　静 2016 《论证言语行为和反驳言语行为——论辩的语用研究》,《现代交际》第 2 期。

何　伟 2020 语言系统的复杂性与语篇功能的体现方式,《当代修辞学》第 1 期。

何永康 2002 《写作学》,江苏古籍出版社。

洪　谦 1982 《逻辑经验主义》,商务印书馆。

侯国金 2005 语用含糊的标记等级和元语用意识,《外国语》第 1 期。

胡春华 2008 学术讲座中元话语的语用学研究:顺应——关联路向,上海外国语大学博士论文。

胡范铸 2016 理论与现象:当代修辞学研究的五十个问题(上)(下),《当代修辞学》第 2、3 期。

胡范铸 2023a 以景观为方法,《文化艺术研究》第 1 期。

胡范铸 2023b 概念、目标、问题、方法:"国家语言能力"研究的重新思考,《华东师范大学学报(哲学社会科学版)》第 6 期。

胡塞尔 1998 《逻辑研究(第二卷)》,倪良康译,上海译文出版社。

胡曙中 2012 《语篇语言学导论》,上海外语教育出版社。

胡壮麟 1990 《语言系统与功能》,北京大学出版社。

胡壮麟 1994 《语篇的衔接与连贯》,上海外语教育出版社。

胡壮麟 1998 语篇分析任重道远,《外语研究》第 2 期。

胡壮麟、朱永生、张德禄、李战子 2008 《系统功能语言学概论(修订本)》,北京大学出版社。

华　劭 2003 《语言经纬》,商务印书馆。

黄勤、刘晓玉 2013 元话语研究:回顾与思考,《江苏大学学报》(社会科学版)第 2 期。

黄　作 2000 拉康的说话主体理论述评,《浙江学刊》第 2 期。

黄国文 1988 《语篇分析纲要》,湖南教育出版社。

黄国文 2007 中国的语篇分析研究——写在中国英汉语篇分析研究会成立之际,《外语教学》第 5 期。

黄华新、陈宗明 2016 《符号学导论》,东方出版中心。

黄念然 1999 当代西方文论中的互文性理论,《外国文学研究》第 1 期。

黄勤、刘晓玉 2013 元话语研究:回顾与思考,《江苏大学学报(社会科学版)》第 2 期。

黄欣荣 2005 复杂新科学的方法论研究,清华大学博士学位论文。

霍　兰 2006 《涌现:从混沌到有序》,陈禹等译,上海科学技术出版社。

江蓝生 2008 概念叠加与构式整合——肯定否定不对称的解释,《中国语文》第 6 期。

姜峰、Ken Hyland 2020 互动元话语:学术语境变迁中的论辩与修辞,《外语教学》第 2 期。

姜　晖　2011　元语用视角下的功能性言语探究,《当代外语研究》第 4 期。

姜望琪　2005　"并置"本身就是一种衔接手段,《中国外语》第 2 期。

姜望琪　2007　从句子语法到篇章语法,《中国外语》第 5 期。

姜望琪　2011　《语篇语言学研究》,北京大学出版社。

金立鑫　1995a　"汉语意合语法"批判,《北方论丛》第 5 期。

金立鑫　1995b　对张黎的"意合语法"批判之二,《汉语学习》第 6 期。

鞠玉梅　2013　英汉学术论文语篇中的元话语研究——从亚里士多德修辞学的角度,《外语研究》第 3 期。

鞠玉梅　2015　《论语》英译文语篇人际元话语使用与修辞人格构建,《外国语》第 6 期。

克里斯蒂娃　2012　互文性理论对结构主义的继承和突破,祝克懿、宋姝锦译,《当代修辞学》第 5 期。

克里斯蒂娃　2015a　《符号学:符义分析探索集》,史忠义译,复旦大学出版社。

克里斯蒂娃　2015b　《克里斯蒂娃自选集》,赵英晖译,复旦大学出版社。

克里斯蒂娃　2015c　《语言,这个未知的世界》,马新民译,复旦大学出版社。

克里斯蒂娃　2016a　《诗性语言的革命》,张颖、王晓娇译,四川大学出版社。

克里斯蒂娃　2016b　《主体·互文·精神分析》,祝克懿、黄蓓编译,北京三联书店。

克里斯特尔　2000　《现代语言学词典》,沈家煊译,商务印书馆。

莱考夫、约翰逊　1980/2015　《我们赖以生存的隐喻》,何文忠译,浙江大学出版社。

赖良涛、张跃伟　2005　布龙菲尔德语义思想评述,《辽宁工程技术大学学报(社会科学版)》第 6 期。

兰盖克　2013　《认知语法基础》,牛宝义、王义娜、席留生、高航译,北京大学出版社。

李金坤　2001　杜甫"香稻啄余鹦鹉粒"句辩说,《苏州教育学院学报》第 2 期。

李曙光　2009　语篇分析中的互文性与对话性,《外语与外语教学》第 12 期。

李小坤　2011　学术语篇中的转述:不同声音的对话,《华南师范大学学报(社会 科学版)》第 6 期。

李秀明　2006　汉语元话语标记研究,复旦大学博士论文。

李幼蒸　2007　《理论符号学导论》,中国人民大学出版社。

李悦娥、范宏雅　2002　《会话分析》,上海外语教育出版社。

李战子　2002　《话语的人际意义研究》,上海外语教育出版社。

李战子　2003　多模式话语的社会符号学分析,《外语研究》第 5 期。

李战子　2022　评价理论在国际传播语境中的应用与拓展,《外语研究》第 2 期。

李佐文　2001　论元话语对语境的构建和体现,《外国语》第 3 期。

李佐文　2003　元话语:元认知的言语体现,《外语研究》第 1 期。

利　奇　1987　《语义学》,李瑞华等译,上海教育出版社。

连淑能　2010　《英汉对比研究(增订本)》,高等教育出版社。

梁晓萍　2009　互文性理论的形成与变异——从巴赫金到布鲁姆,《山西师大学报》第 4 期。

廖秋忠　1986　现代汉语篇章中的连接成分,《中国语文》第 6 期。

廖秋忠　1988a　篇章中的论证结构,《语言教学与研究》第 1 期。

廖秋忠　1988　物体部件描写的顺序,《语言研究》第 2 期。

廖秋忠　1991　篇章与语用和句法研究,《语言教学与研究》第 4 期。

廖秋忠　1992　《廖秋忠文集》,北京语言学院出版社。

凌建侯　1999　试析巴赫金的对话主义及其核心概念"话语"(слово),《中国俄语教学》第 1 期。

凌建侯　2000　话语的对话性——巴赫金研究概说,《外语教学与研究》第 3 期。

刘　文　2005　异质性:克里斯蒂娃的符号系统和言说主体,《哲学动态》第 7 期。

刘颖、刘敏、蒋重清　2008　汉语言语产生的研究进展,《辽宁师范大学学报(社会科学版)》第 11 期。

刘辰诞　2008　生成整体论视角下"动宾动词＋名宾"构式的生成——构式创新的一个动因,《外语学刊》第 3 期。

刘大为　2004　《意向动词、言说动词与篇章的视域》,《修辞学习》第 6 期。

刘大为　2006　语言对自身的指称,《语言研究集刊》第三辑。

刘大为　2008　《自然语言中的链接结构及其修辞动因》,复旦大学出版社。

刘大为　2010　从语法构式到修辞构式(上)(下),《当代修辞学》第 3、4 期。

刘大为　2012　谐音现象的心理机制与语言机制,《当代修辞学》第 5 期。

刘大为　2013　论语体与语体变量,《当代修辞学》第 3 期。

刘大为　2017　作为语体变量的情景现场与现场描述语篇中的视点引导结构,《当代修辞学》第 6 期。

刘立华　2010　《评价理论研究》,外语教学与研究出版社。

刘龙根　2004　《意义底蕴的哲学追问》,吉林大学出版社。

刘齐生　2005　德国篇章语言学:缘起与发展,《解放军外国语学院学报》第 5 期。

刘润清　2004　《西方语言学流派》,外语教学与研究出版社。

刘亚猛　2008　《西方修辞学史》,外语教学与研究出版社。

刘运同　2007　《会话分析概要》,学林出版社。

娄　琦　2011　功能性言语的意义生成——认知符号视角下心理空间双重整合模式,东北师范大学博士论文。

鲁忠义、彭聃龄　2003　《语篇理解研究》,北京语言大学出版社。

陆俭明　2004　构式语法理论的价值与局限,《南京师范大学文学院学报》第 1 期。

陆俭明　2016　构式语法理论有待深究的三个问题,《东北师大学报(哲学社会科学版)》第 4 期。

陆俭明　2018　构式语法理论研究中需要澄清的问题,《外语研究》第 2 期。

罗　婷　2004　《克里斯特瓦的诗学研究》,中国社会科学出版社。

洛　克　2009　《人类理解论》,商务印书馆。

吕叔湘　1980　《现代汉语八百词》,商务印书馆。

吕叔湘、朱德熙　1952/2018　《语法修辞讲话》,商务印书馆。

马蒂尼奇　2004　《语言哲学》,商务印书馆。

马国彦　2010　元话语标记与文本自互文——互文视角中的篇章结构,《当代修辞学》第 5 期。

马清华　2012　《系统原理下的语言问题》,上海人民出版社。

马清华　2014　求同原理下语法结构的整合,《山西大学学报(哲学社会科学版)》第 4 期。

马清华、汪欣欣　2016　何谓语言的复杂性,《当代修辞学》第 3 期。

马清华、杨飞　2018　论语言的共变原理,《当代修辞学》第 4 期。

马修斯　2000　《牛津语言学词典》,上海教育出版社。

毛浩然、徐赳赳　2015　互文的应用研究,《当代语言学》第 1 期。

梅德明　2017　《语言学与应用语言学百科全书》,北京大学出版社。

苗东升　1988　自组织与他组织,《中国人民大学学报》第 4 期。

苗东升　2001　复杂性研究的现状与展望,《系统辩证学学报》第 4 期。

苗兴伟　2004　人际意义与语篇的建构,《山东外语教学》第 1 期。

缪　俊　2010　《叙述分层和句子镶嵌》,世界图书出版公司。

聂仁发　2009　《现代汉语语篇研究》,浙江大学出版社。

潘文国　2013　索绪尔:绕不过去的存在,《社会科学报》第 13 期第 5 版。

普里戈金、斯唐热　1987　《从混沌到有序:人与自然的新对话》,曾庆宏、沈小峰译,上海译文出版社。

戚亚军、唐丽娟　2007　语篇生成的认知操作模型假说,《外语界》第 5 期。

钱敏汝　2001　《篇章语用学概论》,外语教学与研究出版社。

秦海鹰　2004　互文性理论的缘起与流变,《外国文学理论》第 3 期。

秦海鹰　2006　克里斯特瓦的互文性概念的基本含义及具体应用,《法国研究》第 4 期。

屈承熹　2006　《汉语语篇语法》,北京语言大学出版社。

屈承熹　2019　《汉语功能篇章语法》,商务印书馆。

冉永平　2000　话语标记语的语用学研究综述,《外语研究》第 4 期。

冉志晗、冉永平　2015　语篇分析视域下的元话语研究:问题与突破,《外语教学与研究》第 2 期。

热奈特　2000　《热奈特论文集》,史忠义译,百花文艺出版社。

任永军　2010　汉语意合问题研究述略,《汉语学习》第 3 期。

萨莫瓦约　2005　《互文性研究》,邵炜译,天津人民出版社。

邵长超　2020　元话语的语篇调节机制与功能研究,《当代修辞学》第 1 期。

沈家煊　2001　语言的"主观性"和"主观化",《外语教学与研究》第 4 期。

沈家煊　2002　序,束定芳《语言的认知研究》,上海外语教育出版社。

沈家煊　2003　复句三域"行、知、言",《中国语文》第 3 期。

沈家煊　2006　概念整合与浮现意义——在复旦大学"望道论坛"报道述要,《修辞学习》第 5 期。

沈家煊　2008　语言中的整合现象,《现代语文(语言研究版)》第 4 期。

沈家煊　2009　副词和连词的元语用法,《对外汉语研究》第 1 期。

沈家煊　2012　零句和流水句——为赵元任先生诞辰 120 周年而作,《中国语文》第 5 期。

沈家煊　2016　《名词和动词》,商务印书馆。

沈家煊　2019　《超越主谓结构——对言语法和对言格式》,商务印书馆。

沈家煊　2021　《从语言事实看中西传统的范畴观》,商务印书馆。

沈开木　1996　《现代汉语话语语言学》,商务印书馆。

施春宏　2014　"招聘"和"求职":构式压制中双向互动的合力机制,《当代修辞学》第 2 期。

施春宏　2017　构成语法的理论路径和应用空间,《汉语学报》第 1 期。

施仁娟　2014　基于元语语能力的汉语话语标记研究,华东师范大学博士论文。

束定芳　2011　《隐喻与转喻研究》,上海外语教育出版社。

束定芳、田臻　2021　《认知语言学新发展研究》,清华大学出版社。

孙飞、李青华　2004　耗散结构理论及其科学思想,《黑龙江大学自然科学学报》第 3 期。

孙秀丽　2010　解析符号学研究,东北师范大学博士学位论文。

索绪尔　2001　《索绪尔第三次普通语言学教程》,屠友祥译,上海人民出版社。

索绪尔　2009　《普通语言学教程》,刘丽译,中国社会科学出版社。

谭学纯   2008   《广义修辞学》，安徽教育出版社。

谭学纯   2019   基于正、副文本互文性的学位论文：呈现形式及安全边际，《当代修辞学》第 3 期。

唐青叶   2009   《语篇语言学》，上海大学出版社。

唐正大   2022   《主观性等级和主体间性在汉语中的表征》，上海师范大学讲座(7 月 20 日)。

陶红印   2000   从"吃"看动词论元结构的动态特性，《语言研究》第 3 期。

田海龙   2009   《语篇研究：范畴、视角、方法》，上海外语教育出版社。

田海龙   2021   《社会网络中的话语互动》，天津人民出版社。

图恩·梵·迪克   2015   《话语研究：多学科导论(第 2 版)》，周翔译，重庆大学出版社。

涂纪亮   1998   《英美语言哲学概论》，人民出版社。

托多罗夫   2000   《巴赫金、对话理论及其他》，蒋子华、张萍译，百花文艺出版社。

万书辉   2007   《文化文本的互文性书写：齐泽克对拉康理论的解释》，巴蜀书社。

汪馥泉   1939/2014   《文章学概论》，上海三联书店。

汪维辉   2003   《汉语"说类词"的历时演变与共时分布》，《中国语文》第 4 期。

王 力   1944/2015   《中国语法理论》，中华书局。

王 强   2016   交往行为理论视角下英语学术语篇中元话语对主体间性的构建研究，东北师范
                        大学博士论文。

王强、成晓光   2016   元话语理论研究范式述评，《外语与外语教学》第 2 期。

王汐、杨炳钧   2013   语言复杂性研究述评，《西安外国语大学学报》第 1 期。

王 寅   2007   《认知语言学》，上海外语教育出版社。

王 寅   2020   《体认语言学》，商务印书馆。

王冬梅   2010   英语元话语在学术论文摘要写作中的应用，《吉林工程技术师范学院学报》第
                        3 期。

王福祥   1989   《汉语话语语言学初探》，商务印书馆。

王建华   2019   政务新媒体照片话语的视觉语法—语用分析，《当代修辞学》第 2 期。

王健平   2003   《语言哲学》，中共中央党校出版社。

王凯符   1983   《古代文章学概论》，武汉大学出版社。

王铭玉   2011   符号的互文性与解析符号学——克里斯蒂娃符号学研究，《求是学刊》第 3 期。

王士元   2006   语言是一个复杂适应系统，《清华大学学报(哲学社会科学版)》第 6 期。

王穗苹、朱祖德   2023   《语言理解中语义加工的认知和神经机制》，科学出版社。

王文斌、赵朝永   2017   汉语流水句的分类研究，《当代修辞学》第 1 期。

王文斌   2018   从独语句的存在看汉语的空间性特质，《当代修辞学》第 2 期。

王汐、杨炳钧   2013   语言复杂性研究述评，《西安外国语大学学报》第 1 期。

王永祥、潘新宁   2012   对话性：巴赫金超语言学的理论核心，《当代修辞学》第 3 期。

王振华   2009   语篇语义的研究路径——一个范式、两个脉络、三种功能、四种语义、五个视角，
                        《中国外语》第 6 期。

王振华   2019   《作为系统的语篇——语篇语义学研究》，上海外语教育出版社。

王振华   2023   元话语人际意义的生成机制，《外语学刊》第 2 期。

王振华、方硕瑜   2023   "三位一体"：篇章意义研究的一个宏观模式，《当代修辞学》第 3 期。

王正元   2006   概念整合理论的发展与理论前沿，《四川外语学院学报》第 6 期。

王正元   2009   《概念整合理论及其应用研究》，高等教育出版社。

卫真道　2002　《篇章语言学》，徐赳赳译，中国社会科学出版社。

吴伏生　2000　互文理论与中国古典诗歌研究，《江西社会科学》第 10 期。

吴剑锋　2017　《现代汉语言语行为动词研究》，北京大学出版社。

吴思如　2017　俄语语篇修辞学的形成与发展，《当代修辞学》第 3 期。

吴为章、田小琳　2000　《汉语句群》，商务印书馆。

伍铁平　1999　《模糊语言学》，上海外语教育出版社。

武建国　2012　篇际互文性的运行机制探析，《中国外语》第 4 期。

西川直子　2002　《克里斯托娃——多元逻辑》，王青、陈虎译，河北教育出版社。

夏丏尊、叶圣陶　1934/2022　《文心》，人民文学出版社。

萧净宇　2007　《超越语言学——巴赫金语言哲学研究》，上海人民出版社。

肖　娴　2008　对解构主义意义观的超越——从符号学视角对德里达的剖析，《四川外国语学院学报》第 1 期。

辛　斌　2000　语篇互文性的语用分析，《外语研究》第 3 期。

辛　斌　2006　互文性：非稳定意义和稳定意义，《南京师大学报（社会科学版）》第 3 期。

辛　斌　2008　语篇研究中的互文性分析，《外语与外语教学》第 1 期。

辛斌、丁建新、钱毓芳　2021　《批评话语分析新发展研究》，清华大学出版社。

辛志英　2011　学术语篇中的主体间建构资源：识别、评估与运用——兼评 Hyland 的元话语模式，《北京科技大学学报》第 2 期。

辛志英　2020　《话语分析：理论、方法与流派》，厦门大学出版社。

邢福义　2001　《汉语复句研究》，商务印书馆。

熊学亮　2007　《语言使用中的推理》，上海教育出版社。

休　漠　2015　《人性论》，贾广来译，万卷出版公司。

徐杰、李英哲　1998　焦点和两个非线性语法范畴："否定""疑问"，《中国语文》第 2 期。

徐　涛　2006　语篇与语篇的"对话"——语篇互文性的理论探讨，《外语与外语教学》第 6 期。

徐赳赳　2003　《现代汉语篇章回指研究》，中国社会科学出版社。

徐赳赳　2006　关于元话语的范围和分类，《当代语言学》第 4 期。

徐赳赳　2010　《现代汉语篇章语言学》，商务印书馆。

徐赳赳　2018　《现代汉语互文研究》，北京师范大学出版社。

徐赳赳　2020　克里斯蒂娃的语言观，《当代修辞学》第 4 期。

徐烈炯、刘丹青　1998　《话题的结构与功能》，上海教育出版社。

徐盛桓　2006　话语理解的意向性解释，《中国外语》第 4 期。

徐盛桓　2012　从"事件"到"用例事件"——从意识的涌现看句子表达式雏形的形成，《河南大学学报（社会科学版）》第 4 期。

徐友渔　1994　《"哥白尼式"的革命》，上海三联书店。

徐志民　2005　《欧美语言学简史》，学林出版社。

许立群　2021　汉语"意合"的术语本义，《世界华文教学》第 1 期。

姚双云　2023　《互动视角下汉语口语语法研究》，中国社会科学出版社。

阳小华　2008　《语言·意义·生活世界》，知识产权出版社。

杨信彰　2007　元话语与语言功能，《外语与外语教学》第 12 期。

杨玉芳　2020　《语言理解——认知过程和神经基础》，科学出版社。

殷祯岑　2014　语篇意义结构的稳定性——互文式阅读的语篇视角分析,《当代修辞学》第 5 期。

殷祯岑、祝克懿　2015　克里斯蒂娃学术思想的发展流变,《福建师范大学学报(人文社会科学版)》第 4 期。

殷祯岑　2016　语篇意义的自组织生成——耗散结构理论观照下的互文语篇分析,《当代修辞学》第 5 期。

殷祯岑　2017　意义的意义——兼论语篇意义的分析单位,《当代修辞学》第 6 期。

殷祯岑　2018　语篇意义整合的过程与机制探析,《当代修辞学》第 6 期。

殷祯岑　2020a　诗歌语篇复杂语义的自组织整合——语篇语义的复杂性研究方法探析,《当代修辞学》第 3 期。

殷祯岑　2020b　诗歌语篇互文整合的语言手段研究,《阜阳师范大学学报(社会科学版)》第 5 期。

殷祯岑、陈昌来　2022　基于语篇整合的元话语功能分类及其语篇分布,《汉语学习》第 4 期。

游汝杰、邹嘉彦　2009　《社会语言学教程》,复旦大学出版社。

于　鑫　2005　当代俄罗斯的功能语法流派,《中国俄语教学》第 2 期。

于国栋　2008　《会话分析》,上海外语教育出版社。

于国栋、吴亚欣　2003　话语标记语的顺应性解释,《解放军外国语学院学报》第 1 期。

袁晖、李熙宗　2005　《汉语语体概论》,商务印书馆。

张　斌　2001　《现代汉语虚词词典》,商务印书馆。

张伯江　2005　功能语法与汉语研究,《语言科学》第 6 期。

张伯江、方梅　1996　《汉语功能语法研究》,江西教育出版社。

张德禄　2005　《系统功能语言学概论》,北京大学出版社。

张德禄　2009　多模态话语分析综合理论框架探索,《中国外语》第 1 期。

张德禄　2018　系统功能语言学六十年发展趋势探索,《外语教学与研究》第 1 期。

张德禄、刘汝山　2003　《语篇连贯与衔接理论的发展及应用》,上海外语教育出版社。

张高宇　2018　论海德格尔的诗意语言,武汉大学博士论文。

张　辉　2021　批评认知语言学:语言理解与接受的分析视角——再论批评认知语言学的理论建构,《外语与外语教学》第 3 期。

张辉、张艳敏　2020　批评认知语言学:理论源流、认知基础与研究方法,《现代外语》第 5 期。

张　娟　2013　国内汉语构式语法研究十年,《汉语学习》第 2 期。

张　黎　1994　《文化的深层选择——汉语意合语法论》,吉林教育出版社。

张妮妮　2008　《意义、解释和真:戴维森语言哲学研究》,中国社会科学出版社。

张寿康　1983　《文章学概论》,山东教育出版社。

张谊生　2004　元语言理论与汉语副词的元语用法,第十三次现代汉语语法学术讨论会,福州。

张谊生　2010　语法化现象在不同层面中的句法表现,《语文研究》第 6 期。

张谊生　2014a　《现代汉语副词研究》,商务印书馆。

张谊生　2014b　从否定小句到话语标记——否定功能元语化与羡余化的动因探讨,《语言研究集刊(第十二辑)》,上海辞书出版社。

张玉宏　2009　巴赫金语言哲学视角下的元话语标记研究,《兰州学刊》第 4 期。

张志公　1996　《汉语辞章学论文集》,人民教育出版社。

赵毅衡 2004 《符号学文学论文集》，百花文艺出版社。

赵毅衡 2016 《符号学原理与推演》，南京大学出版社。

郑贵友 2002 《汉语篇章语言学》，外文出版社。

郑娟榕、林大础 2017 《中国当代辞章学史稿》，厦门大学出版社。

中国社会科学院语言研究所词典编辑室 2016 《现代汉语词典》(第 7 版)，商务印书馆。

周晓林、庄捷、舒华 2001 言语产生的理论框架，《心理科学》第 3 期。

朱丽师 2021 国内外小句整合研究述评，《外国语(上海外国语大学学报)》第 2 期。

朱永生 2007 多模态话语分析的理论基础和研究方法，《外语学刊》第 5 期。

朱永生、严世清 2001 《系统功能语言学多维思考》，上海外语教育出版社。

朱永生、严世清、苗兴伟 2004 《功能语言学导论》，上海外语教育出版社。

祝克懿 2010 互文：语篇研究的新论域，《当代修辞学》，第 5 期。

祝克懿 2011 元语篇与文学评论语篇的互动关系研究，《当代修辞学》第 3 期。

祝克懿 2012 克里斯蒂娃与互文语篇理论，《中国社会科学报》10 月 24 日。

祝克懿 2013 互文性理论的多声构成：《武士》、张东荪、巴赫金与本维尼斯特、弗洛伊德，《当代修辞学》第 5 期。

祝克懿 2016 文革·样板戏文本的异域认知范式探究，《贵州社会科学》第 4 期。

祝克懿 2018 心理空间范畴与语言生成机制，《天津外国语大学学报》第 5 期。

祝克懿 2020 "语录体"的源起、分化与融合考论，《当代修辞学》第 4 期。

Ädel, A. 2006 *Metadiscourse in L1 and L2 English*, Amsterdam：John Benjamins.

Ädel, A. & A. Mauranen 2010 Metadiscourse：Diverse and divided perspectives. *Nordic Journal of English Studies*(9).

Austin, J. 1962 *Sense and Sensibilia*, Oxford University Press.

Bakhtin, M. M. & V. N. Voloshinov 1986 *Marxism and the Philosophy of Language*, Matejka, Ladislav & Titunik（trans.），Harvard University Press.

Beaugrande, R 1980 *Text, Discourse and Process: Towards a Multidisciplinary Science of Texts.* NJ：Prentice Hall Press.

Beaugrande, R. & Dressler, W. 1981 *Introduction to Text Linguistics.* London：Routledge.

Beauvais, P. 1989 Speech act theory of metadiscourse, *Written Communication*(1).

Bereiter, C. & M. Scardamalia. 1987 *The Psychology of Written Composition.* Hillasdale, NJ：L. Erlbaum Associates.

Berninger, V. 1996 *Reading and Writting Acquisition: A Developmental Neuropsychological Perspective.* Boulder, Colo.：Westview Press.

Biber, D. 1988 *Variation Across Speech and Writing*, Cambridge：CUP.

Blakemore, D. 1987 *Semantic Constraints on Relevance.* Oxford：Blackwell.

Blakemore, D. 1992 *Understanding Utterances.* Oxford：Blackwell.

Blakemore, D. 2002 *Relevance and Linguistics Meaning: The Semantics and Pragmatics of Discourse Markers*, Cambridge：Cambridge University Press.

Brinton, L. 1996 *Pragmatic Markers in English: Grammaticalization and Discourse Functions.* Berlin and New York：Mouton de Gruyter.

Brown G. & G. Yule 1983 *Discourse Analysis.* New York：Cambridge University Press.

Crismore, A. 1989 *Talking with Readers: Metadiscourse as Rhetorical Act*. New York: Peter Lang.

Crismore, A. Markkanen, R. & Stefensen M. S. 1993 Metadiscourse in persuasive writing, *Written communication*(10).

Culler, J. 1981 *The Pursuit of Signs: Semiotics, Literature, Destruction*, Ithaca: Cornell University Press.

Danes, F. 1974 Functional sentence perspective and the organization of the text, In F Danes (eds.). *Papers on Functional Sentence Perspective*, The Hugue: Mouton.

Fairclough, N. 1995 *Critical Discourse Analysis: The Critical Study of Language*, London/New York: Longman.

Fauconnier, G. 1997 *Mappings in Thought and Language*. Cambridge: Cambridge University Press.

Fauconnier, Gilles, & Mark Turner. 2002 *The Way We Think: Conceptual Blending and the Mind's Hidden Complexities*. New York: Basic Books.

Fillmore, C. J. 1985 Linguistics as a tool for discourse analysis, In van Dijk (eds.). *Handbook of Discourse Analysis* (vo. 1), New York: Academic Press.

Flavell, J. H. 1976 Metacognitive aspects of problem solving. In Resnick, L (eds.). *The Nature of Intelligence*, NJ: Erlbaum.

Flavell, J. H. 1981 Cognitive monitoring, In W P Dickson (eds.). *Children's Oral Communication Skill*. New York: Academic Press.

Flavell. J. H. 1985 *Cognitive Development*, NJ: Prentice Hall.

Flower, L. & J. Hayes. 1980 The dynamics of composing: Making plans and juggling constrains. In Gregg, L. & E. Steinberg (eds.). *Cognitive Processes in Writing*. Hove, Sussex and Hillsdale, NJ: L. Erlbaum.

Frow, J. 1986 *Marxism and Literary History*. Cambridge/Massachusetts: Harverd University Press.

Fraser, B. 1990 An approach to discourse markers, *Journal of Pragmatics* (14).

Fraser, B. 1999 What are discourse markers? *Journal of Pragmatics*, (31).

Givón, T. 2001 *Syntax: An Introduction*. (*vol. II*). Amsterdam and Philadelphia: John Benjamins Publishing Company.

Guillem, S. 2009 Argumentation, metadiscourse and social cognition: Organizing knowledge in political communication, *Dsicourse & Society*(6).

Haboud, M. 1997 Grammaticalization, clause union and grammatical relations in Ecuadorian Highland Spanish. In Givón, T. (eds.). *Grammatical Relations: A Functionalist Perspective*. Amsterdam and Philadelphia: John Benjamins Publishing Company.

Halliday, M. A. K. 1978 *Language as Social Semiotic: The Social Interpretation of Language and Meaning*, London: Arnold.

Halliday, M. A. K, R Hassan. 1985 Language, context and text: Aspects of language in a social-semiotic perspective. *Journal of Women's Health*.

Harris, Z. 1952 Discourse analysis, *Language*, Vol. 28.

Harris, Z.   1959   Linguistic transformations for informatioon retrieval, In *Proceedings of the International Conference on Scientific Information*, Vol. 2. Washington D. C. ：National Academy of Sciences-National Research Council.

Harris, A. & L. Campbell.   1995   *Historical Syntax in Cross-Linguistic Perspective*. Cambridge：Cambridge University Press.

Hayes, J. & J. Nash.   1996   On the nature of planning in writing. In Levy, C. & S. Ransdell (eds.). *The Science of Writing Theories, Methods, Individual Differences, and Applications*. NJ：L. Erlbaum Associates.

Hoey, M. P.   1983   *On the Surface of Discourse*, London：George Allen and Unwin.

Hoey, M. P.   2001   *Textual Interaction*, London：Routledge.

Hopper, P.   1987   *Emergent Grammar*, BLS.

Hornby, A.   2010   《牛津高阶英汉双解词典(第 7 版)》,商务印书馆。

Hyland, K.   2000   *Disciplinary Discourse: Social Interactions in Academic Writting*, London：Longman.

Hyland, K.   1998   Persuasion and context：The pragmatics of academic metadiscourse, *Journal of Pragmatics*(30).

Hyland, K.   1999   Talking to students：metadiseourse in introductory course books, *English for Specific Purpose*(18).

Hyland, K.   2004   Metadiscourse in academic writing. *Applied Linguistics*(2).

Hyland, K.   2004   Disciplinary interactions：Metadiscourse in L2 Postgraduate Writing, *Journal of Second Language Writing*(13).

Hyland, K.   2005   Stance and engagement：A model of interaction in academic, *Discourse Studies*(2).

Hyland, K.   2005   *Metadiscourse*, London：Continuum.

Hyland, K. & Tse, P.   2004   Hooking the reader：A corpus study of evaluative that in abstracts, *English for Specific Purposes* (24).

Hyland, K.   2010   Metadiscourse：Mapping interaction in academic writting, *Nordic Journal of English Studies*(9).

Hyland, K.   2017   Metadiscourse：What is it and where is it going? *Journal of Pragmatics* (113).

Ifantidou, E.   2001   *Evidential and Relevance*. Amsterdam/Philadelphia：John Benjamins.

Ifantidou, E.   2005   The semantics and pragmatics of metadiscourse, *Journal of Pragmatic* (37).

Kaufer, D. et al.   1986   Composing written sentences. *Research in the Teaching of English*, (20).

Keller, E.   1979   Conversational strategy signals, *Journal of Pragmatics*(3).

Kopple, V. & William, J.   1985   Some explanatory discourse on metadiscourse, *College Composition and Communication*(36).

Kristeva, Julia.   1986   *The Kristeva Reader*. New Yolk：Clumbia University Press.

Kumpf, E.   2000   Visual metadiscourse：Designing the considerate text, *Technical Communication*

Quarterly(4).

Lakoff, G.   1973   Hedges: A study in meaning criteria and the logic of fuzzy concepts, *Journal of Philosophical Logic*, 2(4).

Leech, G.   1983   *Principles of Pragmatics*, London: Longman.

Lemke, J. L.   1992   Intertextuality and educational research. *Linguistic and Education*(4).

Lemke, J. L.   2002   Ideology, intertextuality and the communication of science. In: P. H. Fries, et al. (eds.). *Relations and Functions With in and Around Language*. London/New York: Continuum.

Levinson, S.   1983   *Pragmatics*, Cambridge: Cambridge University Press.

Malinowski, B.   1993   The problems of meaning in primitive languages, In Ogden & Richards. (eds.). *The Meaning of Meaning*. Routledge & Kegan Paul.

Mann, W and S. Thompson.   1988   Rhetorical structure theory: Toward a functional theory of text organization. *Text & Talk*(8).

Mann, W. & S. Thompson   1992   *Discourse Description: Diverse Linguistic Analysis of a Fund-raising Text Amsterdam*. Philadel-phia: John Benjamins Publishing Company.

Mao, L.   1993   I conclude not: Two and a pragmatic account of metadiscourse, *Rhetoric Review*(2).

Martin, J.   2000   Beyond Exchange: APPRAISAL system in english, In S. Hunston and G. Thompson (eds.). *Evaluation in Text: Authorial Stance and the Construction of Discourse*. Oxford: OUP.

Martin, J. & P. White.   2005   *The Language of Evaluation: Appraisal in English*. London: Palgrave.

Matthews, P.   2000   《牛津语言学词典》,上海教育出版社。

Mauranen, A.   1993   *Cultural Difference in Academic Rhetoric: A Textlinguistic Study*, Frankfurt am Main: Peter Lang.

Myers, G.   1989   The pragmatics of politeness in scientific articles, *Applied Linguistics*, 10(1).

Olive, Kelly(eds.)   1997   *The Portable Kristeva*. New York: Columbia University Press. 1997.

Ryle, G.   1963   Theory of meaning, In C. E. Caton (eds.). *Philosophy and Ordinary Language*, The Universityof Minois Press.

Schiffrin, D.   1980   Metatalk: Organizational and evaluative brackets in discourse, *Sociological Inquiry*, (3 - 4).

Schiflfrin, D.   1987   *Discourse Markers*, Cambridge: Cambridge University Press.

Stein, D. and Wright, S. (eds.)   1995   *Subjectivity and Subjectivisation: Linguistic Perspectives*. Cambridge University Press.

Thompson, G. and Ye, Y.   1991   Evaluation of the reporting verbs used in academic papers, *Applied Linguistics*(12).

Thompson, G. and Thetela, P.   1995   The sound of one hand clapping: The management of interaction in written discourse. *Text* 15(1).

Thompson, G.   1996   Voices in the text: discourse perspectives on language reports. *Applied Linguistics*, 17(4).

Thompson, Sandra A.   1998   A discourse explanation for the cross-linguistic differences in the grammar of interrogationand negation, In Anna Siewierska and Jae Jung Song (eds.). *Case*, *Typology*, *and Grammar*, Benjamins.

Thompson, G.   2000   *Evaluation in Text: Authorial Stance and the Construction of Discourse*. Oxford: Oxford University Press.

Traugott, E. C. &. Dasher, R. B.   2002   *Regularity in Semantic Change*, Cambridge: Cambridge University Press.

van Dijk, T. A.   1976   Narrative macrostructures: Cognitive and logical foundations, *PTL*(1).

van Dijk, T. A.   1980   *Macrostructures: An Interdisciplinary Study of Global Structures in Discourse*, *Interaction*, *and Cognition*, Hillsdale: Lawrence Erlbaum Associates, Inc, Publishers.

Van Dijk, T. A.   1997   *Text and Context*. London and New York: Longman.

van Dijk, T. A.   2001   Multidisciplinary CDA: A plea for diversity. In R. Wodak &. M. Meyer (eds.). *Methods of Critical Discourse Analysis*. London: Sage.

Williams, M.   1981   *Style: Ten Lessons in Clarity and Grace*. Boston: Scott Foresman.

后　记

　　读书的时候，我喜欢满世界地"蹭课"听。无论是语言、文学、哲学还是物理，无论是本科课程、硕博课程、学术会议还是讲座，只要主题有意思，我都要去听听看。这种出于兴趣的"蹭课"若论实实在在的专业知识，可能理解有限，但有些形而上的东西反而更容易突破壁垒，滋润思维。例如，好的研究起源于人类最本能的好奇心。这个观点被古今中外无数学者反复阐述，但只有你亲眼见到站在各个学科最前沿的老师，为了一个旁人看来无关痛痒甚至不知所云的小问题，几十年如一日地沉迷其中，时而意气风发，时而久久发呆，时而面红耳赤，时而神采飞扬，这一命题才被具象化。正因如此，当我终于也要聚焦一个选题时，才会试着去想：有什么问题是我一想到就会兴奋起来，沉浸下去，想要一直追寻的呢？

　　因为想得太多而读书太少，这个过程历时良久。所幸我的硕博导师祝克懿老师从不嫌弃我眼高手低，反而一直支持我思考，引我多读经典，安我烦躁之心，与我一起天马行空地好奇。在祝老师的持续鼓励下，这个问题终于浮出水面：语篇与零散句子的堆砌有何区别？什么使语篇成为整体？这个问题并不新鲜，相反它是语篇研究中的核心问题之一。无数前贤曾发表过高见，无数理论以它为起点。众多学者向它追寻，却始终未得妥善解决，反而在追寻中不断衍生更多更复杂的问题，推动语篇研究不断前进。这应当就是能激引学人本能好奇的魅力。

　　思考这个问题，需要一个切入点，还需要适恰的理论来分析。祝老师常用她超越不羁的理论思维为我拓展眼界。在祝老师循循善诱的引导下，我们找到了中国古典诗歌语篇。中国古典诗歌语篇少用衔接手段，更少结构模式，它不注重信息传达，不遵循语法规范，连语篇意图也未必明显，现有理论对它的分析效力比较有限。但诗歌也是语篇，它的整体性如何实现，可以作为思考的切入点。互文性理论和解析符号学将语篇视为异质离散的意义片段的集合，耗散结构理论则为离散要素自发生成有序结构的自组织现象提供了具有普遍意义的数学描写。在解析符号学与耗散结构理论的双重视域下，我们得以构拟诗歌语篇整体意义的生成过程，将其整体性界定为来源各异的意义片段在当下语篇中从离散到有序，自组织生成整体意义而实现。

　　但是,这一分析可以较好地解释诗歌语篇,却对更为常见的用于日常交际的各类语篇解释力不足。这些语篇(下文及专著正文中称为日常语篇)具有清晰的交际意图、遵循明确的体式结构和逻辑关系,惯用专职衔接手段,与诗歌语篇很不一样。于是,如何将诗歌语篇和各类日常语篇纳入统一框架分析,成了我新的困惑。这一过程中,我的博士后导师陈昌来老师给了我非常关键的指导——通过微观分析,加强研究的实证性。陈老师用他沉稳如山的学术气场和明透简练的研究风格引导我进入新的学术天地,建构新的思维范式,将理论思考落到实地。在这一过程中,分析框架得到改进。诗歌语篇和日常语篇都是异质意义片段自组织形成整体意义而实现其整体性的,不过整体意义的形成主要发生在前符号阶段,可借耗散结构理论实现科学构拟。整体意义形成后,意义整合进入符号表征阶段,言者运用符号资源将前符号意义转写为现实语篇。诗性语篇主要采用自组织方式转写,日常语篇则更多采用他组织方式转写。转写方式的不同带来两类语篇组织模式的迥异,和语篇意义样态的区别。至此,诗歌语篇和各类日常语篇得以纳入统一框架分析。

　　两位恩师数年如一日的谆谆教导,让我那点天马行空的浅薄想法得以一点一点落地发芽。多年的学习中,还有许多良师对我帮助很大。我在刘大为老师和陈振宇老师的课上见识了开阔的理论视野和缜密的逻辑推导;从张谊生老师和宗守云老师那里学会了严谨的分析程序和规范的调研方法;曹秀玲老师展示了如何将宏观研究与微观分析两相结合游刃有余。还有许许多多的老师,用他们的专注、科学、睿智、坚持向我展示了学术研究该有的模样。

　　本书是国家社科基金青年项目“语篇意义整合的机制与手段研究”的成果,并列入“学思语言学丛书”,得到上海高水平地方高校建设项目,上海师范大学“比较语言学与汉语国际传播”创新团队的支持。感谢上述平台给予的学术支持,感谢项目审稿专家给予的宝贵建议,感谢在成书过程中付出辛苦工作的学林出版社编辑老师,感谢吴耀根老师、刘媛老师、王思媛师妹,感谢帮助我仔细校对稿件的刘叶晟师弟、郝璐杰师弟和李怡祺师妹,以及学习、工作中一路同行的同门、同学、领导、同事——你们的提携、友爱、宽容和关怀给我的工作和写作增添了活力满满的色彩。

　　还有最当感谢,而又最不可能用“感谢”二字指称的是我的家人,你们为我营构了最安乐的港湾,用最纯挚稳定的爱支持我随心所向,遍阅山海。

　　书稿虽已成,但本书还有很多不足:研究的实证性仍待加强,需要不断在具体研究中更新分析方法,提升理论的解释力;理论框架基本成型,但对复杂语篇现象的挖掘和分析还有待深化；理论研究的应用性价值还有待发掘；语篇整体性实现的终极困惑还远未解决。书中想必还有许多大大小小内容的或表述上的问题，恳请正在书前的读者不吝赐教。

殷祯岑

2024 年 4 月